城市用地结构演变与产业结构演变的关联研究

鲁春阳 著

西北工业大学出版社

西安

图书在版编目(CIP)数据

城市用地结构演变与产业结构演变的关联研究/
鲁春阳著 . —西安:西北工业大学出版社,2018.3
ISBN 978 - 7 - 5612 - 5779 - 1

Ⅰ.①城… Ⅱ.①鲁… Ⅲ.①城市土地—
土地利用—关系—产业结构调整—研究—中国
Ⅳ.①F299.23 ②F269.24

中国版本图书馆 CIP 数据核字(2018)第 002817 号

策划编辑: 付高明 李栋梁
责任编辑: 付高明

出版发行:西北工业大学出版社
通信地址:西安市友谊西路 127 号   邮编:710072
电　　话:(029)88493844,88491757
网　　址:www.nwpup.com
印 刷 者:陕西金德佳印务有限公司
开　　本:787 mm×1 092 mm   1/16
印　　张:11.5
字　　数:276 千字
版　　次:2018 年 3 月第 1 版   2018 年 3 月第 1 次印刷
定　　价:48.00 元

前言
PERFACE

▶▶▶

　　改革开放以来,我国社会经济发展取得了历史性成就。我国城镇人口从 1978 年的 1.7 亿人增加到了 2014 年的 7.71 亿,共增加 6.01 亿人,年均增加 1669 万人;城镇化水平从 1978 年的 17.9% 提高到了 2014 年的 54.77%,年均增加 1.02%;同期,城市数量由 193 个增加到 2014 年的 653 个,这种发展速度和规模无疑是当今世界城镇化发展中最令人瞩目的。而我国城市化快速发展过程中,城市用地规模快速扩张,1981—2014 年我国城市建设用地面积由 6 720.00 km² 增加到 49 982.7 km²,年均增长 1 201.74 km²,年均增长 17.88%,城市建设用地弹性系数远大于合理值 1.12。由于城市在发展过程中过于追求规模和速度,直接影响了城市整体功能的发挥。城市用地规模在快速蔓延的同时,城市内部的功能结构、用地结构也存在一定的问题,土地利用效率低下、土地生态环境恶化等成为城市发展中的普遍现象。为了应对这一挑战,科技部以国家科技支撑计划形式,在项目"区域规划与城市土地节约利用关键技术研究"的课题四"城市建设用地节约关键技术研究利用"下设置"城市功能结构与土地利用格局关联研究"子课题(编号:2006BAJ14B04—02)来探讨土地利用结构与产业结构、经济发展之间的关系,以期为国家战略决策制定提供参考。本书正是基于此课题成果基础上完成的。

　　当前,我国经济已由高速增长阶段转向高质量发展阶段,正处在转变发展方式、优化经济结构、转换增长动力的攻关期,也是建设现代化经济体系跨越关口的迫切要求。但区域经济发展中长期形成的结构性矛盾和粗放型增长方式尚未得到根本改变,经济发展的资源环境约束强化,区域可持续发展面临严峻挑战。因此,转变城市发展方式,优化经济结构成为迫切需要。在这样的背景下,我国"十三五"规划提出创新、协调、绿色、开放、共享的发展理念,以提高发展质量和效益为中心,以供给侧结构性改革为主线,扩大有效供给,满足有效需求,加快形成引领经济发展新常态的体制机制和发展方式。党的十九大报告也提出推动经济发展质量变革、效率变革、动力变革,提高全要素生产率,不断增强我国经济创新力和竞争力。

　　经济发展方式的转变意味着我国经济社会领域正步入以结构调整为重点的新阶段,经济发展既要看到数量增长,还要看到经济增长的成本如资源、环境、生态方面付出的代价指标。经济结构战略性调整的核心是产业结构的调整,而产业结构调整必须落实在具体的空间上,产业的空间结构在一定意义上就是土地利用结构。产业结构调整必然对土地资源配置格局提出新的要求,可见,土地利用结构合理与否直接关系着产业结构调整的效果。但现有的土地已被现有的产业所占用,我国城市发展亦不可能走外延扩张的老路子,土地稀缺已成为区域经济发展和产业结构调整的主要"瓶颈"。因此,科学认识和协调城市用地结构与产业结构之间的关系,促进产业结构优化升级和节约集约利用土地资源,缓解经济发展对土地资源的压力,是贯彻落实十九大重大战略部署,贯彻新发展理念,建设现代化经济体系,建设美丽中国的应有之义。

本书正是在此背景下,从宏观与微观、纵向与横向相结合的角度,以城市功能结构完善为切入点,探讨城市用地结构演变与产业结构演变的关联,厘定二者的作用机理和作用界面,提出促进城市用地结构与产业结构协调发展和优化的对策建议。著作的框架结构包括如下部分:

(1)论题阐述。包括第1章和第2章,主要通过对文献回顾,梳理国内外研究动态,并应用区位理论、地租地理、土地集约利用理论、经济增长理论、产业集群理论和系统理论作为研究的理论支撑;阐述了著作的选题背景和意义、研究目标和内容、研究思路与方法、拟解决的关键问题,并介绍了著作的数据来源。

(2)城市用地结构与产业结构关联的理论解析。即本书的第3章。在对文中城市用地结构、产业结构等核心概念进行界定的基础上,着重分析了城市用地结构与产业结构的一般演变规律和空间布局特征,并对城市用地结构与产业结构之间的互动关系进行解析。

(3)我国城市用地结构与产业结构的演变特征及二者关联的定量分析。这是专著的核心内容,包括本书的第4~6章。文中采用典型相关分析、统计分析、Granger因果检验、通径分析等方法从纵向和横向两个维度分析了我国城市用地结构与产业结构的演变特征,并对二者的关联进行量化评判。

(4)典型案例城市用地结构与产业结构关联分析。即本书的第7章。以山地城市——重庆市为典型案例,分析其城市用地结构与产业结构演变的特征及存在问题,探讨重庆市城市用地结构与产业结构关系的特征及与宏观层面的共性和差异性。

(5)促进城市用地结构与产业结构协调发展和优化的对策建议。即本书的第8章。以转变经济发展方式和节约集约利用土地资源为落脚点,结合我国城市土地利用与产业发展的实际,提出促进城市用地结构与产业结构协调发展和优化对策的思路,并提出相关机制和制度的建立与完善。

(6)研究结论与展望。即本书的第9章。对本书的研究结果进行总结,并提出未来有望继续研究的方向。

本书是河南城建学院教师鲁春阳在得到2014年度河南城建学院青年骨干教师计划资助计划、2015年度河南省高等学校青年骨干教师资助计划以及平顶山市科技局项目"百城提质建设背景下城市用地空间绩效评价关键技术研究"资助的基础上完成的。研究成果可以为科学工作者、管理者以及相关教学单位提供关于城市用地与产业关联的理论和实践方面的指导。

鉴于城市用地系统和产业系统的复杂性,以及作者能力和研究水平有限,著作中难免存在不妥与疏漏之处,恳请读者予以批评指正。

著 者
2017年10月

CONTENTS | 目录

▶▶▶

第1章 文献综述与理论借鉴

1.1 文 献 综 述

1.1.1 国外研究综述

国外关于土地利用与产业发展关系的文献大多是基于市场经济背景下研究区位发展的理论中涉及到的。最早可以追溯到1826年杜能的农业区位理论[1]。杜能通过系统地研究围绕农产品消费中心(城市)的农业土地经营种类、经营强度,以及应当如何安排土地利用结构问题,把区位因素引入到土地利用的空间配置中,初步阐明了位置级差地租的概念。他指出以城市为中心,距离城市中心越远,区位地租越低,其土地利用强度也越低。按照不同类型产业支付地租能力的大小,从内向外依次为农业、林业、轮作式农业、谷草式农业、三圃式农业、畜牧业的圈层结构,揭示了土地利用结构的形成机制。杜能学说从城市经济学的角度来看,其意义在于配置城市郊区(腹地)产业、合理利用土地,使之更好地为城市服务及为促进城乡一体化提供了有价值的思想。1909年,德国经济学家韦伯结合德国实际出版了著名的《工业区位论》一书,这本书主要研究工业企业或工业企业组合怎样在一定区域内合理分布从而获得最好效益[2]。韦伯提出工业区位论是在德国产业革命之后,近代工业有较快发展,从而伴随着大规模人口的地域间移动,尤其是产业与人口向大城市集中的现象较为显著的时期。韦伯认为区位因子是决定工业生产布局的重要因素。他提出投资效益分析是工业区位论的出发点,并对城市的选址、形成和发展给出了理论上的解释。到了20世纪30年代,资本主义经济高度发展,城市在整个社会经济中逐渐占据主导地位,工业、商业、贸易和服务业逐渐向城市集聚。此时许多经济学家、社会学家和地理学家把研究的焦点指向了城市。1933年德国地理学家克里斯泰勒在对德国南部地区进行实地考察的基础上,提出了中心地理论。他认为市场原则、交通原则和行政原则共同决定了中心地等级序列的空间分布。中心地理论揭示了城市工商业分布规律和空间均衡的优化模式,阐释了一个区域或国家内的城市等级及其空间分布形态[3]。

在这三个经典理论的框架下,众多学者进行改进、补充和完善,形成了各种城市土地利用模式和理论模型。1925年美国社会学者伯吉斯根据芝加哥的土地利用和社会经济构成的空间分异模式,提出了针对北美的城市土地利用的同心圆模式。他认为城市从内向外由5个同心圆带组成,分别为中心商业区、过渡带、工人居住区、高级住宅区和通勤带(见图1-1)。这一模式从动态变化入手分析城市地域,在宏观效果上,该模式基本符合一元结构城市的特点,为探讨城市地域结构提供了一种方法,但这种模式是以均质性平面假设为前提,没有考虑现代交通运输对城市及人们的影响。美国城市经济学家霍伊特认为均质性平面的假设不太现实,他通过对美国64个中小城市和纽约、芝加哥、底特律、华盛顿、费城等几个大城市内部的住宅、房租、地域结构等资料的分析,于1939年提出了扇形的城市地域结构模式(见图1-2)。他的模式中保留了同心圆模式的经济地租机制,同时考虑了放射状运输线路的影响。他认为商业、低级住宅、批发和轻工业混合分布于城市中心,其中住宅、批发和轻工业还会沿交通线路由市中心向外呈扇形延伸,高级住宅、工业则处于城市外围。由于同心圆和扇形模式都是基于单中心城市,忽略了重工业对城市内部结构的影响和市郊住宅区的出现。1945年美国地理学者哈里斯和乌尔曼在《城市的本性》中提出城市土地利用结构的多核心模式(见图1-3),表明城市土地利用是围绕着若干核心进行空间组织的。多核心模式考虑了城市地域发展的多元结构,仍基于地租地价理论,认为支付租金能力高的产业位于城市中心部位。该模式认为,大城市不是以单中心模式发展的,而是在演化过程中除了主要的中心商业区(CBD)外,还会出现多个次中心商业区。城市围绕着多个次中心会形成批发和轻工业区、重工业区、住宅区,并不断向外发展。还提出了不同经济活动在城市中分布的决定因素和原则,如仓库由于其付租能力较低,一般位于城市的郊区。1963年以塔费为首的学者们提出城市地域的理想结构,并对西方城市进行了一般描述[4]。他认为城市从内向外分别为中心商务区、中心边缘区、中间带、向心外缘带、放射近郊区。其特点是虽然各带均具有自己的突出功能与性质,但混合型经济活动较明显。按照产业类型不同,如中间带高、中、低住宅区并存,在中心边缘区有批发商业、工业小区和住宅的分布。以上理论模式尽管是20世纪50年代中期之前的研究成果,但每一种理论都从某一角度刻画了某类城市土地利用的特征,即从城市功能区组合的结构体系的角度研究城市土地的区位利用问题。

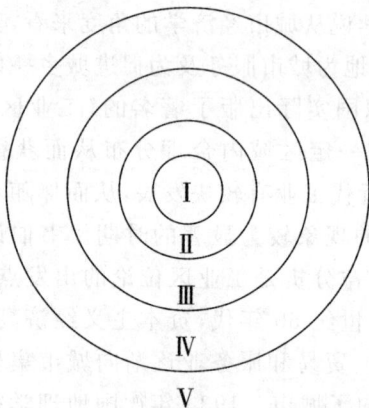

图1-1 伯吉斯的同心圆模式

Ⅰ—中心商业区;Ⅱ—过渡性地带;
Ⅲ—工人阶级住宅区;Ⅳ—中产阶级住宅区;
Ⅴ—高级或通勤人士住宅区

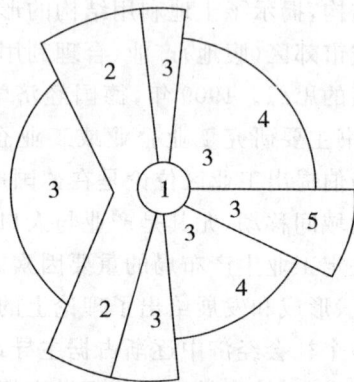

图1-2 霍伊特扇形模式

1—中心商业区;2—批发和轻工业地带;
3—低收入住宅区;4—中收入住宅区;
5—高收入住宅区

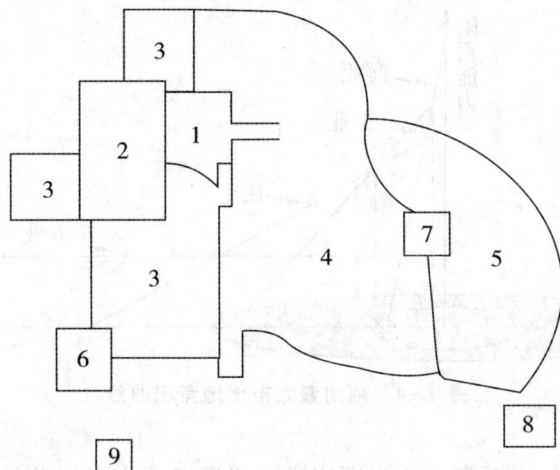

图 1-3　哈里斯、乌尔曼的多核心模式

1—中心商业区;2—批发和轻工业地带;3—低收入住宅区;4—中收入住宅区;
5—高收入住宅区;6—重工业区;7—卫星商业区;8—近郊住宅区;
9—近郊工业区

　　1903 年 R. M. Hurd 从城市土地价值的角度发表了《城市土地价值原理》一文。尽管他主要分析城市的土地价值,并没有涉及到城市土地利用方面,但由于近代价格理论除农业外几乎不再提到土地、土地价格或地租。所以,他的研究将城市土地纳入到生产理论,得出具有同等生产力土地的地租理论,对于用生产理论来分析选址行为和对城市土地利用的经济分析奠定了理论基础。1927 年 R. M. Haig 提出了城市土地价值的高低取决于土地的区位条件。城市土地地租是该地交通通达性或交通成本节约的函数,其模型一般都将城市地域假设成集中生产(综合消费品)的单一中心的同心圆均质地域,进而住宅的需要仅仅与个别地点的规模和选址有关,并且它们各自的活动被反映到市场竞争过程中地租的空间分配上。事实上就形成了城市土地利用形态,从而诞生了城市土地利用结构经济模型的雏形。1949 年 R. V. Ratcliffe 又提出了一个相对完整的城市土地利用经济模型[5]。20 世纪 50 年代,艾萨德和贝里就中心地理论在城市地域结构中的应用进行了探讨。艾萨德主张从"空间经济学"的立场出发研究区位论,他大量应用计量经济学方法进行产业区位的综合分析,他提出的"空间系统"的范围极为广泛,包括农业与土地利用、工业区位、零售商业与服务性商业区、城市区位、运输网的布局等。但影响较大的是 1964 年 W. Alonson 在《区位与土地利用》一书中提出的城市土地竞标地租理论[6]。他通过一系列的假设,用新古典主义经济理论解析了区位、地租和土地利用之间的关系,导出竞标地租函数,并以竞标地租来求取个别厂商的区位结构均衡点,以城市中心,从内向外的产业类型依次为商业、工业、住宅、农业。该理论揭示了单中心城市土地竞租函数与产业布局调整相互作用而形成的城市土地利用模式(见图 1-4)。Alonson 还运用地租竞租曲线来解析城市内部居住分布的地域分异模式。根据经济收入作为预算的约束条件,在任何区位,低收入家庭的土地需求量总是少于高收入家庭,于是城市内部居住分布的地域分异模式就表现为高收入家庭居住在城市边缘和低收入家庭居住在城市中心。与其他理论比较,城市经济学对城市地域结构理论的形成有着更重要的作用,它证明了土地的功能分区存在的必然性,为合理利用土地提供了理论依据。

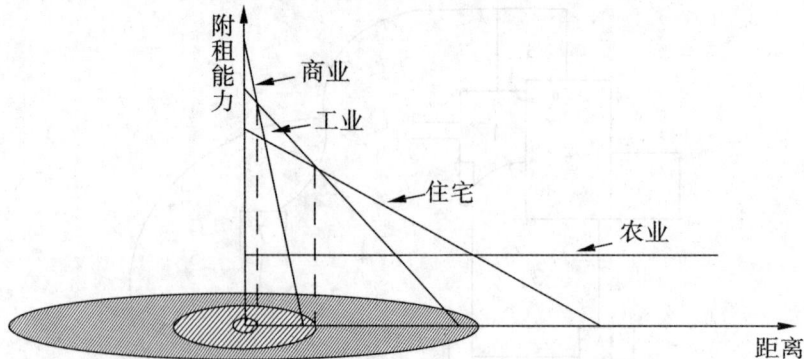

图 1-4　阿朗索城市土地竞租曲线

20 世纪 60 年代以来,主要资本主义国家进入战后经济大发展阶段,资本主义社会的经济和生产体系发生了深刻的变化,使得城市土地利用结构的理论模型与现实存在的城市土地布局之间的差异变得越来越大,很难找到与模型完全一致的分布状态。针对城市土地利用结构经济理论的缺陷和当地城市发展的现实,尤其是产业区位的空间转移,许多学者重新思考和研究城市土地利用结构的经济理论问题。Allen J. Scott 通过分析企业内部、企业之间的劳动分工和生产组织过程中的纵向一体化和纵向分解、生产联系、集聚经济而得出现代工业的区位原则。Scott 认为,当代西方国家中以大批量生产为核心的福特制正在衰落,而以更高的适应性的技术和制度结构为基础的灵活生产系统正在大规模地扩张。在这种不同产业和生产地分散和重新集中的空间变化和发展中,都市中心为新的产业和经济活动、新的生产社会关系和新的劳动力市场形式所代替;城市边缘区也已不再单纯地靠廉价、缺少组织性的劳动力等因素来吸引资金密集型和低劳动技能的分支公司,相反,变成高度多样化的经济活动和经济增长的重要领域。

从 20 世纪 70 年代开始,随着对控制论、博弈论的成功借鉴,城市土地利用空间结构的研究范围更加广泛。行为学派学者 Macann 以罗切斯特成本法系统探讨了产业区位选择的经济问题,Sakashita 对房地产和零售店的区位选择,Egan 对旅馆的区位布局,Bailey 对次级住房市场中垄断区位,Krainer 对因市场交易、人口流动和主体转换等导致的不动产流动性,Boehm 对城市内部人口流动与特定地域投资选择的关系等方面的研究,也代表了国外学者力图解决形式问题所进行的实证研究的方向[7]。

20 世纪 80 年代以前,国外关于城市土地利用的研究已经形成了比较完整的理论。这也促使人们逐渐放弃传统的形态布局偏好向城市功能空间的研究。早期的代表性研究有马塔(Y. Mata)的带型城市、霍华德(E. Howard)的田园城市,1917 年法国建筑师戈涅(T. Carnier)出版的《工业城市》专著可看做是这一时期最具创造性的、最具突破性的新的城市空间结构的模式。20 世纪 60—90 年代期间,城市土地利用结构的研究重点逐渐转入信息化对人类聚居行为、生态环境可能的影响方面。著名的有凯文·林奇(K. Lynch)的城市意象感知[8],雅各布(V. Jacobs)的城市活力的交织功能分析,亚历山大(C. Alexander)的半网络城市等。这一时期,除了人文倾向之外,社会学及经济学方向的研究也有了发展,并且将城市空间结构的研究扩张到更大的区域背景中,如戴维斯(Davies)的形态、功能关系研究。同时国外学者也研究了生产要素对城市空间结构演变的时空作用。一些学者从产业空间分布的区位变动和要素相互作用的角度来研究大都市区的空间结构,如戈登分析了美国 1969—1994 年间大都市区和非大都市区的劳动力就业趋势,确认了美国大都市区的人口和就业由大都市区中心到郊区、外围地区直到乡村地区的离心化趋势。日本学者从批发、服务业的区位动向入手研究东京、阪神、名古屋三大都市圈结构变化,认为城市核心地区中心性降低,集中分布相对减少[9]。

随着计算机及空间信息技术的高速发展,GIS,RS 及智能模型等现代研究方法和技术相继在土地利用结构优化配置中得到应用。Verffura 等在美国威斯康星州 Dane 县的土地信息系统中,将多用途规划用于农村土地利用结构优化配置中,为决策者提供信息[10];Sharifid 等运用生物生长模型和线性规划模型以及 GIS 工具构建了农场土地利用的决策支持系统[11];Xuan‐Zhu 等运用 SDSS 构建了土地利用的空间决策支持系统[12];Amha 等在 EthioPian Highlands 发展了土地利用专家规划系统[13];Stark 探讨了在德国应用 GIS 分析土地规划中争地矛盾和保护土地及计算公共工程对土地的需求[14];Chiuvieco 应用线性规划作为 GIS 分析工具,对空间属性进行优化和变量组合,并在西班牙进行土地规划实验[15];英国 Strathclde 大学和苏格兰资源研究所的斯莱瑟教授等提出了"提高人口承载力备选方案的 ECCO 模型",可用于辅助做出合理的土地规划[16];Huizing H. 等将混合多目标整数规划应用于土地利用结构优化配置等[17]。

世界城市发展的过程也是将产业结构和用地结构优化相结合的过程,国外许多先进城市均将土地利用与优化产业结构视为一个问题的两个方面,给予了高度关注。英国伦敦在工业化初期形成的以泰晤士河畔工业、仓库为主的用地格局,影响了城市环境和区位土地使用效益的发挥,进而影响了城市第三产业的发展。为有效解决这一问题,城市政府遵循价值规律的要求,根据城市级差地租,引导投资者将沿河工厂、仓库迁走或改建成为新的俱乐部、宾馆等,实现了产业结构和用地结构的双重优化,带来了环境效益、社会效益和自然效益的极大改善,这为伦敦向现代化、国际化城市发展奠定了坚实的基础。伦敦道克兰开发公司即在政府政策引导下,利用原码头区滨临泰晤士河的特点,利用滨海地带开发新住宅区,将原有码头仓库改造成大型购物中心,使沿河地带成为最具价值和吸引力的开发地段,在改善开发空间环境、充分利用土地效益方面,积累了成功经验。

综上,国外关于城市土地利用与产业发展关联的研究和实践开展的比较早,也形成了一些典型的城市土地利用理论。但对城市用地与产业结构间作用机理的研究还不够深入,且从城市功能结构完善的角度研究二者之间关联的还比较少。

1.1.2　国内研究综述

国内关于土地利用结构与产业结构关联的研究起步较晚,经历了从理论借鉴到寻找变量进行实证研究的转变。20 世纪 50 年代以前,主要是对国外理论进行翻译介绍。解放后随着我国城市建设的快速发展,经济学界、地理学界、城市规划学界及土地经济学界等对城市土地利用结构的研究逐步深入。尤其是近年来,随着地理信息系统和遥感等空间信息技术在土地利用中的广泛应用,为城市土地利用研究提供了准确的数据信息,丰富了城市土地利用研究的广度和深度。我国学者对不同尺度、不同区域的城市土地利用结构进行了大量的实证研究,目前,相关研究主要集中在城市土地利用结构动态演变、土地利用结构优化、土地利用结构演化驱动机制及城市土地利用结构与产业结构关系等方面。

1.1.2.1　城市土地利用结构演变研究

城市用地结构演变实质是土地类型发生发展的动态过程。近年来众多学者从不同角度对城市或区域土地利用结构和形态在时空变化上进行了大量富有成效的研究,揭示了城市土地利用在平面上、立体上和结构上的空间特征。从研究尺度上分为宏观、中观和微观;从研究视角上,分为计划经济体制和市场经济体制。学者们普遍认为随着我国城市土地置换和产业结构调整,工业用地、仓储用地和对外交通用途比例呈下降趋势,而道路广场用地、市政公用设施用地和绿地的占地比例呈增加趋势。但由于受规划和历史遗留因素的制约,我国城市用地结构依然存在工业用地比例偏大,道路广场用地和绿地不足,商服务业及市政环境用地占地比例偏小等问题[18]。

计划经济时期,城市土地利用结构呈现居住、行政用地围绕工业用地,商业用地穿插其中的格局。20 世纪 80 年代以来,市场经济体制逐步确立,土地有偿使用促使地产市场不断发育,推动城市内部产业结构的合理化调整,形成了以重工业为主的工业区向远郊分散,行政用地、学校等非经营性用地自动搬出市区中心繁华地段,并让位于支付地租能力较高的商业用地,居住用地成片开发[19]的局面。特别是东部沿海大城市,居住用地布局和空间分异逐步完善,城市中心处置高级公寓,中间地带为 20 世纪 50 年代以来建设的居住区,为城市中层收入的居住地,城市边缘区和郊区为花园别墅与低档住宅区[20]。

随着信息技术和现代数学模型的发展,学者们应用这些技术和方法研究特定时段和特定区域的土地利用结构及空间形态变化。许学强、朱剑利用信息熵和均衡度模型,研究我国不同规模、不同性质的城市土地利用结构,认为城市规模越大,其信息熵越大,土地利用程度越高,土地功能越完善,土地构成差别越小,均衡度越高;综合性城市的土地利用结构信息熵、均衡度高于专业化城市,这表明综合性城市土地构成种类较齐全,城市功能更加完善,各类土地面积相差较小[21]。孙元军基于 Weka(Waikato environment for knowledge analysis)软件,对我国 658 个城市建设用地结构的研究显示:我国建设用地结构基尼系数整体较小;县级小城市的绿地率偏低;对外交通用地比例偏低的城市大多是小城市;市政公用设施用地的比例在 2.1% ~ 4.1% 之间是比较合理的;旅游城市和经济发达、基础设施条件好的城市公共设施用地比例偏高;位于我国地形第二阶梯的城市,多为山地丘陵城市,绿地比较较高,居住用地比例偏低[22]。王新生等借助 GIS 和分形理论,研究 1990 年和 2000 年中国 31 个特大城市空间形态变化的时空特征,认为城市空间分维呈减少趋势且南方城市大于北方城市,形态指数减少,城市空间形态呈紧凑化趋势[23]。赵晶采用分形理论研究上海市中心城区,发现城市用地分维数增加,居住用地和其他城市用地集中分布于城市的中心地区,工业用地则分布在居住区的外围,构成了从中心向外围的"居住—工业—农业"的圈层状空间格局特征,城市中心城区的空间布局现状是在圈层扩张和辐射填充两种方式的相互作用之下形成的[24]。罗江华运用 GIS 技术和统计分析模型研究柳州市城市内圈层用地类型为居住—公共设施—绿地;中间层为居住—公共设施—工业—绿地;外圈层为工业—居住—绿地—公共设施,城市圈层由外向内土地利用多样性降低,土地利用功能集聚趋势加强、城市逐渐由工业导向型向居住、公共设施导向型转化[25]。

1.1.2.2 城市土地利用结构演变驱动机制研究

城市土地利用结构演变驱动机制的研究一直是城市规划学和城市地理学关注的核心内容之一。城市土地利用结构变化受自然地理环境、社会经济发展、宏观调控政策和技术创新等多方面的影响,是城市按照复杂巨系统运动规律发展到一定时期内呈现出的结构图形。城市经济学派认为,城市经济发展和产业结构演进是城市土地利用结构演变的内在动力。人类生态学派认为,虽然城市经济发展是城市土地空间结构演变的最大推动力,但决定城市各种活动的主体是人类,因而城市不仅仅是一个简单的巨型经济系统,更是一个人类生态系统,后者可更准确地涵盖城市的特征。例如,石崧认为城市空间结构演变的动力主体主要由政府、企业与居民三者构成[26]。城市地理学派侧重从区域性和综合性角度进行研究,认为城市土地利用系统是在特定的自然地理环境中,受政治、经济、历史、文化等各种因素的综合作用。耿慧志认为城市中心区的更新是政策力、经济力和社会力三者综合作用的结果[27]。总之,城市土地利用结构的演变是城市空间内部自组织和外部被组织相互作用的复杂过程,两者相互作用、相互影响。根据这一原理,影响城市土地利用结构变化的因素可分为内生变量和外生变量。

外生变量影响城市土地利用结构变化规模和方向,可在一定程度上加快或延缓城市发展的进程。外生变量包括经济发展、城市规划、技术进步、制度变革等。其中经济发展是城市土地利用结构演变的主导因素和根本动力;产业结构调整是城市土地利用结构演变的直接动力[28];城市规划起导向和预测作用[29];技术进步起推动作用;制度是影响城市土地利用布局的一个重要的长期性决定因素[30]。陈志认为武汉市建成区 1990—2003 年城市土地利用结构的变动不仅和城市福利提高、城市社会结构变动密切相关,而且和城市产业结构提升以及城市建设与改造的压力也关系明显,其中产业结构变动的影响最大[31]。冯志强对郑州市城市土地利用空间结构演变驱动因素的研究显示,城市产业调整是土地利用结构变化的主要动力;制度变革为空间结构变化提供了新的经济、政策环境;技术进步为土地利用空间结构的多元化、郊区化提供了技术支持[32]。

内生变量是城市土地利用结构形成的基础和约束性条件。内生变量主要有城市自组织力、自然地理环境等。其中,城市自组织力是城市土地利用空间结构变化的源动力。城市空间结构增长的自组织机制实质是对系统平衡与恒定的否定,并能在一个新的层次上达到相对稳定有序的结构,以实现土地空间的发展进化。地理位置、地质、地貌、气候、水文资源等自然地理要素结合在一起构成了城市存在和发展的特质基础,形成城市区域地理环境,它直接影响城市空间扩展的潜力、模式及空间结构,在有些城市,甚至成为城市空间扩展的"门槛"。

1.1.2.3 城市土地利用结构优化研究

城市土地利用结构优化是指通过对土地资源的规划配置,使土地在时空上得到合理安排和集约化利用,以使城市土地系统达到最佳的经济、社会和生态综合效益。土地利用结构优化能有效提高区域土地利用系统的结构效益和功能(土地生产力),并设计了土地利用结构优化的模型[33]。

由于城市土地利用与城市规划学、经济学、地理学、生态学等学科紧密相关,因此,学者们从不同的学科角度就城市土地利用结构优化进行研究。城市规划学界从城市空间布局及工程建设的可能性入手,注重进行多因素分析。有学者认为城市空间结构在地域上的投影,即是土地利用结构,城市空间结构及形态的优化有助于土地利用结构的优化[34-36]。经济学界擅长从土地利用的经济效益进行研究。刘坚认为用地结构的变化将会影响经济效益的变化,城市土地利用的结构效益可以衡量城市土地优化配置的综合水平,并采用 DEA 方法对江苏省土地利用结构效应进行实证[37]。刘少波提出优化城市土地利用空间结构的经济机制模式——地租导向模式,以城市土地的管理来实现城市土地利用空间结构的优化[38]。地理学界重视地域差异与分工,采用计量地理学和 GIS 技术等方法进行研究。孙钰认为应根据城市性质及各类用地的社会需求量,实行分区集约布局,同时盘活城市存量土地,控制城市用地供给时序,优化城市用地结构[39]。也有学者认为城市土地合理利用与产业结构优化是一个问题的两个方面[40]，土地利用结构随产业结构的调整而变化[41]，因结合城市产业结构调整的机会，进行城市土地利用的配置[42]，对一些大城市，如武汉、广州等进行实证研究。生态学界从城市生态复合系统的视角进行研究，学者们主要运用生态绿当量和生态位态势原理，采用一定的数学模型对典型区域进行案例研究[43,44]。

城市土地利用结构优化需要借助现代数量经济学的基本分析手段。目前，学术界常用的优化方法有线性规划法、多目标线性规划法、灰色规划法、系统动力学法、神经网络法及结合GIS的优化方法等。严金明利用线性规划法对南京市 2010 年土地利用的最佳结构模式[45]进行了规划。与单目标规划不同，谭淑豪将经济效益、生态效益和社会效益作为目标函数，将多目标线性规划法应用在土地利用结构优化中[46]。线性规划是静态规划，其缺点是不能反映和处理土地利用系统中约束条件的动态变化。而灰色规划法可在参数变化和发展的情况下进行，是一种动态的线性规划，可以弥补一般线性规划的不足。但承龙运用灰色规划模型和层次分析法，探讨了启东市土地利用结构优化和方案决策[47]；耿红以广西田阳县为典型案例，求证了灰色规划法在优化土地利用结构中的合理性、科学性[48]。何鑫、董品杰等学者应用多目标规划问题的 Pareto 多目标遗传算法建土地利用结构优化模型[49,50]。吴金华等基于 BP 神经网络对陕西省土地利用结构进行研究[51]。傅伟利用 GIS 技术，探讨区域土地利用结构配置[52]。总体上，土地利用结构优化的方法从静态向动态、从定性向定性与定量相结合转变，有助于规划中不确定因素的预测及空间布局的优化，增强规划的灵活性。

1.1.2.4 城市土地利用结构与产业结构关系的研究

现代经济理论显示，经济发展并不是对原有的传统经济比例进行简单的扩大，而主要体现在经济结构的优化。产业结构转变是现代经济增长的本质特征，产业升级是经济增长的主线。城市产业布局与城市用地布局密切相关。因此，城市产业布局的调整必然导致城市用地结构的重构。城市土地合理利用与优化产业结构是一个问题的两个方面，均应得到高度重视[53]。产业结构的变迁是城市用地结构演变的主要原因和促进城市发展的真正动力，城市用地结构的演变又为产业结构调整提供物质基础，二者互相促进[6]。

一方面，产业结构和产业发展水平决定了土地利用方式、结构和空间布局，影响土地资源的配置和利用效益。在经济发展的不同阶段，产业结构不同，对土地利用的需求特征也不同。产业发展的规模决定了土地利用的规模，产业发展的重点决定了土地利用的重点，产业发展的区位选择决定了土地利用的布局。但学者们对不同区域产业结构对土地利用结构变化的影响效应存在差异[54]。有学者认为产业结构的变化能够带动土地利用结构的变化，但不是同步变化，产业结构变化率大于土地利用结构变化率[55]；有学者认为产业结构与用地结构呈同步增减趋势[56]；有学者认为产业结构变化滞后于用地结构变化，城市用地结构与产业结构同步变化的轨迹还没有出现[57]；有学者认为产业结构调整对城镇建设用地规模具有明显的负效应，它有利于城市用地的集约化和用地结构的优化[58]。

也有学者从城市产业结构与空间结构关系的角度分析了产业结构与用地结构之间的内在联系。有学者认为城市产业结构决定了城市的经济功能，只对城市空间结构产生影响[59]。产业结构的调整不仅使城市用地不断出现新的类型和新的需求；同时它还促进了城市功能的进一步完善，从根本上对城市用地结构、市域城镇体系和区域城市群体在内的广义的城市空间结构产生重大影响。有学者指出产业结构调整是空间结构演变的直接动力，城市空间结构反映产业的分布特征及生产效率。认为土地使用机制是联结城市的产业结构和空间结构的基本纽带,并以济南市为例分析了产业结构调整和空间结构演变之间的关系[48]。张志斌等学者认为城市产业结构调整引起城市功能的演替,从而对城市外部空间形态和内部空间结构的重构产生重大影响。由于地租和集聚效应的作用,不同附加值的产业在空间的集聚分布将自动保持平衡,从而使各类用地布局按产业的不同呈现出明显的区位特征,并以兰州市为例,研究其建国以来产业结构调整过程与特征,揭示了产业结构调整引起兰州市空间结构的优化[46]。刘艳军等学者以长春市为例分析了产业结构演变与城市空间形态演变的互动过程,研究结果显示[47]:产业结构升级是推动城市空间结构形态演变的核心动力,现代城市空间调整的过程是产业结构持续优化与升级的动态变化过程。产业结构的演变,将会带动土地利用形态、结构与性质的变化。随着人口、工业向城市聚集,城市居住、商业、公共服务设施逐渐出现,促进城市土地利用形态发生改变。由于中心市区产业结构的升级,使中心市区原有传统工业企业、居住等行业逐渐被商业、服务业所替代,从而使土地利用的比例结构与空间结构也发生改变,主要表现在中心市区工业、居住及仓储等城市职能用地所占比例逐年下降,而商业、交通、绿地、公共服务设施用地所占比例逐渐上升,此时土地利用集约度增强,市区建筑密度与容积率不断增大。

另一方面,城市土地科学合理利用成为产业结构升级和经济发展道路转变的必然选择。土地利用结构调整为产业结构调整提供物质基础,是推动产业结构调整的动力。若土地资源不能得到合理配置,产业就不能获得升级。由于我国长期受计划经济的影响,导致城市土地利用结构不合理,新产业要获得发展,就必须有相应的土地作为支撑,但现有的城市土地已被现有的产业所占用,不仅严重影响了城市产业结构的优化升级,同时也造成了土地资源的大量浪费。在土地利用领域中,产业结构的调整,就是土地利用关系和结构的调整。只有合理的土地利用结构,才能保证一定地域内土地利用系统的良性循环,优化结构、合理配置和强化功能,才能达到以较少的土地消耗或投入取得较高的效益或产出。张海兵采用典型多元相关分析与二元相关分析相结合的方法从宏观角度对我国土地利用结构与社会经济结构进行分析[60],结果显示:土地利用结构与社会经济结构变化间存在着必然的逻辑关系,合理利用这种关系,则有助于加强土地在宏观调控中的作用。张秋娈采用系统聚类法对邯郸市域各区域土地利用结构和经济结构间关系的实证分析[61]显示:土地利用结构在一定程度上反映并制约区域经济发展的方式、方向和速度,如果土地利用类型适应经济结构,将促进经济发展;反之,如果超前或滞后于经济结构,将阻碍经济发展。杨宇采用结构变化率和因果关系检验对成都市城市用地结构对产业结构影响的分析显示:城市土地利用结构变化快于产业结构的变化,表明有必要对成都市城市土地进行规划,优化城市土地资源配置格局,进而带动产业结构的优化[5]。

1.2　理　论　借　鉴

1.2.1　城市用地结构优化相关理论

1.2.1.1　区位理论

区位,是人类活动所占据的场所,同时含有"位置、布局、分布、位置关系"等方面的意义。随着社会的发展,人类活动的领域和空间不断扩展,而这种扩展必然导致区位的发展与变化,这种发展和变化也相应的催生了区位理论的产生[62]。区位论是关于人类活动的空间分布及其空间中的相互关系的学说,是城市经济学领域里研究的一个重要内容,主要探索人类活动的一般空间法则。它包括两层基本内涵:一层是人类活动的空间选择;另一层是空间内人类活动的有机组合。城市用地的区位是指特定地块的地理空间位置及其与其他地块的相互关系,它对城市土地整体效益的发挥起着重要的作用。

从 19 世纪 20 至 30 年代到第二次世界大战之前,形成了以农业区位论、工业区位论、中心地理论和市场区位论为代表的传统区位理论。这些理论一般是以追求成本最小化或利润最大化为目标,以处于完全竞争机制下的抽象的、理想化的单个小厂商及其聚集体——城市为研究对象。第二次世界大战后,以艾萨德和贝克曼为代表的现代区位理论得到快速发展,其研究从单个厂商的区位决策发展到地区总体经济结构及其模型的研究;从抽象的纯理论模型的推导到追求接近产业部门的扩展研究等。

德国经济学家杜能在 1836 年出版的《孤立国同农业和国民经济的关系》一书中提出了农业区位的理论。为了探索企业型农业建立时代农业生产的合理区位选择问题,杜能提出了"孤立国"模式,即资源配置的地理空间效应[63]。杜能对于其假想的"孤立国"给定了以下假设条件:一是肥沃的平原中央只有一个城市;二是不存在可用于航运的河流与运河,马车是唯一的交通工具;三是土质条件一样,任何地点都可以耕作;四是距城市 50 英里之外是荒野,与其他地区隔绝;五是人工产品供应仅来源于中央城市,而城市的食物供给则仅来源于周围平原。从这些假设条件出发,杜能认为市场(城市)周围土地的利用类型以及农业集约化程度都是以一个距离带一个距离带地发生变化,即围绕消费中心形成一系列的同心圆,也就是所谓的"杜能圈"。距城市最近的郊区为高度集约化经营区,随着到消费地距离的递增,土地经营愈加粗放,即"精细城郊农业—林业—集约种植业—栅栏农业—粗放的三年轮作—牧业与粗放种植业"。杜能在农业区位论中指出:农业的土地利用类型和农业土地的经营集约化程度,不仅取决于土地的自然特性,更重要的是依赖于其经济发展状况,其中特别取决于它到农产品消费地的距离。从经济上看,杜能理论的核心部分是农业生产者所处位置的级差地租。土地级差地租为土地经济利用时的价格,与需求者之间呈相关关系。他从级差地租出发,以利润大小为转移,来论述农业土地利用的区位选择和农业集约化程度的区位差别。这一概念显著地揭示了市场吸引范围内不同位置的地租与土地利用类型、土地利用强度以及运输费用的关系和土地纯收益空间差异产生的原因[64]。这对城市土地利用的空间安排也有一定的指导意义。如果将城市中心区域看做一个点,则城市区域内的社会经济活动也均指向城市中心区,城市内部同样存在着最佳距离、运输费用和土地强度等问题,也存在着土地收益的空间分异现象。因此级差地租在很大程度上也支配着城市各类用地的空间布局。

1909 年德国经济学家韦伯在其出版的《工业区位论》对工业区位进行了系统的研究,并完整地提出了工业区位理论。韦伯提出工业区位论的时代,是德国在产业革命之后,近代工业有了较快发展,从而伴随着大规模人口的地域间流动,尤其是产业与人口向大城市集中的现象尤为显著。韦伯以经济活动中生产、流通与消费三大环节中涉及到的工业生产活动作为研究对象,试图解释人口的地域间大规模移动以及城市的人口与产业的集聚原因[65]。韦伯也采取了从简单假设开始,抽象地分析工业生产分配过程以推导出纯区位原则的演绎方法研究工业区位问题。韦伯认为工业生产的地区分布应选择在生产费用最低的地方。在影响生产费用的诸多因素中,运输成本、劳动力成本和集聚分散因素对工业区位的影响最大。韦伯的工业区位理论首次提出了工业区位的最小成本原理,通过对运输、劳动力、集聚因素相互关系的分析与计算,找到了实现工业生产成本最小的理想区位,阐释了区域工业活动空间分布模式,揭示了工业经济活动的基本空间规律和区域经济空间结构形成与演化的机制。并提出了一系列有关区位分析的概念和工具,如区位因素、区位指向、原料指数、等运费线等,对区位理论的发展具有较大影响。

进入 20 世纪后,资本主义经济的高度发展加速了经济活动集聚的进程。城市成为工业、交通、商业、服务业的聚集地,并逐渐在整个社会经济中占据主导地位。在此背景下,许多经济学家、社会学家和地理学家把研究的焦点指向了城市,对城市的形态、空间分布及规模等级等开展研究。1933 年德国经济学家克里斯特勒在《德国南部的中心地》一书中提出了中心地理论。克里斯特勒从区位选择的角度,以商业集聚中心为研究对象,在确定个别经济活动的市场半径的基础上,引入空间组合概念,建立了一个关于商业集聚中心的网络等级序列。中心地理论的主要思想是城市是中心地腹地的服务中心,根据所提供服务的不同档次,各城市之间形成一种有规则的等级均匀分布关系[66]。克里斯特勒指出:中心地的空间分布形态,受市场原则、交通原则和行政原则的影响,形成不同的中心地系统空间模型。中心地理论既是关于城市城镇空间分布和结构的理论,也揭示了第三产业特别是商业布局的内在规律。

1939 年廖什在《经济空间秩序》一书中提出了市场区位论。他在杜能、韦伯等人的区位理论基础上,从工业配置寻求最大市场角度揭示整个系统的配置问题,以利润来判明企业配置的方向,并把利润原则同产品的销售范围联系起来。廖什在建立市场区位模型时,建立了以下假设条件:①在均质的平原上,沿任何方向运输条件都相同;②进行生产必须的原料充足,且均等分布;③在平原中均等分布着农业人口,最初他们的生产是自给自足,且消费者的行为相同;④在整个平原中居民具有相同的技术知识,所有的农民都可能得到生产机会[67]。廖什指出工业生产的最佳理想区位既不是费用最小点也不是收入最大点,而是收入与费用之差最大点即利润最大点。影响工厂选址的因素不仅包括材料运输费用,还包括市场因素、竞争因素、历史因素和政府作用等超经济因素。廖什最大利润区位论的市场是蜂窝状的正六边形面状市场。他指出不同的产业因其有不同的生产、消费和销售特点因而应在布局上选择不同的策略,并进一步提出了市场区及市场网的理论模型,把生产区位和市场单位结合起来[68]。他认为生产和消费都必须在市场区内进行,市场区和市场网的排列不是任意的,而是遵循经济原则。廖什市场区位论的特点在于把生产区位和市场结合起来,在理论上确定了能够获得最大收益的地域。

传统的区位理论是以微观经济学完全竞争下的厂商理论为基础的,其分析方法是局部均衡的、静态的,往往只关注运输费用或劳动力费用等经济因素,忽略了制度、技术创新以及经济政策等的作用[69]。从 20 世纪 20 年代起,资本主义发达国家和地区几乎同时陷入了结构性危机。到 20 世纪 30 年代,地区性的经济危机已经演变成了全球性的经济危机。为了缓和地区性结构的矛盾,各国开始重视区域经济发展问题,这也把区位理论的研究推向了一个新的高度,这一时期形成了以艾萨德的《区位和空间经济》和贝克曼的《区位理论》为标志的有别于传统区位理论的空间区位理论和方法,即现代区位理论。现代区位理论吸取了凯恩斯地理学、经济理论、社会学、人口学、经济学和城市科学等许多学科的研究成果及"计量革命"所产生的新思想。研究从微观转向宏观、由静态转向动态,研究对象由第一、第二产业转向第三产业和城市。

1.2.1.2　地租理论

在市场经济条件下,地租起着调节土地资源配置和产业用地布局选择的作用。因此,地租理论是城市用地合理布局和优化产业结构的核心理论之一。地租是土地使用者为使用土地而支付给土地所有者的代价,是土地所有权在经济上的实现形式。18世纪70年代,亚当·斯密最早系统地研究了地租理论。斯密在《国民财富的性质及其原因的研究》一书中指出,地租是作为使用土地的代价,是为使用土地而支付的价格。这个代价是产品或产品价格超过补偿预付资本和普通利润后的余额。土地所有者把它作为自己土地的地租攫为己有。大卫·李嘉图则提出了级差地租的概念。李嘉图则从农业地租的视角来考察地租问题。他指出地租的产生应具备两个前提条件:一方面是土地的稀缺性;另一方面是土地的差异性。在李嘉图的地租理论中,不仅考察了级差地租的第一种形态,即耕种优等土地和中等土地而获得的超额利润收入转化为的地租,而且考察了级差地租的第二种形态,即在同一块土地上追加等量资本和劳动由生产率不同而产生的地租。

马克思在《资本论》中全面系统地研究了级差地租、绝对地租及资本主义地租的产生,分析了地租形成的根本原因及其变动的一般规律。马克思指出:由于土地被垄断占有和垄断经营,才会产生地租,地租的实质是超额利润[70]。就性质而言,地租是土地所有权在经济上的实现形式。从来源角度看,地租是由劳动者的劳动所创造的剩余价值在各个资本之间按社会平均利润分配之后所剩余的部分。马克思依据地租形成的原因和条件的差异,将地租分为绝对地租和级差地租两种形式。绝对地租是土地所有者凭借对土地所有权的垄断,占有农产品价值中超过社会平均生产价格的那部分超额利润。不论土地优劣如何,只要存在土地所有权与使用权的分离,就必须向土地所有者支付这部分差额。绝对地租的本质在于:不同生产部门内的各等量资本,在剩余价值率相等或劳动的剥削程度相等时,会按他们不同的平均构成,生产出不等量的剩余价值[71]。因此,土地所有者从租地农场主那里获取的绝对地租,从表面上是由土地所有权引起的,但实质是来源于工人创造出的剩余价值。马克思把级差地租分为级差地租Ⅰ和级差地租Ⅱ。级差地租Ⅰ是由于土地肥力的大小和土地位置的优劣所形成的级差地租。级差地租Ⅰ考察的对象是面积相同,投资相同的土地,条件是土地的肥力和位置不同。土地肥力和位置的不同决定了农产品个别生产价格与社会生产价格的差异,也就决定了超额利润的大小[72]。在级差地租Ⅰ中,除了劣等地不能获得超额利润外,中等地和优等地都能得到。当土地产品供不应求,价格上涨,以致于价格涨到劣等地的经营者也能得到平均利润时,劣等地就可重新进行经营,于是社会生产价格就取决于劣等地的个别生产价格。因此,级差地租Ⅰ都是由在劣等地上的资本收益和投在较好土地的资本年收益的差额决定的。各地块的等级不变,则级差地租Ⅰ就始终是存在的。级差地租Ⅱ是由于在同一地块上由于连续追加投资而形成的超额利润。级差地租Ⅱ考察的对象是同一块土地,对土地连续追加等量的投资,每次投资后,土地生产的农产品数量不同,由于劣等地的存在,以劣等地的生产价格决定市场价格[73]。因此,对土地连续投资后会有一次个别生产价格,最后,一块土地上连续投资的多个生产价格最终形成该土地追加总投资后的平均生产价格,这个平均生产价格与社会生产价格相比,其产生的超额利润就是级差地租Ⅱ。级差地租Ⅰ是级差地租Ⅱ的基础,级差地租Ⅱ则是级差地租Ⅰ的另一种表现。两者的区别体现在:级差地租Ⅰ不能在劣等地上获得,但级差地租Ⅱ可以;级差地租Ⅰ与粗放经营相对应,而级差地租Ⅱ与集约经营相对应;级差地租Ⅰ以土地的自然丰度为基础,级差地租Ⅱ以土地的经济丰度为基础。从总体上看,级差地租Ⅰ和级差地租Ⅱ是一致的,都是劳动生产率不同的结果。

我国城市土地全部归国家所有,由于土地所有权仍然存在垄断,并要求在经济上加以实现,而且土地的所有权和使用权的分离使得城市地租有存在的条件。国家无论以何种具体形式,出让土地的使用权,最终都是为了在经济层面上实现城市土地所有权的价值。在城市经济中,由于土地生产要素的稀缺性表现得更为突出,因此,地租作为一种杠杆,对城市经济运行的调节作用也体现得更加明显。从城市土地开发利用的角度看,城市地租也是政府制定土地价格、调控产业布局的基础手段。城市地租也存在绝对地租和级差地租。城市土地主要为城市各种社会经济活动提供空间和场所,或作为建筑地段,其地租是工商业企业或房地产企业为获得各种建筑物所需土地而支付给土地所有者的金额,是国家土地所有权在经济上的实现[74]。从量上看,为取得一定的土地空间进行经营活动必须支付的最低代价,就是绝对地租。因此,只要绝对地租存在,土地使用者就会尽量租用较少的土地,并在已租用的土地上不断追加投资,以达到提高土地产出率的目标,这在客观上也有利于节约集约土地资源,达到集约化经营的目的。

由于城市土地同样存在着由于城市发展而产生的位置差异,距离中心远近,交通条件及生活条件是否便利等会成为造成级差地租差异量的因素[75]。在土地上追加的投资也会成为级差地租存在的客观因素。因此,城市级差地租也存在级差地租Ⅰ和级差地租Ⅱ。级差地租Ⅰ主要由土地位置所决定,地理位置好的地段,如城市的中央商务区(CBD)及主要商业区、距离城市中心区较近的地段、城市公共交通及轨道交通沿线地段的地租要比远离这些区域的土地地租高[76]。级差地租Ⅰ可以调节城市各产业用地的合理布局。由于不同产业生产和经营的特殊性,对土地位置的要求和敏感程度不同,因此在同一地块上安置不同的产业,其产出率和经济效益的差异是十分明显的。因此,由于各产业支付级差地租能力的差异会形成在城市空间上产业的一般布局模式,即从城市中心到外围,依次分布着商业区—住宅区—工业区[77]。级差地租Ⅱ是以等量资本连续投资同一地块而产生不同的生产率形成的。例如,将住宅用地转变为商业用地、对未利用地等级差地租低的土地进行开发利用、房地产商通过建造高层住宅、提高容积率等都可以提高土地的级差地租。

1.2.1.3　土地集约利用理论

集约是粗放的相对概念。李嘉图等古典政治经济学家在地租理论中首先提出了集约经营的概念,当时主要是针对农业土地而言的。农业土地集约经营是指在一定面积的土地上,集中投入较多的生产资料和活劳动,使用先进的技术和管理方法,以求在较小面积的土地上获得高额产量和收入的一种农业经营方式[78]。所投入的资本、技术和劳动越多,则集约度越高;反之,则越低。由于受土地利用报酬递减规律的影响,土地利用集约度不可能无限地提高,当对土地投入的资本、技术和劳动力致使土地边际效益等于边际产出时,这时的土地利用就达到了理论上的最高集约度,而没有达到集约边界的土地利用就是理论上所谓的粗放利用[79]。

迄今为止,由于中外学者对土地集约利用研究的角度不同,对其内涵和概念尚未达成共识。著名的土地经济学家查得·T·伊利在其所著的《土地经济学原理》中指出:对现在已利用的土地增加劳力和资本,这个方法就叫做土地利用的集约[80]。马克思认为:在经济学上,所谓耕地集约化,无非是指资本集中在同一片土地上,而不是分散在若干毗连的土地上[81]。雷利·巴洛维在《土地资源经济学》中指出:当应用到土地利用时,集约度是指生产过程中与单位面积结合的资本和劳动的相对量。人们把在单位土地上使用高比率的资本和劳动投入的土地利用类型称作集约利用。相对于使用的资本和劳动量来说,那些使用大面积土地的企业经营叫做粗放利用[82]。马克伟在《土地大辞典》中把土地集约经营解释为[83]土地集约经营是土地粗放经营的对称。土地集约经营是指在科学技术进步的基础上,在单位面积土地上集中投放物化劳动和活劳动,以提高单位土地面积产品产量和负荷能力的经营方式……毕宝德认为:集约度是指单位土地面积上所投资本和劳动的数量。所投资本和劳动越多,则集约度越高;反之,则越低。人们在谈到土地集约经营时,大多是指耕地,涉及非农用地的很少。非农用地的效益分为两类:用于住宅建设的更多关注所建房屋的面积;用于工业、商业和交通运输的更多关注所获经营利润。前一类是实物性的,后一类是体现价值性的。但两者集约经营的相同点是以求获得单位土地面积上的最大收益[84]。从以上学者对土地集约利用的界定可以看出,按投入到土地中生产要素的构成不同,可以分为资金集约型、劳动集约型和技术集约型。

确定农用地土地利用集约度,不仅看当时社会对农产品的需求程度、农业技术发展水平和投入的能力;还要看土地本身的肥力,包括土壤化学结构、有机质含量、交通条件等。这两方面是互相制约的。在评价土地集约利用程度时,常用的指标有单位面积土地施肥量、单位面积土地粮食产量、单位面积土地农机使用量、单位面积土地劳动力投入量等。随着社会经济的发展和人口的增加,城市成为区域经济增长的核心。伴随着农村人口向城市集中,大量的农用地和未利用地转化为建设用地,城市用地的规模快速拓展。为了提高城市土地利用效益,土地集约利用的理论开始引入到城市土地利用的研究中。与农业用地相比,城市土地具有自身显著的特点:一是,城市土地不直接参与生产过程,主要作为人口与经济社会活动的物质载体,区位对土地的经济产出或给居民的生活效用更为重要;二是,城市土地具有多种利用类型,在社会经济发展中承载的功能多样,如工业用地、居住用地、道路广场用地、绿地等,不像农业用地为单一的种植用地,城市土地的价值和利用效益并不完全体现在经济产出上;三是,城市土地利用具有空间集聚性。聚集是城市最主要的特征,也是城市形成和发展的根本原因。城市土地利用不仅可以向平面扩展,还可以向地上和地下发展,实现土地的立体利用;四是,城市土地利用处于动态变化之中,城市的外延扩张和内部重组同时发生,这也必然引致土地利用的变化。基于以上城市土地自身特点,学者们以城市土地为对象,对其集约利用进行了一系列富有成效的探索。就现有的研究成果而言,关于城市土地集约利用内涵的主要观点集中在以下三个方面。

第一种观点认为,城市土地集约利用是指在一定的自然、经济、技术和社会条件下,在经济、社会、环境效益相协调的前提下,单位面积城市用地上所能承载的人口和社会经济活动的最大容量[85]。第二种观点认为,城市土地集约利用是以合理的布局、优化的用地结构和可持续发展思想为依据,通过增加存量土地投入,改善经营管理等途径,不断提高土地使用效率和经济效益[86]。第三种观点认为,城市土地集约利用在不同的层面上,其内涵有所差别。宏观层面主要强调城市综合效益,要求城市有合理的规模和与之相协调的产业结构;中观层面则注重用地功能和结构布局的合理性与协调性;微观层面侧重于对单块土地的投入产出效益的分析。

综上,城市土地集约利用具有以下特征:①城市土地集约利用是一个动态的过程;②城市土地集约利用的目标是实现社会、经济和生态环境等综合效益的最大化;③城市土地集约利用的基础是用地布局合理、结构优化;④城市土地集约利用的主要途径是通过增加存量土地投入,改善经营管理方式。城市土地集约利用的过程,也是土地要素与其他要素协调配置的过程。在经济学中,生产要素的经济效率包含两个层面的含义:一是资源利用效率,二是资源配置效率。由于城市土地空间的无法移动就形成了空间经济实现帕累托最优的一个客观障碍。因此,人们只能在空间利用中对基础设施的空间结构,人力资源的空间结构以及生物和景观组合的空间结构进行优化,提高空间组合的效率,以此应对空间稀缺性。这表明城市土地利用的效率与它所承载的产业活动的经济效率有着紧密关系,即土地利用作为企业投资、要素配置、产业活动的空间投影,产业活动经济效率高,则土地利用效率高;反之,产业活动经济效率低则土地利用效率低。从土地集约与经济集约的相互关系来看,即使土地集约了,但可能由于集约的产业用地方式单一,产业之间的关联性不强,也影响了更高层次,如循环经济层次上的产业集聚发展[87]。

1.2.2　产业结构优化相关理论

1.2.2.1　经济增长理论

经济增长是指一国生产能力增长引起的商品和劳务总量的增长,即国民经济总量的增长。库兹涅茨(1971 年)将发达国家的经济增长解释为一个国家的经济增长是为居民提供种类日益繁多的经济产品的能力长期上升,这种不断增长的能力是建立在先进技术以及所需要的制度思想意识的相应调整基础上的。经济增长不仅体现在数量增长,还包括质量的提升。因此,经济增长的概念有狭义和广义之分。狭义的经济增长是指各种经济产出的总量和人均量的增长;广义的经济增长除了总量和人均量的增长外,还包括由此而引起的经济结构、产业结构、就业结构、收入分配结构等的变化。

经济增长理论的不断发展就是经济学家不断寻找和解释经济增长源泉的过程[88]。按时间脉络和学者们对经济增长研究的侧重点不同,可以将西方学者对经济增长的研究分为古典经济增长理论、新古典经济增长理论和新经济增长理论。对经济增长过程的分析是由斯密、李嘉图和马尔萨斯为主要代表的古典经济学家的核心工作。斯密强调劳动专业化分工对经济增长的重要性,李嘉图则强调国际贸易对经济增长的贡献,而马尔萨斯强调人口与经济增长的关系[89]。英国古典经济学家亚当·斯密在《国富论》中,第一次系统地探讨了达到尽可能快的经济增长的途径,且论证了自由竞争的市场经济对近代经济增长的积极作用。在斯密看来,劳动分工是提高劳动效率、扩大商品生产的关键所在。李嘉图认为利润是促进经济增长和社会进步的动力,主张发展资本主义,认为增加积累是扩大生产的必须选择。马尔萨斯在《人口理论》一书中提出,在土地报酬递减规律作用下,不加节制的人口增长必然会超过生产资料的增加,从而引起食物短缺,这是阻碍经济增长的直接因素。

新古典经济学家马歇尔在《经济学原理》中提出了边际增量分析和弹性分析,强调局部均衡分析,提出了谋求最大化经济效益、最优化资源配置以及实现有关经济要素均衡的原则。马歇尔将生产三要素论发展为劳动、土地、资本、企业组织四要素,最先把组织作为促进生产力发展的独立生产要素。新古典经济增长模型是美国经济学家索洛和英国经济学家斯旺于 1956 年提出的,其后又由米德、萨缪尔逊和托宾等经济学家对其补充和发展,是以柯布 - 道格拉斯生产函数为基础建立起来的。新古典经济模型认为经济的均衡增长,不仅取决于改变储蓄率,而且还可以通过改变资本—产出比率来实现。同时把技术进步作为经济增长的一个重要源泉,认为长期经济增长率是由劳动力增加和技术进步决定的。

新经济增长理论,也称为内生技术变革理论,主要代表人物有罗默、卢卡斯、格鲁斯曼、赫尔普曼等。1986 年罗默借鉴阿罗于 1962 年提出的"干中学"模型把外部性因素引入生产函数中,探讨了与技术相关的知识效应对生产的外在影响。1988 年卢卡斯引入人力资本的概念,建立了一个专门化人力资本积累的经济增长模型。1991 年格鲁斯曼和赫尔普曼建立了技术进步为基础的内生经济增长模型。从以上新经济学者的研究中可以看出,新经济理论认为经济增长的根本动力来自于内生因素的作用,科技进步需要大量研发投资,内生的科技创新是经济增长的决定力量,而技术进步主要是为利润所驱动的企业从事研究与开发活动的结果。

传统的经济增长理论对经济增长的解释虽有所不同,但有一个共同点,就是没有考虑经济增长中的结构效应作用。这是由于传统经济增长理论以基于存在一个"竞争均衡"的经济系统为前提,依据收益最大化的原则,经济充分竞争,最终达到资源的帕累托最优。但实际上这一假设条件是不存在的。因此,以此经济总量来解释经济增长的结果是有局限的。实际上,现代经济增长本质上是以产业结构变动为核心的,经济增长与产业结构是相互依赖的。有关经济增长与产业结构之间的关系,在西方经济学中也存在着两种不同的观点,以西蒙·库兹涅茨[90]为代表的学者认为经济总量的变化引起结构变化。以华尔特·惠特曼·罗斯托为代表的学者认为结构变化带来经济总量的变化[91]。产业结构对经济增长的影响体现在以下方面[92]:一是产业结构调整优化了资源配置,使资源配置均衡,适合国内外的需求状况。二是主导产业的更替是经济增长的主导力量。产业结构调整使经济增长的主导产业能够率先采用先进技术并通过各种方式带动国民经济增长,同时,产业结构调整使得主导产业能以更快的速度更替,从而以更新的技术带来更高劳动生产率和国民经济更快发展。三是社会分工和科学技术的发展引起的产业结构变动是经济增长的根本动力。经济增长达到一定程度时,就会促使消费结构发生重大变化,而消费需求的变动又会直接拉动产业结构的变动。首先经济增长引起农业比重的下降,农产品需求弹性低,农业劳动生产率的提高会使农产品大量剩余,生产要素会流向工业等生产部门。其次经济增长引起工业结构的变化。在工业化过程中,农业劳动生产率的提高促使劳动力由农业向工业转移,当工业化发展到一定阶段时,人们对第三产业的需求日益增加,劳动力等生产要素从农业、工业向第三产业转移;在工业内部,从轻工业向重工业转移。最后经济增长引起第三产业的发展。工农业部门劳动生产率的提高,使越来越多的劳动力转移到第三产业。

1.2.2.2 产业集群理论

产业集群理论是1990年迈克尔·波特在《国家竞争优势》一书中最先提出来的。他通过对10个工业化国家的考察,发现产业集群是区域经济发展过程中的一种普遍现象,产业集群的系统耦合特征可以说是城市最典型的经济学特征。迈克尔·波特认为产业集群是在特定的领域中(通常以一个主导产业为核心),大量产业联系密切的企业或相关支撑机构在空间上的集聚,进而形成强劲、持续竞争优势的现象[93]。产业集群具有以下优点:一是产业集群这种产业组织形式,由于空间上的集中和技术上的分工协作可以使群内企业实现外部规模经济和范围经济,降低企业的生产成本,提高产出效率;二是产业集群内的企业可以使交易成本"内化",节约了交易成本。由于群内的企业是基于产业价值链的关联性企业而聚合在一起的,这样就为群内企业寻找中间产品及相关服务提供了方便,节约了群外企业为寻找合作伙伴而进行谈判、讨价还价等的交易成本;三是群内企业之间不是一种纯粹的市场关系,彼此之间因长期合作而形成的信任,使得企业在原材料供应、产品销售渠道及价格等方面形成一定的竞争优势,增强企业生产和销售的稳定性。

从产业组织的角度看,产业集群是在一定区域内某个企业或大公司、大企业集团的纵向一体化的发展,是一定的地区内或地区间形成的某种产业链或某些产业链。从产业结构和产品结构的角度看,产业集群是某种产品的加工深度和产业链的延伸,是产业结构调整和优化升级[94]。通过产业集群带动区域经济发展,已成为市场经济条件下产业发展的一种内在规律。

当前无论是在发达国家,还是在发展中国家,具有竞争优势的企业往往具有明显的集群现象。发展产业集群能够有效促进产业结构的调整与优化,提高区域竞争力,主要体现在:一是产业集群具有较强的内部规模效应,促使大批中小企业向专业化和社会化方向发展,将企业间从竞争的关系变为上下游配套的关系,实现企业间的分工协作,是产业结构优化升级的基础[95];二是产业集群能促进产业区域分工和新型产业基地的形成,优化空间布局,产业集群同时具有产业专业化特征和地理集聚特征,是纵向一体化和横向一体化的结合,是产业结构优化升级的重要表现[96];三是产业集群正在主导世界经济格局,造就"经济马赛克"的财富创造现象,是产业结构优化升级的手段。实践证明,产业集群能够优化区域产业组织结构、产业布局结构和企业规模结构,提升产业素质,提高产业竞争力。

1.2.2.3　系统理论

系统论是研究系统的一般模式、结构和规律的学问。它主要研究各种系统间的共同特征,用数学方法描述其功能,寻求并确立适用于一切系统的原理、原则和数学模型,是具有逻辑性和数学性质的一门科学。一般认为,美籍奥地利理论生物学家和哲学家贝塔朗菲是系统论的创始人。通常把系统定位为由若干要素以一定结构形式联结构成的具有某种功能的有机整体。从这一定义可以看出,系统包括了系统、要素、结构和功能四个概念,表明了要素与要素、要素与系统、要素与环境三方面的关系。系统论的核心思想是系统的整体观念。贝塔朗菲指出,任何系统都是一个有机的整体,它不是各个部分的机械组合或简单相加,它具有各个要素所不具备的新功能,即系统具有 $1+1>2$ 的功能。

系统论的基本观点主要包括以下三个方面。①系统内部的相互作用是系统演化的内在动力。系统要素间的相互作用是系统存在的内在依据,同时也是构成系统演化的根本动力。系统内的相互作用空间就是系统的结构、联系方式,从时间看是系统的运动变化。系统内的相互作用规定了系统演化的方向和趋势。②系统与环境的相互作用是系统演化的外部条件。任何系统都是封闭性和开放性的统一。环境构成了系统内相互作用的场所,同时又限定了系统内相互作用的范围和方式,系统内相互作用以系统与环境的相互作用为前提。系统的演化依赖于外部环境,系统从外部环境中不断进行着物质和能量的交换才能使系统维持长远平衡状态,使非线性作用得以实现。③随机涨落是系统演化的直接诱因。由于系统的内外相互作用,使系统要素性能会有偶然变化,耦合关系会有偶然起伏、环境会带来随机干扰等。

系统论的基本思想方法就是把所研究和处理的对象,当作一个系统,分析系统的结构和功能,研究系统、要素、环境三者的相互关系和变动的规律,并优化系统观点看问题。因此可以将土地利用视为由一定的土地单元和一定的土地利用方式两个要素组成的系统——土地利用系统[97]。合理的土地利用系统,就是要实现土地数量结构的合理性、土地空间布局的均衡性、土地用地相对稳定性和土地功能的持续性,以需求土地利用配置的数量、空间、功能和时间各要素之间的协调[98]。不同产业构成的产业结构也可视为产业系统。从更高的层次看,土地利用系统和产业系统都是社会经济系统的子系统,体现了人类改造自然、获得更高发展能力的演化过程。根据系统的整体性、动态性和结构性特征,土地利用系统和产业系统必然相互作用、相互影响,在一定的作用形式下,决定着社会经济系统的功能。

1.3 启 示

从国内外城市土地利用与产业发展关联的相关文献回顾可知,如何促进城市土地利用结构与产业结构的协调发展和优化,保障城市可持续发展已受到世界各国政府和学者们的高度重视。国外的最早研究是基于市场经济条件下区位发展的理论中涉及到的。我国关于这方面的研究相对较晚,经济学界、规划学界、地理学界等从城市土地利用的经济效益、城市空间布局及工程建设、城市土地利用的地域分工等角度来探讨城市用地结构演变与产业结构演变之间的关系,在相关理论及方法方面均有较大突破,这对深入认识城市用地结构演变与产业结构演变的一般规律发挥了很大作用。但现有关于城市用地结构与产业结构关联的研究还主要以定性描述和简单的数理模型为主,对两者的作用机理和空间耦合特征研究还不系统。近年来,学者们对一些典型城市的研究成果为深化城市用地结构与产业结构的关系提供了很好的素材。但由于城市土地利用与产业发展是两个复杂的系统,两者的相互作用在不同层面、不同类型城市之间的表现特征不同。因此,有必要从不同层面、不同角度开展城市用地结构演变与产业结构演变关联的理论问题探讨和研究方法探讨,总结出不同层面、不同类型城市用地结构与产业结构关联的特征,为城市用地结构与产业结构的协调发展和优化提供依据,这是当前和今后我国转变经济发展方式、缓解经济发展的资源约束必须解决的现实问题,也是学者们所关注的焦点问题之一。具体来说,还有待加强以下方面的研究。

(1)当前学术界对城市土地利用结构是城市功能结构的演变(即产业结构的调整与布局变化在城市土地上的投影)已有共识,城市土地利用结构合理与否影响城市空间结构的配置及城市功能的发挥。但从城市功能结构合理配置的角度,进行城市土地利用结构评价体系及评价方法的研究不足,对城市功能结构与城市土地利用结构关联的作用因子、作用强度与相应机制研究还不成熟,没有形成系统的理论体系。随着城市产业转型及城市功能的演变,需要城市土地利用结构应做出相应调整。显然,理论研究已经落后于实践发展的需求,急需学者们开展城市功能结构与土地利用结构关联的系统研究,以指导实际工作的需求。

(2)随着城镇化进程加快,现行的《城市用地分类与规划建设用地标准》局限性日益凸显。我国现行的《城市用地分类与规划建设用地标准》(GBJ 137—1990)诞生于党的十四大确立社会主义市场经济体制之前的两年,仍然延续了计划经济体制的思维体系。在城市用地结构中,生产和生活用地的比例占总用地的$1/3 \sim 1/2$,这在城市发展的初期阶段是适应的。但随着市场经济体制的确立,这一标准的弊端逐渐显现。标准中规划用地结构既不能反映不同产业结构发展阶段城市用地结构演变的规律,也不能反映不同级别、不同职能城市必须功能基本用地类型与用地比例,致使《城市用地分类与规划建设用地标准》的实际指导意义得不到体现。需要学者们从城市经济发展和产业结构演变的视角,研究不同产业结构发展阶段城市土地利用结构演变的一般规律,借助现代研究手段和方法,建立定量化动态模型,为我国城市土地利用结构优化及用地结构标准制定提供理论指导。

(3)城市土地利用与产业发展之间的关系复杂,具体到不同地域、不同职能和不同规模城市,其表现形式和作用程度的差异较大。因此要加强对不同职能、不同规模及不同地域城市用地结构与产业结构的演变特征及两者作用路径、作用强度的研究,特别是对城市用地结构与产业结构关系的研究还缺乏全面的、系统的分析和论证。

第2章 绪 论

2.1 选题背景及研究意义

2.1.1 选题背景

当前,我国经济已由高速增长阶段转向高质量发展阶段,正处在转变发展方式、优化经济结构、转换增长动力的攻关期,建设现代化经济体系是跨越关口的迫切要求和我国发展的战略目标。但区域经济发展中长期形成的结构性矛盾和粗放型增长方式尚未得到根本改变,经济发展的资源环境约束强化,区域可持续发展面临严峻挑战。党的十九大报告提出必须坚持以供给侧结构性改革为主线,推动经济发展质量变革、效率变革、动力变革,提高全要素生产率,不断增强我国经济创新力和竞争力。国家科技部以国家科技支撑计划形式,在项目"区域规划与城市土地节约利用关键技术研究"中课题四"城市建设用地节约关键技术研究利用"中专门设置子课题二"城市功能结构与土地利用格局关联研究"来探讨土地利用结构与产业结构、经济发展之间的关系,以期为国家战略决策制定提供参考。可见,促进产业结构优化升级和节约集约利用资源已成为我国新时期发展战略中的关键词。

经济发展方式的转变意味着我国经济社会领域正步入以结构调整为重点的新阶段,经济发展既要看到数量增长,还要看到经济增长的成本如资源、环境、生态方面付出的代价指标。经济结构战略性调整的核心是产业结构的调整,而产业结构调整必须落实在具体的空间上,产业的空间结构在一定意义上就是土地利用结构。产业结构调整必然对土地资源配置格局提出新的要求,可见,土地利用结构合理与否直接关系着产业结构调整的效果。但现有的土地已被现有的产业所占用,我国城市发展亦不可能走外延扩张的老路子,土地稀缺已成为区域经济发展和产业结构调整的主要"瓶颈"。因此,科学认识和协调城市用地结构与产业结构之间的关系,促进产业结构优化升级和节约集约利用土地资源,缓解经济发展对土地资源的压力,是贯彻落实十九大重大战略部署、贯彻新发展理念、建设现代化经济体系、加快生态文明体制改革、建设美丽中国的应有之义。本研究试图回答城市用地结构演变与产业结构演变之间的作用机理、不同层面和不同类型城市用地结构与产业结构关联的特征以及如何促进城市用地结构与产业结构互动协调发展和优化等。

论文的具体选题背景基于以下几个方面。

(1)优化城市用地结构,提高集约用地水平,是我国城市土地利用及管理中迫切需要研究的重要课题。

自1978年改革开放以来,我国国民经济和社会发展取得了历史性成就。30年来,我国城镇人口从1978年的1.7亿人增加到了2007年的5.94亿人,共增加4.24亿人,年均增加1 462万人;城镇化水平从1978年的17.9%提高到了2007年的44.94%,年均增加0.93%;同期,城市数量由193个增加到2007年的655个,这种发展速度和规模无疑是当今世界城镇化发展中最令人瞩目的。而我国城市化快速发展过程中,城市用地规模快速扩张,1981—2007年我国城市建设用地面积由6 720.00 km² 增加到36 351.7 km²,年均增长1 097.47 km²,年均增长6.71%,城市建设用地弹性系数达1.52,远大于合理值1.12。由于城市在发展过程中片面追求规模和速度,直接影响了城市整体功能的发挥。城市用地规模在快速蔓延的同时,城市内部的功能结构、用地结构也存在一定的问题,土地利用效率低下、土地生态环境恶化等成为城市发展中的普遍现象。

根据《中国城市建设统计年鉴》(1991,2000,2007)数据显示(见表2-1),20世纪90年代以来,我国城市用地中工业用地、居住用地、仓储用地、对外交通用地和特殊用地比例呈下降趋势,公共设施用地、道路广场用地和绿地呈增加态势,市政设施用地比例变化甚微。虽然近些年我国加大了城市土地置换和产业结构调整的力度,但与国外相比,我国城市土地利用结构的主要问题表现在工业用地比例偏高,道路广场用地和绿地比例偏低。2007年我国工业用地比例为21.96%,道路广场用地比例为10.81%,绿地为10.04%,而国外工业用地一般不超过15%,道路广场用地和绿地的比例一般在15%以上。

表 2-1　1991,2000,2007 年我国城市土地利用结构

土地类型	居住用地/(%)	公共设施用地/(%)	工业用地/(%)	仓储用地/(%)	对外交通用地/(%)	道路广场用地/(%)	市政公用设施用地/(%)	绿地/(%)	特殊/(%)
1991	34.04	10.19	23.77	5.29	5.16	7.82	3.62	6.48	3.62
2000	32.21	11.36	22.04	4.73	6.40	8.21	3.41	8.36	3.28
2007	30.94	12.97	21.95	3.34	4.42	10.81	3.43	10.04	2.10

有资料显示[①],如果城市工业用地布局和结构合理,则可节省城市用地10%～20%,交通运输线路缩短20%～40%,工程管线可减少10%～20%。节约用地10%～20%的直接经济意义是降低工业部门用地成本10%～20%,在不增加建设用地的情况下增加工业生产总量和利润10%～20%。交通运输线缩短20%～40%的直接经济意义是可减少20%～40%的城市交通线路的投资,可长期节约20%～40%的城市交通使用的能源和费用,相应地,可以使利用城市交通运输的单位或个人大量节约人力、物力,缩短整个社会再生产的流转过程和时间。2004年《国务院关于深化改革严格土地管理的决定》(28号文)提出要"强化节约和集约用地政策"。2005年国务院《关于做好建设节约型社会近期重点工作的通知》(国发〔2005〕21号文)

---

① http://www.irn.cn/zjtg/academicPaper/200806/t20080618_243226.htm.

中,明确提出"节地、节能、节水、节材"四个核心,强调我国实行世界上最严格的土地管理制度,以促进土地集约利用为核心,这为我国新形势下土地利用注入了新的理念。因此,如何通过城市土地利用结构的优化提高用地效益及节约集约用地是当前迫切需要研究的重要课题。

(2)现行城市用地标准修订需要城市用地结构与产业结构关联的相关成果做支撑。

我国现行《城市用地分类与规划建设用地标准》(GBJ 137—1990)诞生于 20 世纪 90 年代,该标准的实施对抑制我国城市恶性蔓延、调控城市建设用地的总量、促进城市用地结构的合理化等方面曾经发挥了积极的作用。但该标准的主体内容仍然延续了计划经济时期的思维体系,对我国经济发展和经济体制改革的用地需求估计不足。随着我国宏观发展背景的巨变和市场经济体制的确立,该标准的局限性逐渐显现。

根据 20 世纪 90 年代的社会经济发展需求,城市用地结构中生产、生活用地的比例偏高,两者就占总用地的 1/3～1/2,这在当时是适应社会经济发展需求的。随着城市经济发展,人口和产业向城市集聚,相应地,对居住用地、工业用地、公共服务用地、道路交通用地及绿地的需求增加,该标准制定的城市用地结构比例与实际需求用地比例之间的矛盾突出。而且不同职能、不同规模、不同区域及不同产业阶段的城市,对土地的需求结构有明显的异质性,标准中规划的用地结构难以满足城市功能发展的需求。因此,如何制定适应不同类型城市发展需求的用地结构,增加城市土地利用调控的弹性,是制定新的城市土地利用结构标准必须解决的问题。找出不同职能、不同规模及不同地域城市土地利用结构的特征,为现行《城市用地分类与规划建设用地标准》的修订提供参考,有待深入研究。

(3)产业结构调整优化升级是推动城市经济可持续发展的客观需要。

现代经济学理论认为,经济增长的本质是结构主导型增长,在这种增长中,产业结构的调整与优化是推动城市发展的核心动力。产业结构的调整不仅能强化城市的辐射功能,而且还会引起城市功能系统在空间分布格局上的巨大变化。目前,我国正处于产业结构不断升级优化的时期,产业结构不合理已经成为制约我国经济增长的重要因素。我国现有的产业结构仍然是一种为生产型社会配套的产业结构,第二产业比重过大,第三产业比重偏低,工业结构存在明显的虚高度化。我国的经济增长是以较高的劳动消耗、资源消耗和较低的资源使用效率换来的。改革开放以来,我国技术进步对经济增长的贡献为 30.3%,比发达国家低 20 个百分点左右。企业在生产过程中对技术进步和科学管理的重视不足,这一状况导致了我国以高投入、高消耗、高污染、低质量、低效益为特征的粗放式增长。由于产业发展过程中过度关注经济增长,对资源的使用效率不高,由此带来了巨大的环境污染。为此,国家、政府及企业每年要投入大量的资金进行污染治理。但全国污染物排放总量还是较大,污染程度仍处于相当高的水平,环境污染和资源浪费已成为制约经济发展的一个重要因素。

(4)山地城市用地结构与产业结构关联的剖析具有典型示范意义。

重庆市是长江上游最大的经济中心、西南工商业重镇和水陆交通枢纽,是典型的山地城市。2007 年重庆市被国务院设立为"统筹城乡综合配套改革试验区",统筹城乡的关键是要发挥城市的带动作用,土地是承载城乡发展的物质载体和基质层面。因此,城市土地利用结构的合理与否直接关系着统筹城乡这一目标能否顺利实现。如图 2-1 所示,2007 年重庆市城市用地中居住用地占 36.82%、工业用地占 20.52%、道路广场用地占 14.72%、公共设施用地占 10.52%、绿地占 7.19%、其他地类合计占 10.23%。由于重庆是重工业城市,工业用地比例偏高,但道路广场用地和绿地比例明显偏低。

受规划及历史遗留因素的影响,城市中心区依然存在部分行政办公和教育用地,基础设施用地量和占地比例还难以满足城市居民生活需求,尤其是绿地严重不足。重庆市城市用地结构不合理,城市级差地租效益没有得以充分体现,导致产业进入门槛不高,产业结构相似度较高。分析重庆市城市土地利用结构和产业结构中存在的问题,探究其用地结构演变与产业结构演变之间的关联既要强调与我国城市总体水平之间的共同特征,又要考虑重庆市的区域特色与全国的差异性,提出促进城市用地结构与产业结构协调、优化的对策建议,为山地城市发展和土地利用规划编制提供参考。

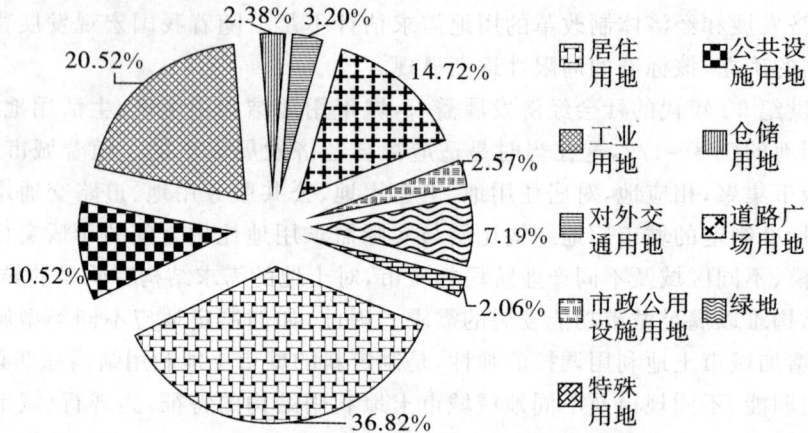

图 2-1 2007 年重庆市城市土地利用结构

2.1.2 研究意义

2.1.2.1 理论意义

我国关于城市土地利用的研究与国外相比起步较晚,对城市用地结构与产业结构关联的研究还停留在定性的描述性分析上,缺乏对不同层面、不同类型城市用地结构与产业结构的演变规律的系统分析,城市土地利用结构与产业结构关联的一般作用机理研究还不深入、不系统。本书运用区位理论、地租理论、土地集约利用理论、经济增长理论、产业集群理论、系统理论,揭示城市土地利用与产业发展之间的作用规律,从宏观和微观两个层面、对不同类型城市用地结构演变与产业结构演变之间的关联进行研究,为系统化地研究城市土地利用与产业发展之间的关系提供一种新的思路和方法。为城市土地利用调控和产业选择提供理论支撑,也极大地丰富和完善了城市土地利用的研究内容,并促进相关学科不断发展。

2.1.2.2 实践意义

1. 为我国城市用地政策和产业结构调整政策的制定提供参考

当前,我国经济发展过程中面临着人地关系高度紧张和产业结构性矛盾突出等问题。为此,国家制定一系列政策来调控城市土地的供应结构、规模,并制定《产业结构调整指导目录》,其主要目的就是要建立用地政策与产业政策的联动机制,促进节约集约用地和产业结构调整,进一步加强宏观调控。本书通过系统分析城市用地结构演变与产业结构演变的一般规律和特征,厘清二者相互作用机理、作用程度,能够为国家层面制定城市用地政策和产业结构调整政策提供参考,为提升和优化相关的制度设计和政策导向提供有益的参考。

2. 为现行《城市用地分类与规划建设用地标准》修订提供基础

计划经济体制时期编制的《城市用地分类与规划建设用地标准》(GBJ 137—1990)已滞后

于市场经济体制下城市发展的用地需求,对我国城市规划编制和区域城市土地利用的指导性明显不足。因此正确认识不同产业阶段城市土地利用结构演变的规律,分析不同类型城市功能发展必须的用地类型和用地结构,使用地标准制定时具有一定的弹性,应与城市经济发展规律相一致,与城市产业结构调整步伐相一致,与城市体系发展产生的用地需求结构的变动相一致,充分考虑不同级别、不同类型城市发展过程的差异性。

3.为重庆市城市用地结构优化和产业结构优化提供决策参考

本研究在理论探讨和宏观层面分析的基础上,以重庆市为典型案例,探究其城市用地结构演变与产业结构演变的特征及两者的关系。通过分析重庆市城市用地结构与产业结构的特点、存在的问题以及二者的关联与全国城市的共性和差异性,为重庆市城市用地结构优化和产业结构优化提供对策思路,为其城市土地利用规划和产业发展规划提供参考依据。

2.2　研究目标及内容

2.2.1　研究目标

本书的研究目标在于系统认识城市用地结构与产业结构的演变规律,探寻两者演变的互动关系,以期为经济结构的战略性调整和经济发展方式转变找到更理性、更明确的方向。具体目标包括以下方面。

(1)厘清城市土地利用结构演变与产业结构演变之间的作用机理。从宏观上分析不同时期我国产业结构和城市土地利用结构演变的特点,探究不同产业阶段城市用地结构和产业结构变化的一般规律和特征,构建城市土地利用结构演变与产业结构演变相互作用的理论框架。

(2)归纳不同类型城市用地结构特征。通过对我国地级以上不同地域、不同规模、不同职能城市用地结构的分析,探究不同类型城市用地结构的基本特征及合理性。

(3)弄清不同层面、不同类型城市用地结构与产业结构关联的定量关系。土地利用结构与产业结构存在相互影响、相互制约的作用已得到学术界的广泛认可,但这种关联强度有多大,仅从定性的描述上是难以实现的。采用数理模型,量化城市土地利用结构与产业结构的关联程度。

(4)构建新形势下城市用地结构与产业结构协调发展和优化的框架体系。针对我国城市土地利用和产业发展中存在的问题,以转变经济发展方式为主线,以经济结构的调整和节约集约利用土地资源为原则,提出促进我国城市用地结构和产业结构协调发展和优化的实现路径和政策建议。

2.2.2　研究内容

根据设定的研究目标,本书主要包括以下研究内容。

(1)城市用地结构与产业结构关系的理论解析。在对城市用地结构、产业结构等核心概念界定的基础上,重点研究城市用地结构演变与产业结构演变的一般规律和特征,并分析城市用地结构与产业结构相互作用的机理和空间布局特征。

(2)我国城市用地结构与产业结构演变特征分析。采用定性与定量相结合的方法分析我国城市用地结构与产业结构的演变特征及现状特征,分析城市用地结构与产业结构中存在的问题。

(3)我国城市用地结构与产业结构关联的纵向和横向分析。从纵向维度利用典型相关分析、Granger 因果检验等方法厘定二者之间的关系,对我国城市土地利用结构与产业结构的关联进行宏观判断。横截面维度,以 2007 年我国地级以上城市为研究对象,从地域差异、规模差异和职能差异三个角度将地级城市划分为不同类型,研究不同类型城市用地结构与产业结构的关系。

(4)重庆城市用地结构与产业结构关联的实证研究。以山地城市重庆市为例,分析其城市土地利用结构与产业结构的演变过程、现状及存在的问题,研究城市土地利用结构与产业结构之间的相互影响,分析重庆市城市用地结构与产业结构的关联与全国城市的共同性和差异性。

(5)促进城市用地结构与产业结构相协调、优化的对策研究。从转变经济发展方式、节约集约利用土地资源的视角,从对策设计的思路、相关机制和制度的建立与完善等方面提出促进城市用地结构与产业结构优化和相互协调发展的对策。

2.3 研究思路及方法

2.3.1 研究思路

本书在借鉴区位理论、地租理论、土地集约利用理论、经济增长理论、产业集群理论和系统理论等相关理论的基础上,采用定性与定量相结合的方法,厘定城市土地利用结构与产业结构作用机理,并从宏观尺度和微观尺度两个视角进行实证分析,最后提出促进城市土地利用结构与产业结构协调发展和优化的对策建议。技术路线如图 2-2 所示。

2.3.2 研究方法

1.规范分析与实证分析相结合

规范分析与实证分析方法是经济学中最为普遍使用的分析方法。规范分析为实证分析提供理论指导,即从城市土地利用结构与产业结构的演变规律分析入手,以城市功能合理配置为切入点,探讨城市土地利用结构与产业结构的相互作用机理。实证分析则是在规范分析的基础上,对规范分析进行验证,并对典型区域的城市土地利用结构与产业结构进行分析,分析两者的作用过程、作用强度及驱动机理。本书以重庆市为例,分析其城市土地利用结构与产业结构关联,提出促进城市用地结构与产业结构优化的对策建议。

```
┌──────┐
│研究基础│ ⟹  ┌─ ─ ─ ─ ─ ─ ─ ─ ─ ─ ─ ─ ─ ─ ─ ─┐
└──────┘     │  ┌──────────┐   ┌──────────┐  │
             │  │ 数据资料收集 │   │ 文献资料查阅 │  │
             │  └──────────┘   └──────────┘  │
             └─ ─ ─ ─ ─ ─ ─ ─ ─ ─ ─ ─ ─ ─ ─ ─┘
```

研究基础 ⟹ 数据资料收集　文献资料查阅

理论研究 ⟹
- 文献综述　理论借鉴
- 研究背景及意义　研究思路方法
- 城市用地结构与产业结构关联的理论解析 → 城市用地结构与产业结构演变的一般规律 / 城市用地结构与产业结构相互作用机理分析

实证研究 ⟹
- 宏观尺度 → 全国城市用地结构与产业结构关系的时间序列分析 / 全国城市用地结构与产业结构关系的截面分析
- 微观尺度 → 重庆市城市土地利用格局演变特征分析 / 重庆市产业结构演变特征分析 / 重庆市城市土地利用格局与产业结构关系分析

对策建议 ⟹
- 促进城市用地结构与产业结构协调发展和优化的思路
- 相关机制和制度的建立与完善

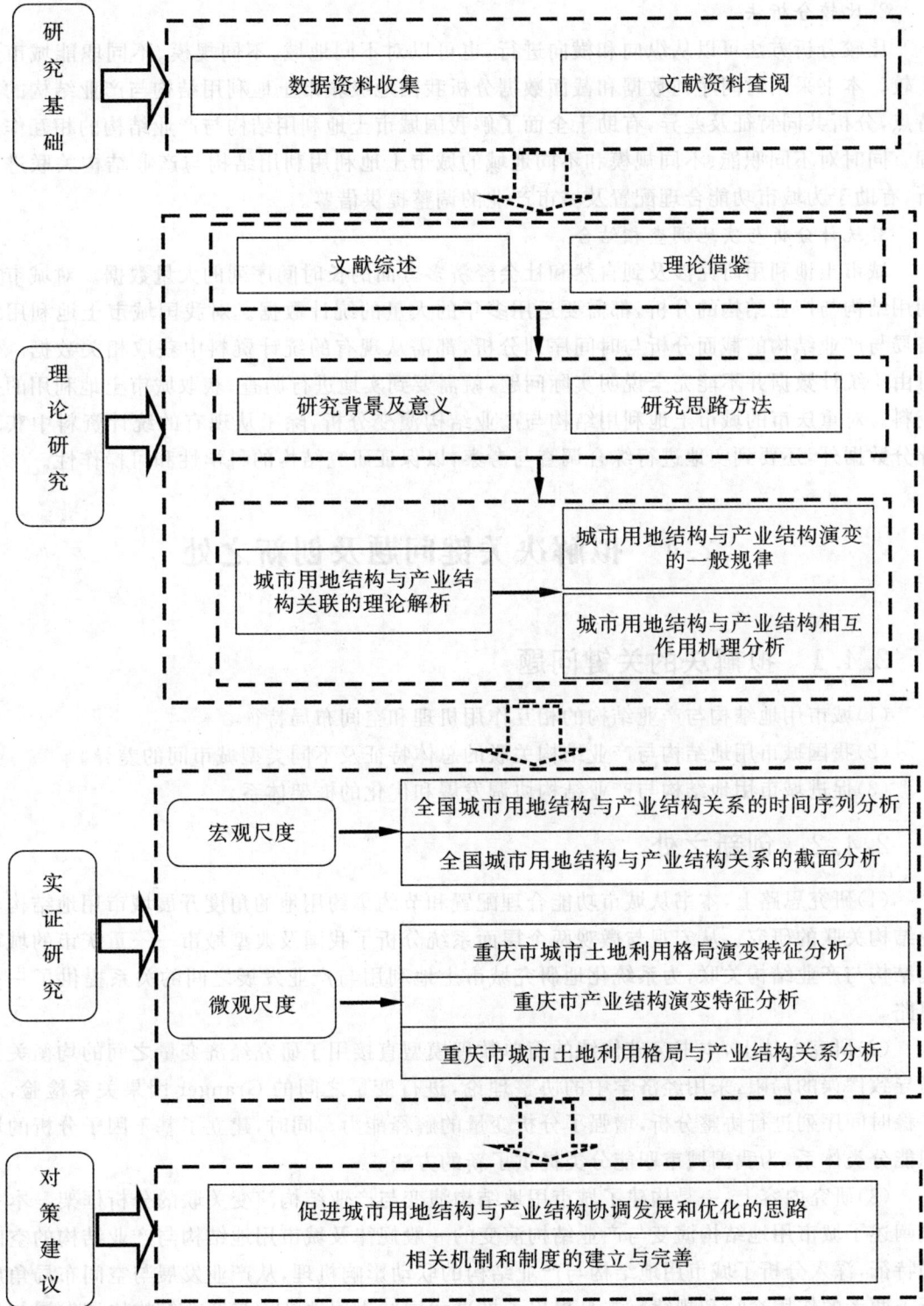

图 2-2　技术路线图

2.比较分析法

比较分析方法可以从纵向和横向进行,也可以对不同地域、不同规模、不同职能城市进行比较。本书采用时间序列数据和截面数据分析我国地级城市土地利用结构与产业结构的演变特点,分析共同特征及差异,有助于全面了解我国城市土地利用结构与产业结构的相互作用过程。同时对不同职能、不同规模和不同地域的城市土地利用利用结构与产业结构关联进行分析,有助于为城市功能合理配置及城市产业的调整提供借鉴。

3.统计分析与实地调查相结合

城市土地利用研究涉及到自然和社会经济多方面的长时间序列的大量数据。对城市土地利用结构与产业结构的分析,都需要运用多年的大量的统计数据。对我国城市土地利用结构格局与产业结构的截面分析与时间序列分析,都需从现有的统计资料中获取相关数据。但有时由于统计数据并不能完全说明实际问题,就需要到实地进行调查,获取城市土地利用的一手资料。对重庆市的城市土地利用结构与产业结构演变分析,除了从现有的统计资料中获取一部分数据外,还要到实地进行综合调查与考察,以保证研究结构的科学性和可操作性。

2.4 拟解决关键问题及创新之处

2.4.1 拟解决的关键问题

(1)城市用地结构与产业结构的相互作用机理和空间布局特征。

(2)我国城市用地结构与产业结构关联的总体特征及不同类型城市间的差异。

(3)促进城市用地结构与产业结构协调发展和优化的框架体系。

2.4.2 创新之处

(1)研究思路上,本书从城市功能合理配置和节约集约用地的角度开展城市用地结构与产业结构关联的研究。从宏观与微观两个层面系统分析了我国及典型城市——重庆市的城市用地结构与产业结构关联,为系统化地研究城市土地利用与产业发展之间的关系提供了一种新思路。

(2)研究方法上,本书突破传统的简单数理模型直接用于研究经济变量之间的均衡关系容易导致谬误的局限,采用经济学中的协整理论,进行变量之间的 Granger 因果关系检验,对非平稳时间序列进行协整分析,增强了分析变量的解释能力。同时,建立了基于因子分析的城市职能分类体系,为我国城市职能分类提供了新的方法。

(3)研究内容上,一是构建了城市用地结构演变与产业结构演变关联的分析框架。本书系统阐述了城市用地结构演变与产业结构演变的一般规律及城市用地结构与产业结构的空间布局特征,深入分析了城市用地结构与产业结构的联动影响机理,从产业发展与空间布局角度分析了两者的作用途径和规律。二是提出了推进我国城市用地结构与产业结构协调发展与优化的战略思路及框架体系。本书基于经济发展方式转变和节约集约利用土地资源的战略视野,提出促进城市用地结构与产业结构协调发展和优化的战略思路和相关机制、制度创新,研究成果为我国城市土地利用和产业发展的宏观调控政策制定及管理提供了重要的参考价值。

2.5 数 据 来 源

本研究中除特别注明的以外,书中全国层面和重庆市的城市土地利用数据主要来源于《中国城市建设统计年鉴》,重庆市主城区的城市土地利用数据是从主城区 1995 年、2000 年、2007年的城市土地利用现状图和地籍图中获得。社会经济数据主要来源于《中国城市统计年鉴》《重庆市统计年鉴》《国际统计年鉴》。由于本书是基于"十一五"国家科技支撑计划项目"区域规划与城市土地节约利用关键技术研究"的课题四"城市建设用地节约关键技术研究利用"的子课题二"城市功能结构与土地利用格局关联研究"基础上开展的,课题研究时,只能获取到2007 年的城市土地和社会经济数据,因此,本书的最新研究数据也只更新到 2007 年。

第3章 城市用地结构与产业结构关联的理论解析

城市发展的过程就是城市用地结构和产业结构不断调整的过程,二者是相互影响、相互制约、相互作用的统一体。在城市发展的不同历史阶段,城市用地结构和产业结构呈现出不同的演变特征。城市用地结构和产业结构的演变过程有哪些特点,二者之间存在什么关系?显然,要得到这一答案就必须深入解析不同发展阶段城市用地结构与产业结构的演变规律,掌握其发展演变的特点。同时厘清两者之间的相互关系,分析城市用地结构与产业结构的相互作用机理、作用规律,这对于政府优化城市用地结构和产业结构,促进城市可持续发展具有重要意义。

3.1 核 心 概 念

3.1.1 城市土地及其分类

3.1.1.1 城市土地

城市土地是国民经济发展的物质载体,是国家财政收入的重要来源。它具有数量有限性、不可再生性、可以永续利用等特征。广义的城市土地是指城市区域内的陆地、水面及它们的上下一定空间所构成的自然和社会经济综合体。城市土地的范围,按行政区划,分为全市土地和市区土地。全市土地包括城区和市辖县,市区土地不包括市辖县。根据土地开发程度,城市土地可以划分为三个层次:一是指城市已开发建成的土地,即城市建成区土地;二是指按城市土地利用总体规划将要开发建设的土地,即城市规划区土地;三是指城市行政区划内的土地,包括市属县范围内的土地。这三个层次的土地构成了城市有限的土地面积,承载着城市的各种经济活动。从狭义上看,城市土地是指城市市区即城市建设用地[①]。

城市土地主要以它的承载力为人类提供生产、生活的场所和空间。不同地段土地的地质和环境条件不同,地基的承载力也存在差异。城市中各种社会经济活动都只能在有限的土地空间中进行,因此城市土地供给的稀缺性矛盾就尤为突出。城市的发展与繁荣在一定程度上取决于有限的城市土地能否合理配置到不同的产业部门中,能否提高土地利用的效益和优化

---

① 王霞,尤建新. 城市土地经济学[M]. 上海,复旦大学出版社,2004.

用地布局。

3.1.1.2　城市土地利用分类体系

土地利用是人类在特定的生产条件下，为了一定的目的，按照土地的自然属性及社会属性，对其进行的开发、利用、整治和保护活动。土地利用包括两方面的含义：一是人类以土地为劳动对象，利用土地的性能；二是人类利用土地具有一定的目的性，土地利用反映了人与土地的关系。城市土地利用指城市土地在城市不同经济部门之间、各个不同项目上的配置和使用，是人类通过一定的劳动，以城市土地为劳动对象，利用其特性来满足自身需求的过程[①]。

科学合理的城市用地分类体系是人类管理和利用土地的前提，是人们认识城市土地特性、把握土地演变规律和提高城市土地可持续利用能力的重要基础。目前，我国关于城市土地利用类型划分的标准有两套，分别是建设部(1991年)和国土资源部(2007年)的城市用地分类体系，见表3-1和表3-2。本书中的城市用地结构分析以建设部的城市用地分类体系为准。

表3-1　建设部城市土地利用分类表

代码	用地名称	内容	说明
R	居住用地	居住用地、公共服务设施用地、道路用地、绿地	指居住小区、居住街坊、居住组团和单位生活区等各种类型的成片或零星的用地。分为一、二、三、四类居住用地
C	公共设施用地	行政办公用地、商业金融业用地、文化娱乐用地、体育用地、医疗卫生用地、教育科研设计用地、文物古迹用地、其他公共设施用地	指居住区及居住区级以上的行政、经济、文化、教育、卫生、体育以及科研设计的机构设施用地，不包括居住用地中的公关服务设施用地
M	工业用地	一类工业用地、二类工业用地、三类工业用地	指工矿企业的生产车间、库房及其附属设施等用地，包括专用的铁路、码头和道路等用地。不包括露天矿用地，该用地应归入水域和其他用地类\

---

① 宋春华，毕宝德. 房地产大辞典[M]. 北京：红旗出版社，2001.

续表

代码	用地名称	内容	说明
W	仓储用地	普通仓库用地、危险品仓库用地、堆场用地	指仓储业的库房、堆场和包装加工车间及其附属设施用地
T	对外交通用地	铁路用地、公路用地、管道运输用地、港口用地、机场用地	指铁路、公路、管道运输、港口和机场等城市对外交通运输及其附属设施等用地
S	道路广场用地	道路用地、广场用地、社会停车场库用地	指市级、区级和居住区级的道路、广场和停车场等用地
U	市政公用设施用地	供应设施用地、交通设施用地、邮电设施用地、环境卫生设施用地、施工与维修设施用地、殡葬设施用地、其他市政公用设施用地	指市级、区级和居住区级的市政公用设施用地,包括建筑物、构筑物、及管道维修设施等用地
G	绿地	公共绿地、生产防护绿地	指市级、区级和居住区级的公共绿地及生产防护绿地,不包括专用绿地、园地和林地
D	特殊用地	军事用地、外事用地、保安用地	指特殊性质的用地
E	水域和其他用地	水域、耕地、园地、林地、牧草地、村镇建设用地	指除以上九大类城市建设用地以外的用地

资料来源:《城市用地分类与规划建设用地标准》(GBJ 137—1990).

表 3-2 国土资源部城市土地利用分类表

代码	用地名称	内容	说明
05	商服用地	批发零售用地、住宿餐饮用地、商务金融用地、其他商服用地	指主要用于商业、服务业的土地
06	工矿仓储用地	工业用地、采矿用地、仓储用地	指主要用于工业生产、物资存放场所的土地
07	住宅用地	城镇住宅用地、农村宅基地	指主要用于人们生活居住的房基地及其附属设施的土地
08	公共管理与公共服务用地	机关团体用地、新闻出版用地、科教用地、医卫慈善用地、文体娱乐用地、公共设施用地、公园与绿地、风景名胜设施用地	指用于机关团体、新闻出版、科教文卫、风景名胜、公共设施等的土地
09	特殊用地	军事设施用地、使领馆用地、监教场所用地、宗教用地、殡葬用地	指用于军事设施、涉外、宗教、监教、殡葬等的土地

续表

代码	用地名称	内容	说明
10	交通运输用地	铁路用地、公路用地、街巷用地、农村道路、机场用地、港口码头用地、管道运输用地	指用于运输通行的地面线路、场站等的土地。包括民用机场、港口、码头、地面运输管道和各种道路用地
11	水利设施用地	河流水面、湖波水面、水库水面、坑塘水面、沿海滩涂	指陆地水域,海涂,沟渠、水工建筑物等用地。不包括滞洪区和已垦滩涂中的耕地、园地、林地、居民点、道路等用地
12	其他土地	空闲地、设施农用地、田坎、盐碱地、沼泽地、沙地、裸地	指上述地类以外的其他类型的土地

资料来源:国土资源部土地利用现状分类(GB/T 21010—2007).

3.1.2　城市土地利用结构

城市土地利用结构是城市内部各种功能的用地比例和空间结构及其相互影响、相互作用的关系,是城市不同产业活动在空间上的投影,反映土地资源配置的结果。城市土地利用结构包含三个方面的内涵[30]:一是土地利用结构由哪些用地类型组成,即要素体系;二是各要素的相互关系和组合形式,包括其数量比例关系和空间布局;三是各要素相互关系的发展变化,即要素的动态结构特征。

城市土地利用结构合理与否,直接关系着城市整体功能的改善和城市土地利用效益的提升。因此,在城市土地利用的过程中,优化土地利用结构是城市土地资源配置的核心,也是城市规划和土地利用研究中的重要内容。城市土地利用结构优化是为了达到一定的生态经济最优目标,依靠一定的技术手段,对区域内城市土地资源的各种利用类型进行合理的数量安排和空间布局,以实现城市土地系统生态经济效益的最大化。合理的土地利用结构能充分发挥土地利用潜力,提高土地利用集聚效应,保持土地生态系统平衡,实现土地的可持续利用,促进区域经济发展和环境的逐步和谐[39]。本书中土地利用结构研究范畴为建设部制定的城市建设用地中不同用地类型的规模和数量比例。

3.1.3　产业结构

产业结构是指社会再生产过程中形成的产业构成、产业间相互联系和比例关系以及由这些联系和比例关系所表现出来的系统性和整体性[99]。从现代经济发展来看,产业结构已经成为一个国家和地区,或者一个城市的经济结构中最基本、最具代表性的结构关系,是反映现代经济增长的本质特征。产业间的这种联系可以从两个角度进行考察:一是从"质"的角度反映产业间经济技术联系与作用方式不断演化的一般规律,揭示经济发展过程中,国民经济各产业部门中起主导或支柱地位产业的替代规律及结构效益;二是从"量"的角度研究一定时期内产业间技术经济数量比例关系,即产业间"投入"与"产出"的量的比例关系。

区域产业结构是指区域经济有哪些产业组成,各产业所占比重的大小变动及其相互联系的综合[100]。按三次产业分类,区域产业结构就表现为第一、第二、第三产业之间的比例关系。区域经济发展水平与质量很大程度上取决了区域产业结构的合理化和高度化。合理的产业结构能极大地增强经济发展的速度和质量,不合理的产业结构也能严重地阻碍经济发展。因此,为保障区域经济的快速、健康发展,必须不断优化产业结构。

产业结构优化是推动产业结构合理化和产业结构高级化发展的过程,是实现产业结构与资源供给结构、技术结构、需求结构相适应的状态。产业结构优化是一个动态的过程,并不是指产业结构的绝对高低。产业结构优化包括以下几个方面。①产业重点依次转移。在整个产业结构中,第一产业的产值和就业人数比重逐级向第二、第三产业占优势比重演进。产业的演进经历一、二、三产业到二、三、一产业再到三、二、一产业的发展历程。②各要素密集度依次转移。产业结构中由劳动密集型产业占优势比重逐步向资金密集型、技术密集型占优势比重演进。③产品形态依次转移。在区域输出产业上,逐步由低附加值产品转向具有高附加值产品的产业演进。

城市发展的过程,亦是产业结构转换和主导产业部门置换的过程。城市产业结构是决定城市经济功能和城市性质的内在因素。城市产业结构是根据经济发展的历史和逻辑序列顺向演进,由一种平衡状态上升到新的平衡状态,进而推动城市产业结构的优化升级。城市产业结构优化的过程,实质上是较低层次的产业形态经历了成熟之后逐渐走向衰落,较高层次的产业形态在新生的基础上不断成长的过程[101]。在这一过程中,必然伴随着飞跃式的技术变动,大量新型的产业发展,产业结构发生根本质变,城市功能不断走向多样化和现代化。

3.2 城市用地结构演变与产业结构演变的一般规律

3.2.1 城市用地结构演变的一般规律与特征

城市发展的历程表明,城市的各种经济活动最终都要落实到一定的土地上。城市发展的不同历史阶段,是资源(包括土地资源)在各产业部门间的时空配置及其结构形成、调整和转换的过程,它是城市经济发展程度、阶段、内容的反映。就土地而言,在工业化的不同阶段,土地的主导功能、用地结构及演变特征均呈现出明显的异质性(见表3-3)。

表 3-3 工业化不同时期城市发展特征及用地结构特征

时期	工业化初期	工业化中期	工业化后期
产业结构	第一产业为主	第二产业为主	第三产业为主
城市形态	点状	面状、带状	网状
城市发展	数量增长型	数量、速度增长型	可持续发展型
用地规模	整体规模较小	规模迅速扩张	规模相对稳定
用地布局	布局散乱	趋向合理	紧凑、集约
用地结构	农用地比例最大,城镇、工矿用地比例较小	农用地比例下降,城镇、工矿用地比例增加	农用地比例下降,工业用地比例下降,居住、交通、环境用地比例上升

续表

时期	工业化初期	工业化中期	工业化后期
土地类型转换	环境用地→农用地	耕地→园艺用地 农用地→建设用地	农用地→商服业用地、环境用地 工业用地→商服业用地
土地功能	养育功能	承载功能	资本功能、景观生态功能

一般来说,在工业化的初期,城市规模较小,集聚效应不强。此时城市经济发展以第一产业为主,土地利用以农业用地为主,城镇和工矿交通用地的占地比重较小。城市用地结构较为简单,用地布局失衡,城市呈点状形态。土地利用注重的是直接取得农产品。由于不同类型土地利用效益存在差异,致使各类用地之间不断进行转换,土地利用类型在耕地、园地、林地、牧草地、水域和未利用地之间竞争和转化。这一阶段,农用地和环境用地的竞争是其驱动机制,构成了土地利用变化的利益驱动机制[54]。其中环境用地不直接产生经济效益,具有土地利用上的外部性,即提升公共利益。因此,这一时期土地在整个城市化进程中主要承担养育功能,即直接为人类提供生存和生活的所需物品。

随着工业化的加速发展,第一产业在国民生产总值中的比重下降,第二、三产业比重上升,但以第二产业为主,此时经济发展进入工业化中期阶段。城市数量急剧增加,城市呈带状或面状,城市产业多样化,城市用地规模增长,城市功能增强,用地类型复杂化,城市用地结构趋向合理,用地布局趋向平稳[57]。第二、三产业内部存在着比较利益的同时还与第一产业存在着竞争,且第三产业用地效益大于第二产业,第二、三产业也远远大于第一产业的用地效益,导致土地利用类型向工业用地转换,形成独立工矿用地和城镇建设用地。受比较利益的影响,第一产业用地就有可能进入到第二、三产业,从而使第一产业用地即农用地数量下降,而第二、三产业用地——建设用地数量增加,第一产业用地减少和第二、三产业用地增加成为这个阶段的鲜明特征。这一阶段,土地利用变化的驱动机制既有来自农业用地内部不同用地类型之间的竞争,又有农业用地与建设用地之间的竞争,其竞争的结果是在农业用地内部耕地由种植粮食作物快速转为种植收益高的经济作物;区位条件好的耕地更易向建设用地转移,表现为耕地数量的快速减少与经济作物类型用地和建设用地的快速增加;建设用地中的工业用地和交通运输用地规模急剧增大。在工业化的中期阶段,土地利用在城市发展中的承载功能一直处于不断增强的趋势中。这里所指的承载功能并不包括农业用地对农作物的承载作用,因为在农业用地中土地的承载功能要逊于土地的养育功能。随着城市化的发展,人类的生产和生活越来越具有空间集聚化的特征,土地作为居民点用地、工矿用地、交通用地的地基为人类提供居住、工业生产、休闲、娱乐等需求的空间载体[102]。

随着工业化的进一步发展,第一产业比重快速降低并维持在较低水平。在第二、三产业比重中,第二产业比重有所下降,第三产业成为国民经济的主体,经济发展进入工业化后期阶段。此时城市产业结构不断升级,城市规模稳定,城市呈网状结构形态,城市功能逐步完善。城市用地结构逐步优化,城市用地布局更加集约、紧凑化。由于第三产业用地效益远远大于第一、第二产业用地,同时,随着人们收入水平的提高,对生存环境和生活品质的要求不断提升,对生态环境用地的需求量急剧增加,导致第一、二产业用地都有转化为第三产业的可能性,此时工业用地的增长会稳定下来,但交通、居住、旅游用地的比重还会继续增加。而且在农用地向建设用地转移的同时,也迅速向环境用地转移。所以,这个阶段土地利用变化的驱动机制表现为农用地的快速减少和环境、建设用地的快速增加。从工业化中期到工业化后期阶段,由于人类为追求经济发展对环境的破坏也一天天地加重,良好的生态环境成为一种稀缺性资源,因而也越来越受到人们的重视,对景观生态功能的需求直接引致人们对环境用地需求量的增加。同时,由于不同产业土地利用效益的巨大差距,据统计,农用地、工业用地、商业用地的利用效益比为1:10:100。受土地位置固定性和数量有限性的硬性约束,土地的供求关系日趋紧张,土地价格日益上涨,此时土地的资本功能不断增强,一方面说明土地开始有了资本的属性。另一方面,这也是技术和资本开始替代土地资源,土地利用从粗放向集约转变的必然过程。所以,在工业化后期阶段,土地利用在城市发展中的景观生态功能和增值功能日益凸显。

3.2.2 产业结构演变的一般规律与特征

关于产业结构演变的理论研究,比较著名的有配第 - 克拉克定律、库兹涅茨法则、钱纳里模式、霍夫曼定理等。

1. 配第 - 克拉克定律

英国经济学家配第和克拉克通过研究发现:随人均国民收入水平的提高,劳动力从第一产业向第二产业转移;当人均国民收入水平进一步提高时,劳动力又会从第二产业向第三产业转移。总的演变趋势为第一产业国民收入和劳动力的相对比重逐渐下降;第二产业国民收入和劳动力的相对比重上升;经济进一步发展,第三产业国民收入和劳动力的相对比重也开始上升[103]。

2. 库兹涅茨法则

库兹涅茨在继承配第和克拉克成果的基础上,从三次产业产值占国民收入比重的角度研究了产业结构演变的三个阶段。他认为在工业化的初期,第一产业在整个国民收入中的比重最高;进入工业化中期,第一产业比重下降,第二、三产业比重有所提高,但第二产业的上升幅度最大;进入工业化后期,第一产业比重很低,第二产业比重下降,第三产业比重最高[104]。在工业化过程中,工业在国民经济中的比重呈倒"U"型变化特征。其相应的产业结构数量特征指标见表3-4。

表 3 - 4 库兹涅茨产业结构演变特征[105]

第一产业比重/(%)	第二产业比重/(%)	第三产业比重/(%)	人均 GDP/美元 (1980 年不变价)	工业发展阶段	
45.8	21.0	33.2	228	第一阶段	初期
36.1	28.4	35.5	488	第二阶段	
26.5	36.9	36.6	975	第一阶段	中期
19.4	42.5	38.1	1 625	第二阶段	
10.9	48.5	40.7	3 250		后期

3. 钱纳里模式

钱纳里通过考察制造业内部各产业部门的地位和作用的变动,揭示了制造业内部结构转换的原因,即产业间存在着产业关联效应。他进而将制造业的发展分为经济发展初期、中期和后期三个阶段,将制造业按三个时期分为三种不同类型的产业,即初期产业、中期产业、后期产业[106]。钱纳里通过对多个国家产业结构数据的分析,揭示了工业产业结构转换的模式(见表3-5)。

表 3-5　钱纳里产业结构演变模式[107]

第一产业比重/(%)	第二产业比重/(%)	第三产业比重/(%)	人均 GDP/美元（1980 年不变价）	工业发展阶段	
39.4	28.2	32.4	300	第一阶段	初期
31.7	33.4	34.6	500	第二阶段	
22.8	39.2	37.8	1 000	第一阶段	中期
15.4	43.4	41.2	2 000	第二阶段	
9.7	45.6	44.7	4 000		后期

4.霍夫曼定理

德国经济学家霍夫曼在其《工业化的阶段和类型》一书中,根据对 20 多个国家制造业内部结构变化的考察,分析了制造业中消费资料工业和资本资料工业的比例关系。霍夫曼指出在工业化进程中,消费资料工业与资本资料工业的增加值之比呈不断下降的趋势。同时工业内部的结构变动具有明显的阶段性和规律性。他根据消费品工业净产值与资本工业净产值的比例(霍夫曼比率),把工业化分为四个阶段,揭示了不同工业化阶段产业结构演进的一般趋势(见表3-6)。

表 3-6　霍夫曼产业结构特征[108]

工业发展阶段	霍夫曼比率	产业结构特征
第一阶段	5(±1)	消费品工业占主导地位
第二阶段	2.5(±1)	资本品工业快于消费品工业
第三阶段	1(±0.5)	两大部门大体持平
第四阶段	1 以下	资本品工业占主导地位

从以上学者对产业结构的研究可以看出,虽然他们对产业结构研究的衡量标准、对象、时序等存在差异,研究结果亦不尽相同,但都基本上揭示了产业结构演进的一般规律。即在城市发展的不同阶段,产业结构呈现不同的特质(见图3-1)。

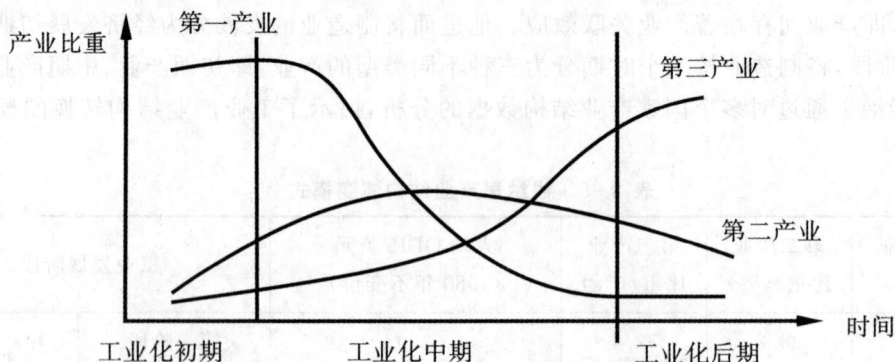

图 3-1　城市发展与产业结构演变示意图

　　城市发展的历程就是产业结构转换和主导产业部门不断置换的过程。日本地理学家国松久弥认为,城市发展的过程就是第二产业和第三产业的空间集聚过程,即产业结构不断转变的过程[109]。工业化初期,以农业为主的第一产业在国民生产总值和就业结构中占主导地位,第二、三产业比重较小。在第一产业内部,产业结构从技术水平低下的粗放型农业转向技术要求高的集约型农业,进而转向技术要求更高的绿色农业、生态农业发展。在工业化初期的后半阶段,由于原材料、燃料、动力等基础工业的发展,基础工业逐渐成为主导产业,第一产业的比重有所下降。

　　工业化中期,第一产业的比重不断下降,以工业制造业为主的第二产业在国民经济中的比重上升至首位,其就业比重也迅速提高,第三产业也有较大的发展。在第二产业内部,产业结构以轻纺工业—基础型重化工业—加工型重化工业的方向发展。从资源结构演变趋势看,产业结构以劳动密集型产业—资本密集型产业—知识密集型产业方向发展。从市场导向看,产业结构向封闭型—进口替代型—出口导向型—市场全球化方向发展[110]。

　　工业化后期,第二产业比重下降,以服务业、金融保险业、旅游业、信息产业等主导的第三产业迅速发展,并在国民经济中占主导地位,同时第一产业比重维持在较低水平。第三产业内部沿着传统型服务业—多元化服务业—现代型服务业—信息产业—知识产业的方向发展。

　　尤其是 20 世纪 90 年代以来,随着以计算机和信息技术开发、运用为核心的知识经济在工业发达国家逐步成为现实的经济形态,经济全球化的浪潮不断推进和扩展,进而导致国际生产、投资、贸易和要素流动的不断扩大,国际分工不断向纵深发展。这一阶段则呈现出以下鲜明的特点:首先,国际产业分工格局中出现"产品差别型分工"和"生产工序型分工"的深化发展;其次,产业转移的重点由以前的纺织服装、金属制品和一般机械等劳动密集型产业的电子组装、测试等初级技术密集产业,向电子、化学、运输工具以及高附加值的资本、技术密集产业转化。进入 21 世纪以来又开始涉及到技术更为密集的 IT、生物技术和新材料等高新技术行业;最后,生产能力转移不再是单个企业的孤立行为,而是在国际生产网络或体系的基础之上,逐步形成全球范围内相互协调与合作的企业组织框架。

3.3　城市用地布局与产业结构布局特征

3.3.1　城市用地空间布局特征

在城市发展的过程中,城市用地空间布局也呈现出相应的变化,这在很大程度上是由城市土地利用的特殊性以及城市各产业的不同用地特点决定的。城市用地空间布局的实质是城市不同用地类型的区位选择结果。区位是社会经济等活动在空间分布的位置。这些位置既包括自然地理位置,也包括经济位置和交通位置,三者共同作用于地域空间,形成土地区位的优劣差异。城市土地区位优劣在空间上的差异表现为级差地租和级差土地。在完全竞争的条件下,城市土地在不同产业间进行分配,总是遵循"最高租金原则",即能够支付最高租金的产业得之。因此,城市不同用地类型在地租地价规律作用下,最终形成不同的空间布局特征。从某种意义上来讲,城市用地的空间布局是各项产业活动区位的综合效应。

城市用地具有显著的区位性特征且具有多种可能的利用方式,而不同产业用地的规模需求和产出效益差异较大,其所产生的经济地租也存在较大差距。因此,各种用地区位竞争的结果就形成了其相应的竞标地租,也就是各种用地分布形态的形成过程。为使问题简化,这里仅以城市用地中的农业用地、住宅用地和商业用地为例说明其竞标地租曲线的形成过程(见图 3-2)。

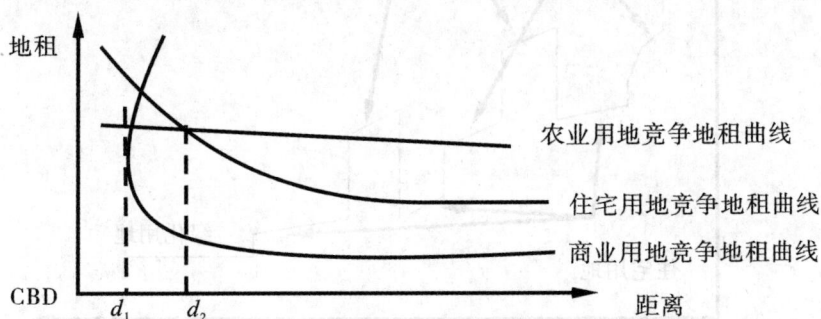

图 3-2　城市不同用地类型竞标地租曲线

资料来源:江曼琦.城市空间结构优化的经济分析[M].北京:人民出版社,2001,84.

根据市场竞争原则,在距离小于 d_1 处,商业比住宅和农业可以支付更高的租金;在 d_1 和 d_2 之间,住宅比商业和农业可以支付更高的地租;而大于 d_2 处,农业的竞价地租最高。其结果是城市中心的位置被商业所利用;超过 d_2 处的土地被农业用地所利用;而在 d_1 与 d_2 之间的土地则被住宅用地所利用。所以,在完全市场竞争的条件下,城市不同用地类型均布局在竞标地租最高的区位。1964 年 Aloson 创立的城市级差地租——空间竞争理论,全面地论述了城市土地利用的空间布局特征。但 Aloson 模式是建立在理想的假设条件下的,实际上由于受地形、河流、政策、法规等自然、社会经济因素的影响,地租曲线不再是由城市中心向郊外渐降的一条平滑曲线,而变成了一个起伏的曲线或不连续的折线(见图 3-3 和图 3-4),致使城市土地利用的空间布局出现变化。

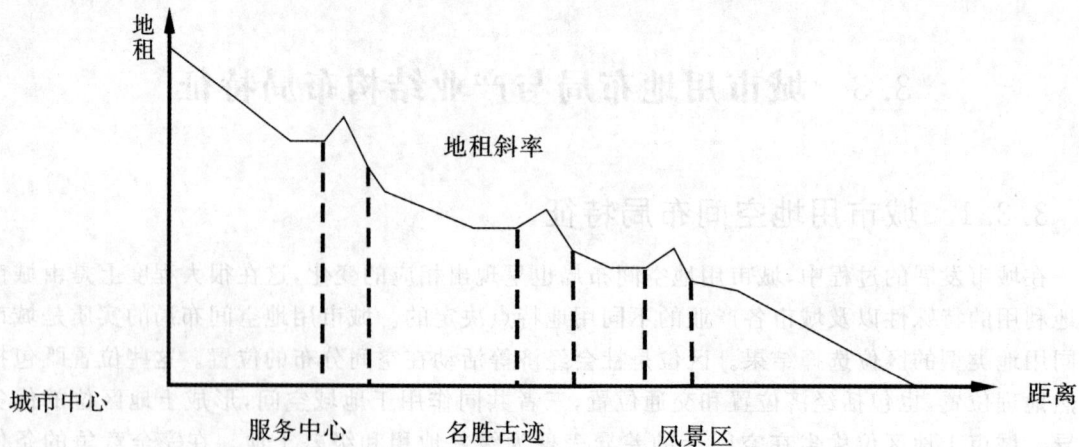

图 3-3　多中心城市地价曲线

资料来源:李值斌.城市土地可持续利用理论与评价[M].北京:中国科技大学出版社,1996,26.

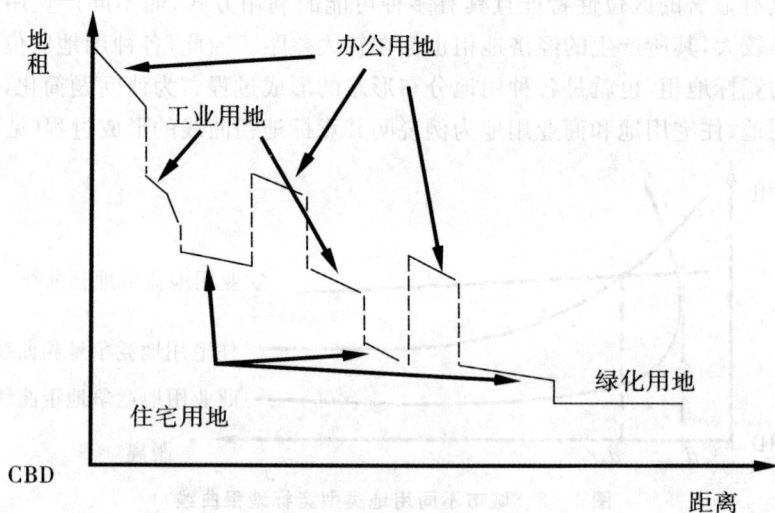

图 3-4　受规划及政策影响的地价曲线

(来源同图 3-2)

　　可见,在城市级差地租规律的作用下,城市内不同功能类型土地形成与城市产业发展和城市经济发展相适应的用地组合格局。由于土地要素不具备空间可移动性的特点,因此城市土地利用的空间布局演变过程实际上是城市土地资源要素在不用产业间的配置进行不断调整的过程。显然,在不同的产业发展阶段,城市用地空间布局呈现不同特点。

　　城市用地的空间布局除了具有平面性的结构特征外,还具有垂直布局结构特征。城市土地利用的垂直空间布局特征也受聚集效应和地租规律的影响。一般来说,中心商业区的底层是城市聚集效应最高的地方,所以在城市中心商业区的底层被零售业所占用,其上层可能为各种专业性服务的办公业,再上层也不排除用于住宅的可能(见图 3-5)。

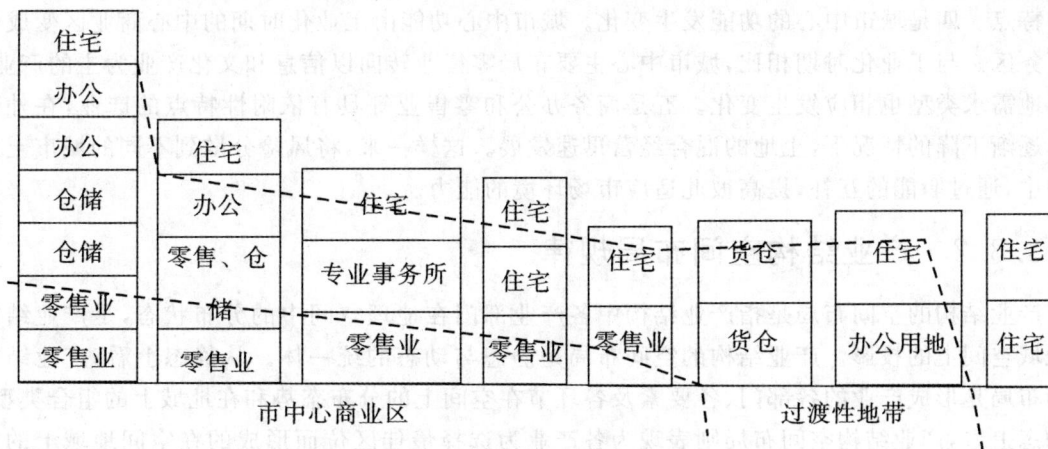

图 3-5　城市土地利用的垂直空间布局

（来源同图 3-2）

江曼琦在其所著的《城市空间结构优化的经济分析》中把整个城市经济发展过程分为农业社会、工业社会和后工业社会三个阶段，并对不同阶段城市土地空间布局特征进行了阐述。她指出在农业社会，城市主要承担行政中心、军事重镇、宗教中心和贸易中心，其政治、军事、商品交换和消费功能较强。城市发展过程中，主要有两种类型的城市用地空间布局形态。一是由农业推动所产生的城市。在城市用地结构上，城市内的农用地占有相当大的比重，居住用地与农田混杂。后期手工业有所发展后，形成前店后坊的布局形态。另一种是非经济原因所形成的城市。城市多呈封闭性，内部布局规整，为上层服务的教堂、宗庙、宫室等用地布局在城市中心。按照阶级划分的功能分区明确，均质度较高。

在工业社会时期，城市的职能向工业性和生产性转变，第二产业在城市中的比重逐步上升。城市成为国家和地区的经济中心和发展中心。工业革命使得城市产生了许多新的功能和设施，并实现了资本与劳动的分离、居住与工作的分离，此时城市内部地域分异以经济利益为目的。在经济活动由家庭向资本主义转变的过程中，伴随着待流通货物的急剧增加，生产与销售之间出现了分工。仓库、货站、大批发商以及小规模的制造商成为 19 世纪后半叶创造所谓的"中心商业区"的主角。此时城市内部用地布局呈现同心圆模式。

在后工业化时期，城市的性质开始由生产性功能向服务性功能转化，制造业就业的比重明显下降，服务业，尤其是信息处理方面的服务业的就业比重迅速上升，即经济服务化。此时城市空间结构呈现以下特征。一方面随着城市人口和经济活动从城市中心区不断向郊区迁移，致使城市地域急剧扩张和中心区的快速衰退。城市中心的聚集效应下降，而城市郊区的聚集效应上升，城市竞标地租曲线变得越来越平缓。制造业从中心区分离出来，制造业的郊区化，又加速了低收入阶层也加入到郊区化的行业中，这不仅减少了通勤成本，还有效规避了中心区的高土地成本。伴随着人口、制造业和零售业的郊区化，为企业和个人服务的一些办公机构也开始向外扩散。二是制造业经济向信息和服务业经济转化，导致城市中新的功能空间出现。信息技术产业的区位也遵循大城市工业由市区向外扩散的规律，同时在新区表现出集中布局的趋势。三是城市更加注重环境质量的提高。许多城市在发展过程中，都开始关注城市中公园、娱乐场所、步行道及城市滨水区的建设，并与居住空间混合，城市用地呈现功能混合的空间布局特点。四是城市中心的功能发生变化。城市中心功能由工业化时期的中心商业区变成中心商务区。与工业化时期相比，城市中心主要布局零售业转向以信息和文化产业为主的产业，其用地需求类型也相应发生变化。五是商务办公和零售业等具有依附性特点的产业，在外部经济逐渐下降的情况下，土地的混合经营迅速发展。这样一来，将风险分散到不同的城市土地利用中，通过职能的互补，提高彼此适应市场环境的能力。

3.3.2 产业结构空间布局规律

产业结构的空间布局是指产业结构中各产业部门在地理空间中的分布状态，是产业结构在地域空间上的投影。产业结构的空间布局是静态与动态的统一体。从静态上看，产业结构空间布局是形成产业的各部门、各要素及各环节在空间上的分布态势和在地域上的组合类型；从动态上看，产业结构空间布局则表现为各产业为选择最佳区位而形成的在空间地域上的流转、重组及再配置过程。

产业结构空间布局形成的过程是追求利益最大化的人们在综合考虑各种因素后，寻找最佳区位的过程。产业结构空间布局合理与否，将直接影响城市经济功能的优劣，进而影响城市的功能品质与整体形象。在经济发展的不同阶段，产业布局的特征呈现明显的规律性差异。受地租影响，不同产业的最佳区位选择都是为了达到降低地租成本，增加聚集效应，从而获得最大利润（见图3-6）。

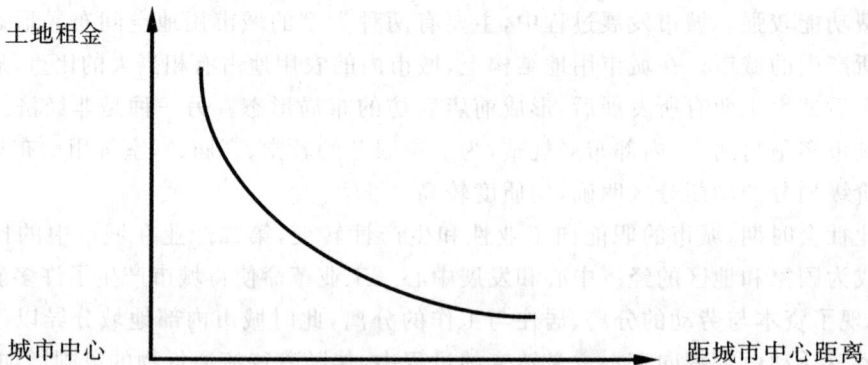

图3-6 产业用地租金曲线示意图

在工业化初期，产业结构以第一产业——农业为主，由于农业用地受土地的肥沃程度和位置级差地租的影响，此时城市中心主要布局第一产业。随着城市经济的发展，第一产业在国民经济中的比重开始下降，此时第二、三产业成为国民经济的主体。不同产业所产生的土地收益存在明显的差异，而对于第二、三产业而言，区位对地租起着决定性作用，致使第三产业用地地租高于第二产业用地，第二产业用地地租高于第一产业用地。在理想的自由市场竞争条件下，不同的产业都希望能布局在交通方便、经济效益最大的地段，因此对城市空间产生激烈的竞争，其结果是产业结构的空间分布形成圈层的布局特征，即第三产业布局在城市中心，第二产业处于第二圈层，第一产业布局在最外围。由于第一产业对土地的需求量远大于第二、三产业，但产出效益却明显小于第二、三产业，因此，从城市中心向外，三次产业的用地集约程度依次递减（见图3-7）。

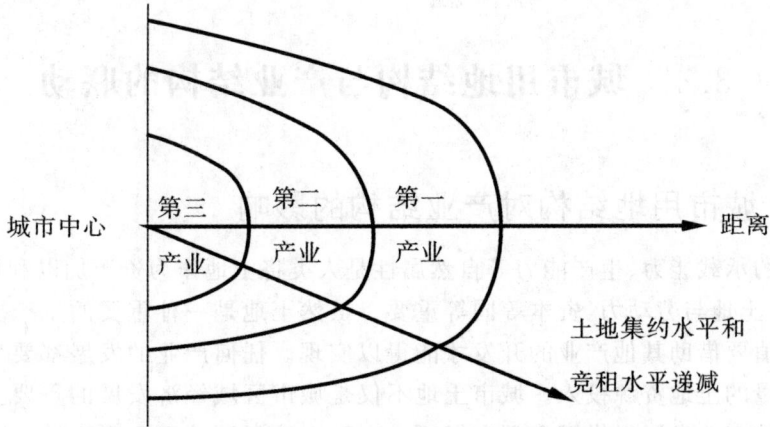

图 3-7　产业结构空间布局和土地集约水平示意图

由于三次产业结构内部行业构成复杂,不同产业对空间的需求特征不同,因此在空间分布上也存在差异。在以工业为支柱产业的工业化时期,工业中的重工业由于竞租能力低,逐渐退出城市中心,向城郊转移,取而代之的是轻工业及以高科技为主的制造业。在以第三产业为主的工业化时期,金融保险和服务业等行业因其付租能力强而占据城市中心区位,而住宅、仓储等行业逐渐向城市边缘迁移。

随着工业经济向工业化后期迈进,城市功能由生产型向管理型和服务型转化。以工业为主的城市产业结构渐次演变为以服务业为主,城市生产性服务业和生活性服务业蓬勃发展。在地价杠杆作用下,城市工业在地租上涨、生产成本提高的压力下,纷纷外迁,市区第二产业逐渐被第三产业所取代[111]。随着产业结构不断调整,各类产业选址的区位趋向不断变化,产业结构空间布局不断优化。表现在城市中旧制造业趋向城市郊区选址,而新服务业、新制造业则更趋向于在城市中心选址,传统服务业和部分新制造业则布局在中间地带和外部地带。产业结构的空间布局调整和置换,不仅提高了城市空间的经济效率,同时也推进产业结构不断优化(见表 3-7)。

表 3-7　产业类型及其区位选择差异

区位	区位因素	旧制造业	新制造业	传统服务业	新服务业
核心地带	交通	—	O	—	+
	地租	—	—	—	O
	人口	O	O	+	+
	通讯设施	O	+	O	+
	集聚经济	O	+	+	+
中间地带	交通	O	O	+	O
	地租	+	O	+	+
	人口	+	+	+	+
	集聚经济	O	+	+	+
外部地带	交通	+	O	+	O
	地租	+	+	—	O
	人口	+	O	—	O
	生产规模经济	+	O	—	O

注:"+"具有正面的重要影响;"—"具有负面的重要影响;"O"作用不明显。

资料来源:吕玉印.城市发展的经济学分析[M].上海:三联书店,2000,153.

3.4 城市用地结构与产业结构的联动

3.4.1 城市用地结构对产业结构的影响

土地具有的承载能力、生产能力等自然属性是人类将土地作为资源加以利用的基础,在各种生产要素中,土地与劳动力、资本等同等重要。虽然土地是一种重要的生产要素和资源,但土地资源的价值要借助其他产业的开发才能得以实现。任何产业的发展都要坐落在土地上,都需要一定数量的土地资源投入。城市土地不仅是城市区域经济发展的重要生产要素之一,也为城市区域的产业发展提供了空间和场所。由于土地资源的不可再生性,城市土地资源供给的稀缺性和土地资源利用的多种适宜性,决定了必须优化土地资源的配置格局。土地资源优化配置应体现地尽其用,将潜在的区位收益转化为现实的城市经济效益,在区位收益较高的地区应布置经济效益高的产业。土地利用结构在很大程度上影响区域产业的经济功能和生产效率。土地资源配置结构和土地宏观调控政策在很大程度上也影响产业的布局与调整方向。土地资源的优化配置要求土地资源在各个产业中合理分配,并使土地利用效率水平达到最高,从而推动产业结构的优化,转变区域经济发展方式。

1. 作用机理

城市用地结构的演变具有外延扩张和内部重组的特征。在外部空间上表现为城市规模的外延扩张;在城市内部则表现为城市各功能性用地,如工业用地、居住用地、商业用地、绿地等用地类型的重组。城市用地结构的外延扩张和内部重组必然对城市空间形态、城市景观格局及城市不同产业用地效益产生影响,从而影响人流、物流、信息流的循环与空间态势,最终影响人类对资源的利用以及自然环境的改变[35]。当这种改变使得产业的规模效应和集聚效应有所下降,并突破区域环境容量与资源自身的承载力时,说明城市土地利用结构演变是不合理的,此时各产业主体及城市居民在追求利益最大化原则的驱动下,会重新选择区位条件好的地块进行产业布局或居住,并最终导致区域产业结构的改变(见图3-8)。

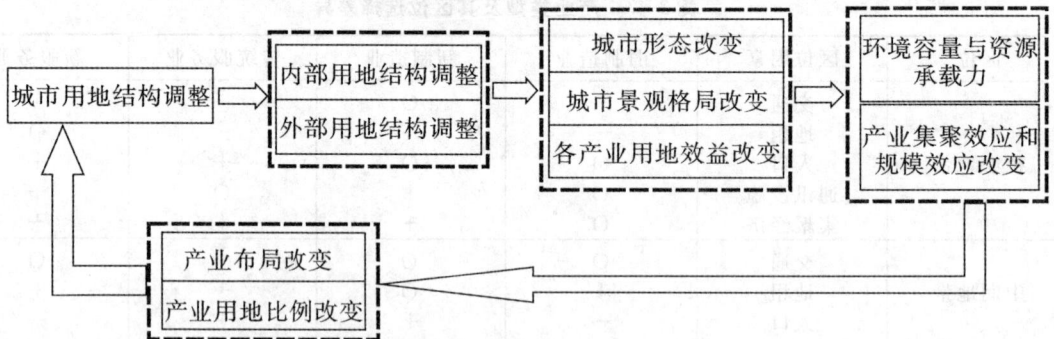

图3-8 城市用地结构调整对产业结构影响作用机理

显然,城市土地利用结构在一定程度上决定着城市的产业布局,进而决定着产业的规模及效益。产业结构优化必须以土地资源的优化配置为前提。土地利用结构的优化为产业结构调整提供了基础,是推动产业结构调整的直接动力。没有土地资源的合理优化配置,产业就不能获得升级。土地资源的优化配置为产业结构的优化提供了物质基础,合理的土地利用将推进城市产业结构优化升级,不合理的土地利用将阻碍产业结构优化进程。

2.作用规律

在城市用地结构调整过程中,对不同产业配置土地时,应充分考虑不同产业发展对土地资源需求的数量特征和质量特征的异质性。一般来说,第一产业用地量最大,利用效益却最低;在第一产业内部,每万元产值所需土地林业最多,其次是畜牧业和种植业;第一产用地不仅考虑土地的数量,更重要的是对土地质量的要求也比较高,只有这样才能使第一产业特别是种植业的利用效益得到提高。第二产业用地量次之,其土地利用效益明显高于第一产业;在第二产业内部,矿产开采业用地量最多,重工业次之,一般轻工业较少[112];第二产业发展对土地的区位特性需求明显增强,对土地质量(肥力)的需求很小。与一、二产业相比,第三产业用地量最少,但其土地利用效益最高[113,114]。第三产业对区位条件最为敏感,区位条件不同决定了第三产业内不同行业的用地效益和用地布局。

同时土地利用宏观调整政策是影响城市土地利用结构的重要手段,也是引导和约束区域产业结构调整方向和进程的主要途径。为促进土地集约利用水平提高,优化区域土地利用结构,最大限度地降低生产经营成本,尽可能地避免地区产业结构趋同,达到土地资源可持续利用目标,弥补市场配置的先天性不足,政府往往通过制定相关制度、政策等手段实现对土地利用宏观调控。例如,通过土地利用规划和城市规划划定功能区,确定不同区域的城市用地投入产出指标、限定土地开发利用条件、规划土地的供应规模、布局、供应类型等。通过这些手段,不仅优化土地资源配置,同时也促进产业结构的优化升级。但土地利用调控政策对产业结构的影响可能存在正向和负向两种作用。当土地利用政策对土地供应的类型、供应规模、供应次序及土地开发利用条件的控制能够符合区域经济发展需求,能够促进产业的合理布局和产业用地效益提升时,土地利用的调控政策对产业结构的优化升级起正向作用。但如果土地利用政策与产业发展的用地需求相脱离,土地利用调控的方向、重点设计不科学,就阻碍产业结构的进一步优化,起负向作用。

3.4.2　产业结构对城市用地结构的影响

产业发展与土地资源具有内在的必然联系。产业发展水平和产业结构影响土地资源的利用方式、结构与空间布局,影响土地资源的配置格局和利用效益。产业发展的规模决定了土地利用的规模,产业发展的重点决定了土地利用的重点。产业结构的质变转变首先通过相应的土地利用变化得到反映,具体体现在土地资源及其他资源在各产业、部门间的重新分配和组合,这也构成了土地资源变化的重要内容。

1.作用机理

当经济发展的内外部环境变化时,产业结构也应及时得到调整,这样才能使得经济增长在原有总量的基础上实现质量提升并呈现集约化渐进特征。反之,则经济增长表现为粗放型延续的特征。产业结构调整的目标就是促进经济增长的数量、质量不断提升,产业结构不断优化升级,产业的集聚效应和规模效应得到有效发挥。因此,产业结构调整,一方面使产业结构不断升级,促使更多的农业劳动力向第二、三产业转化,加快了城市的发展速度,并带动城市土地利用形态、结构与性质的变化。随着人口、工业向城市中的聚集,城市居住、商业、公共服务设施等行业逐渐出现,促使城市土地利用形态发生相应的改变。由于中心市区产业结构的升级,使中心市区原有传统工业企业、居住等行业逐渐被商业、服务业等产业所取代,从而使土地利用的数量结构与空间布局也发生改变,主要表现在中心市区工业、居住及仓储等城市职能用地所占比例逐年下降,而商业、交通、绿地、公共服务设施用地所占的比例逐渐上升,此时土地利用集约度不断增强,市区建筑密度与容积率不断增大[47]。

随着城市中的人口、产业由中心市区向外扩散,促使城市郊区及周边农村地域的快速城市化,使农村土地利用性质发生了改变,大量的耕地、林地等农业生产性用地及分散的农村居民点用地转变成城市工厂、商业用地以及交通用地等城市非农用地。城市建设用地规模迅速拓展,致使农业用地减少,城镇及工矿用地增加,其结果是第一产业及其用地的比重逐渐下降,而第二、三产业及其用地比重大幅度提高,土地利用结构不断优化,土地利用效益逐步提升(见图3-9)。

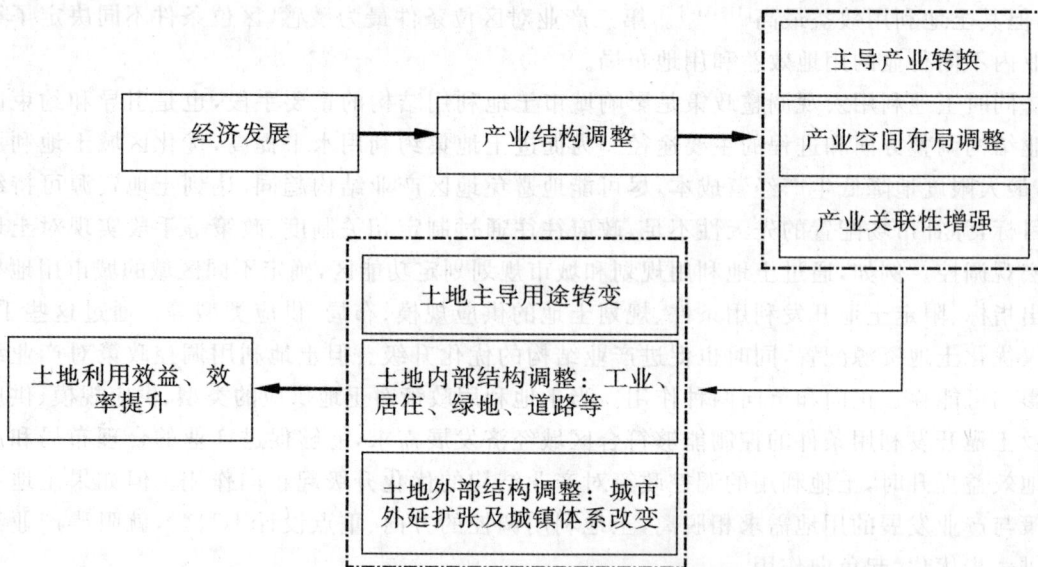

图 3-9 产业结构调整对土地利用结构影响作用机理

另一方面,产业结构调整及其优化也将引起运输条件、技术手段、土地市场和住宅建设等因素发生变化。这些因素对各类产业用地都产生明显的影响,加大了各产业用地的转化压力,使土地资源利用的空间布局形式发生巨大变化。并且对第二、三产业发展的刺激和影响显著强于第一产业,从而显著影响农业土地的利用结构和利用方式,使第一产业用地快速而大量地向第二、三产业用地转化,使土地资源的利用结构和利用方式改变的同时,其空间布局也随之发生巨大变化[115]。

2. 作用途径

产业结构调整对土地利用结构影响的作用的途径主要是通过主导产业的区位选择和不同产业发展对土地占用比例的差异性两个方面实现的。

从主导产业的区位选择过程看,产业结构的调整过程,也就是主导产业部门置换的过程。主导产业是指在产业结构系统中处于带头地位的产业,这些产业的状况在很大程度上决定了该产业系统未来的发展方向和模式。从城市发展过程来看,主导产业在世界各个国家、区域的经济发展中都起着举足轻重的作用。各个城市产业结构变动的过程,实际上主要表现为主导产业的转移过程,其经济的持续发展也依赖于主导产业的不断更新。主导产业的高效率决定了其在土地竞争中的优势地位,这样,其区位应是处于城市中聚集效益较高的地方。而主导产业关联度较大的特点则使得在主导产业周围,会聚集由"回顾效应""旁侧效应"所吸引的各种相关企业组成的产业综合体。因此,主导产业的区位选择过程,直接影响到城市用地结构[116]。

由于不同产业发展对土地占用比例存在差异[117],因此,在产业结构调整升级过程中,第一产业比例的下降,第二、三产业比例的上升,不仅增加了单位土地的收益,还可减少土地的使用量。第三产业中的商业、金融、服务业等行业具有占地少且产出效益高的特点,一般布局在交通条件好,居民较集中的中心区,而单位用地产出率低的产业和行业在区位竞争中向边远地区分散。

3.5 小 结

本章通过对城市用地结构与产业结构的演变规律及二者相互关系的理论解析,厘清了城市用地结构与产业结构的演变特征及空间布局特征;城市用地结构与产业结构的相互作用机理及作用规律。分析显示:在不同的经济发展阶段,城市用地中从以农用地为主→城镇、工矿交通用地为主→城镇用地和生态环境用地(如绿地)为主转变;在空间布局上,以单中心城市为例,从城市中心向外,按照不同用地类型支付最高竞标地租能力的大小依次为商业用地—住宅用地—工业用地—农业用地。产业结构演变的基本规律为在工业化初期,以第一产业比重最大,第一产业在国民生产总值和就业结构中占主导地位,第二、三产业比重较小。工业化中期,第一产业的比重不断下降,第二产业比重迅速增加,第三产业也有较大的发展。工业化后期,第一产业维持在较低水平,第二产业比重下降,第三产业在国民经济中居于主导地位;在空间布局上,从城市中心向外,依次布局着第三产业—第二产业—第一产业。

理论上,城市用地配置结构和布局与产业结构和布局关系密切。一方面,土地资源配置结构和土地宏观调控政策在很大程度上影响产业的布局与调整方向。城市土地利用结构一定程度上决定着城市产业布局,进而决定着产业的规模和效益。产业结构优化必须以土地资源的优化配置为前提。土地利用结构的优化为产业结构升级提供了条件,是推动产业结构调整的动力。没有土地资源的优化合理配置,产业升级就会受到制约。土地资源的优化配置为产业结构的优化提供了物质基础,合理的土地利用将推进城市产业结构优化升级,不合理的土地利用将阻碍产业结构优化进程。另一方面,产业发展水平和产业结构影响土地资源的利用方式、结构与空间布局,进而影响土地资源的配置和利用效益。产业发展的规模决定了土地利用的规模,产业发展的方向决定了土地利用的导向。产业结构对城市用地结构的影响主要通过主导产区的区位选择和不同产业发展对土地占用比例差异性两个途径实现的。

本章主要是从理论上定性地分析了城市用地结构与产业结构的演变规律及相互关系,这为下面章节的实证研究奠定了理论基础。

第4章 我国城市用地结构与产业结构的演变特征分析

要准确把握城市用地结构演变与产业结构演变之间的关系,首先要从整体上了解我国城市用地结构与产业结构的演变历程及不同时段的基本特征,并对城市用地结构与产业结构的发展水平进行基本判断。

4.1 我国城市用地结构演变特征

4.1.1 我国城市用地结构演变阶段划分

关于我国城市用地结构演变历程阶段的划分,张颖[56]、江曼琦[118]等学者一般将其划分为古代、近代及建国后三个阶段。实际上,建国后至改革开放前,由于我国土地使用制度和经济体制等相关政策、制度的变革,对城市用地结构产生了很大的影响,城市用地结构呈现出一些新的特征。因此,本书将我国城市用地结构的演变历程划分为四个阶段:古代、近代、建国后至改革开放前、改革开放以来四个阶段。

1. 中国古代城市用地结构

从原始居住形式及原始居民点的形成,到奴隶社会时周代两次城市建设的高潮,一直到明清时期的封建社会,中国城市经历了漫长的发展时期。考虑到鸦片战争之前中国城市整体发展迟缓,城市用地结构变化较小,本书将鸦片战争之前的城市一并归为古代城市。

由于中国古代城市发展受封建制度的影响,城市的功能较为简单,城市用地结构基本上沿袭着封建社会的城制,政权机构、城市防御设施、商业、手工业、居住等用地成为城市中的用地主体。这一时期的城市用地结构呈现以下特点。①城市均是各级政权的统治中心,城市用地结构层次分明,有明确的功能分区,统治阶级与一般居民严格分开,并按尊卑分区,围绕宫廷区依次布置。②城市中手工业作坊由城郊集中成区布置向城内前点后坊方式发展。在市场和聚集因子的作用以及家庭生产方式的影响下,形成居住、生产、销售空间一体化的用地布局模式,同一行业集中在一个地区或一条街的格局。③城市中的商业发展突破城垣的限制,在城外交通最便捷的地方形成新的商业区。随城市规模的扩大,城市商业由集中的市制,改变为以全市为市场领域,行业街市为骨干,联系各居民分布方向的商业网,商业用地规模逐渐拓展。

2. 中国近代城市用地结构

1840 年鸦片战争之后，受资本主义生产方式的的影响，封建社会经济结构逐渐瓦解。这一时期，在政治、经济和文化方面的一些变革，对一些帝国主义入侵下的殖民地城市用地空间结构产生了巨大的影响。此时的城市用地结构呈现以下特点：①城市主要用地类型发生变化。商业、银行、工厂、仓库、娱乐、交通、市政设施等用地成为城市中的主要用地类型。②城市中出现商务中心的雏形。在由封建社会向半殖民地、半封建社会转变的过程中，城市中心从旧城的传统商业区转移到与近代交通枢纽相衔接的新型商业区。新的商务中心改变了城市中以政权机构和寺庙用地为重心的格局，城市中心呈现出同心圆结构的商务中心，商业用地规模进一步拓展。③随着近代资本主义工业和交通运输的发展，城市中的工业迅速增加与高度集中，工业企业沿对外交通线路呈现集中与分散相结合的分布形态。大的工业企业由于其用地规模较大，为节省成本，一般布局在市区边缘；而一些中小企业规模小，资本较少，为节省信息成本和交易成本，则主要布局在市中心周围，以便能够充分利用共有的市政公共设施，因此也造成了工业与居住、工业与商业混杂的局面。④受地价因素的影响，居住用地分化现象明显。城市中的高级住宅用地主要布局在高级道路与商业区相连的地方，其建筑密度较低，庭院绿化面积所占比例较大，地价较高，又远离工业区，交通便捷。与此相对应，棚户区建筑密度高，一般布局在工业区的周围，地价低廉，但基础设施不完善。市中心则分布着资产阶级和一般市民的居住区。⑤城市用地中消费性设施用地占很大比例。例如，1955 年扬州城中城市用地中居住用地占 47.8%，公共建筑用地占 20%，绿地占 21%，工业用地进占 1.6%，站场、码头、仓库用地占 1.5%[119]。

3. 建国后至改革开放前城市用地结构

建国后至改革开放前(1949—1980 年)，随着对资本主义工商业社会主义改造的基本完成，中国计划经济体制基本确立，市场在资源配置中不发挥作用，城市用地结构主要取决于决策者的政策导向。期间城市用地管理实行的是行政划拨、无偿使用的制度。在城市内部建设上，强调城市内部空间结构发展的均衡化，经济发展选择了重工业优先发展的战略。在这一系列的发展战略和制度导向下，城市用地结构呈现出圈层分异的特征，每个圈层成为一个混合区。而且这种用地结构形成后，城市用地资源配置趋于稳定。此时的城市用地结构呈现以下特点。①城市中功能分区明确的新区与功能混杂的旧区并存。在"一五""二五"时期的工业建设中，按照功能分区的规划思想进行规划和建设，形成了功能分区明确的新区和一些新城。在对于以既存的城市用地结构为基础的城市，在城市中心区的外围和边缘形成大规模的工业区及与之相配套的居住区外，在变"消费城市为生产性城市"的方针下，进一步加剧了工业用地与居住用地混杂的用地格局。②城市用地扩展由快速增长进入缓慢扩展期。20 世纪 60 年代后，中国进入国民经济调整和大动荡时期，城乡经济的区域循环关系基本上被破坏，城市聚集规模并没有出现用地的大规模扩展，许多城市用地在经过解放初期急剧扩展后，进入缓慢扩展甚至停滞阶段，导致城市人均用地严重不足。③城市中心形成以商业零售、行政办公用地为主，兼具居住、工业等多种功能用地的混合用地特征。商业、行政办公以及交通组织中心的高度聚集，促使城市向单中心环形结构发展。④随着工业生产能力的提高，城市工业成为国民经济的主导部门。在用地上，一方面一些重工业由于占地多，在城市边缘区形成相对集中的工业区；另一方面一些传统手工业和中小企业分布于城市内部，形成工业用地集中与分散相结合的格局。⑤在政府"见缝插针""填空补缺"的用地政策倡导下，居住社会阶层分化消失，以单位为基本组织单元的居住模式逐渐形成。

4. 改革开放后城市用地结构

改革开放以来(1980 年以来)，中国采取了一种供给主导型的渐进式制度变迁。社会主义市场经济体制逐渐确立,城市土地实行有偿使用制度,市场在资源配置中的基础性作用逐渐显现,聚集效应和地租成为企业和居民进行用地区位选择中考虑的一个重要因素。这一时期,城市经济的持续、快速增长,带来了城市用地大幅度增长,使得城市用地规模在外延扩展的同时,内部结构也在不断进行重组。此时的城市用地结构主要呈现以下特点。①城市用地规模快速扩展。根据《中国城市建设统计年鉴》(1981—2007年),1981—2007年间,我国城市用地规模年均增长6.71%,城市建设用地弹性系数达1.52,远大于合理值1.12。除了城市向平面扩展以外,城市的立体空间扩展也得到很大发展,地上和地下空间利用率明显提升。②城市工业用地比例下降,公共设施、商业、绿地等用地规模大幅增加。土地有偿使用的改革迫使工业中不同行业、企业开始按效益情况自觉地调整区位,再加上政府通过实施"退二进三""退城进园"等产业结构调整政策,工业活动由市中心向外延伸的趋势由弱变强,工业用地在城市中的占地比例不断下降。特别是一些严重污染的工业企业搬离城市中心,行政管理机构用地、学校等一些非经营性用地也逐渐搬出城市中心的繁华地带,置换为对区位条件更加敏感、附加值更高的商业用地。由于工业用地的外迁,城市中商服业用地、公共设施用地比重的增加,城市的功能不断完善,用地结构也不断得到优化。例如,重庆市通过实施产业结构调整策略,有近百家工业企业(其中污染型企业近60家)搬离主城区,如重钢集团、长安集团、建设集团、嘉陵集团、重庆电池总厂、重庆嘉陵化工厂、重庆新华化工厂等搬离主城区。通过工业企业外迁,共腾出土地2万多亩,相当于又造出半个渝中区。按照工业用地价格10~50万元/亩,以平均每亩30万元计算,2万多亩工业用地的总价值为60多亿元[120-123]。③居住用地布局不断完善,其空间分异特征逐渐明显。随着各项经济体制改革的深化,尤其是我国住房制度改革后,城市居民在具有住房的自主选择权后,可以根据自身的收入水平来决定居住的环境和居住区位。而这一时期房地产业的蓬勃发展也适应了城市居民的住房需求,居住用地的空间分异现象日益明显。随着在大城市边缘的房地产业开发,我国城市居住用地由市中心向外的人口密度坡度趋于平缓并形成起伏,在城市不同地段形成不同的分区。在城市中心区,高级公寓与年代久远、密集的低层建筑共存;城市中间地带,地价适中,是城市中层收入者的居住地;城市边缘区和郊区,主要是花园别墅和低档住宅并存。

4.1.2 20世纪90年代以来我国城市用地结构变化特征

从资源配置的角度来分析,土地利用的数量结构是指不同用途下土地资源的数量构成及比例。社会经济的快速发展必然伴随着城市用地结构的发展演变,城市各类用地占城市建设用地总面积的比重在城市规模扩大的同时不断发生变化(见表4-1)。从表4-1可以看出,20世纪90年代以来,随着我国社会主义市场经济体制和城市土地有偿使用制度改革的不断深化,城市用地结构总体上是向着优化的方向发展和完善。居住用地比例由1991年的34.27%下降到2007年的30.94%,年均下降0.20%;工业用地由1991年的25.13%下降至2007年的21.95%,年均下降0.19%;仓储用地、对外交通用地、特殊用地也呈下降趋势,年均下降分别为0.15%,0.11%,0.20%。而公共设施用地、道路广场用地、市政公用设施用地和绿地的占地比例分别由1991年的8.86%,5.67%,2.80%,5.62%增加到2007年的12.97%,10.81%,3.43%,10.04%,年均增加了0.24%,0.30%,0.04%,0.26%。

根据国家建设部1991年颁布实施的《城市用地分类与规划建设用地标准》(GBJ 137—1990)(以下简称《标准》),规划居住用地比例为20%~32%,工业用地比例为15%~25%,道路广场用地比例为8%~15%,绿地比例为8%~15%。显然,居住用地比例由20世纪90

代初期的超出国标上限 32% 逐渐下降,而道路广场用地和绿地所占比例由 1991 年的不足国标下限 8% 快速提升,但整体水平仍不高。

从城市用地中不同功能性用地比例的演变过程可以看出,随着我国实施产业结构调整政策和市场在资源配置中基础性作用的发挥,工业企业向郊区和园区搬迁,工业用地在城市用地中的比例逐渐下降,置换出来的土地用于发展公共设施、商服业等,相应地,公共设施用地、道路广场用地和绿地的占地比例不断增加,城市基础设施落后的局面得到有效缓解,城市公共服务能力和整体功能不断提升,这也说明我国城市用地结构不断朝着合理方向演化。

表 4-1　1991—2007 年我国城市用地结构

年份	居住用地/(%)	公共设施用地/(%)	工业用地/(%)	仓储用地/(%)	对外交通用地/(%)	道路广场用地/(%)	市政公用设施用地/(%)	绿地/(%)	特殊用地/(%)
1991	34.27	8.86	25.13	5.97	6.23	5.64	2.80	5.62	5.49
1992	32.94	10.81	24.93	5.91	5.98	6.06	3.05	6.07	4.26
1993	32.47	11.11	24.48	5.70	5.95	6.46	3.13	6.70	3.99
1994	33.65	10.33	23.89	5.31	5.18	7.85	3.64	6.50	3.64
1995	33.75	10.42	23.58	5.14	5.22	8.16	3.51	6.54	3.67
1996	32.62	10.90	23.41	5.25	5.76	7.47	3.12	7.77	3.70
1997	31.76	10.73	22.79	5.06	5.79	7.60	3.09	8.19	4.98
1998	32.60	11.05	22.43	5.04	6.11	7.81	3.25	8.30	3.42
1999	32.42	11.09	22.29	4.97	6.22	8.06	3.33	8.30	3.32
2000	32.21	11.36	22.04	4.73	6.40	8.21	3.41	8.36	3.28
2001	32.89	11.67	21.10	4.60	6.38	8.59	3.48	8.46	2.83
2002	32.28	11.59	21.50	4.18	6.28	8.83	3.71	8.60	3.03
2003	32.02	12.07	21.48	4.01	5.76	9.32	3.40	9.21	2.72
2004	31.61	12.25	21.79	3.87	5.58	9.71	3.42	9.28	2.49
2005	31.37	12.50	21.66	3.76	4.88	10.06	3.61	9.82	2.34
2006	30.76	13.31	21.62	3.56	4.43	10.63	3.53	9.93	2.23
2007	30.94	12.97	21.95	3.34	4.42	10.81	3.43	10.04	2.10

资料来源:住房和城乡建设部综合财务司,中国城市建设统计年鉴(1991—2007).

城市土地利用结构实质上是一个与外界有着广泛关系的非线性开放系统。随着时间的推移,土地利用结构不断在非人为"干扰"和人为"干扰"的双重影响下,发生着结构上的演替和变化,表现出自发的、具有不可逆性的演化特征,这完全符合耗散结构系统的预定假设。并且由于土地面积在量纲上是一致的。因此,为了反映城市用地结构的演变特征,本书引入热力学中"熵"的概念来对城市土地利用的均质度进行度量[124]。假定一个城市土地总面积为 S,土地类型根据其土地利用方式的不同分为 n 种(参照我国城市用地分类体系,$n=9$),每种类型用地面积为 S_i,则有

$$S = \sum S_i (i=1,2,\cdots,n) \tag{4-1}$$

各土地利用类型占城市土地面积的比例为

$$P_i = S_i/S \tag{4-2}$$

得到城市土地利用结构的信息熵公式为

$$G = -\sum (P_i)(\ln P_i) \tag{4-3}$$

式中,G 为信息熵,用来描述土地利用多样性,也称为多样性指数。多样性指数是描述一个区域土地类型的复杂程度。当区域处于未开发期时,其多样性指数为 0;当区域已开发成熟时,各类型土地趋于稳定、均匀,此时多样性指数最大。

由于按照实际职能计算的信息熵没有考虑到城市土地职能数量 n 的影响,因此有必要引入均衡度的概念。基于信息熵可以构造出城市土地利用结构的均衡度公式为

$$J = -\sum (P_i)(\ln P_i)/\ln n \tag{4-4}$$

式中,J 表示均衡度,它是信息熵与最大熵之间的比值。J 的取值范围是 0~1 之间。当 $J=0$ 时,表示城市土地利用处于最不均匀状态;当 $J=1$ 时,土地利用类型的均质性最强。优势度的意义与均衡度相反,其计算公式为

$$D = 1-J \tag{4-5}$$

优势度 D 反映了区域内一种或者几种土地利用类型支配该区域土地利用类型的程度。

根据以上公式,对我国 1991—2007 年城市土地利用结构的信息熵、均衡度和优势度的计算结果如图 4-1 所示。

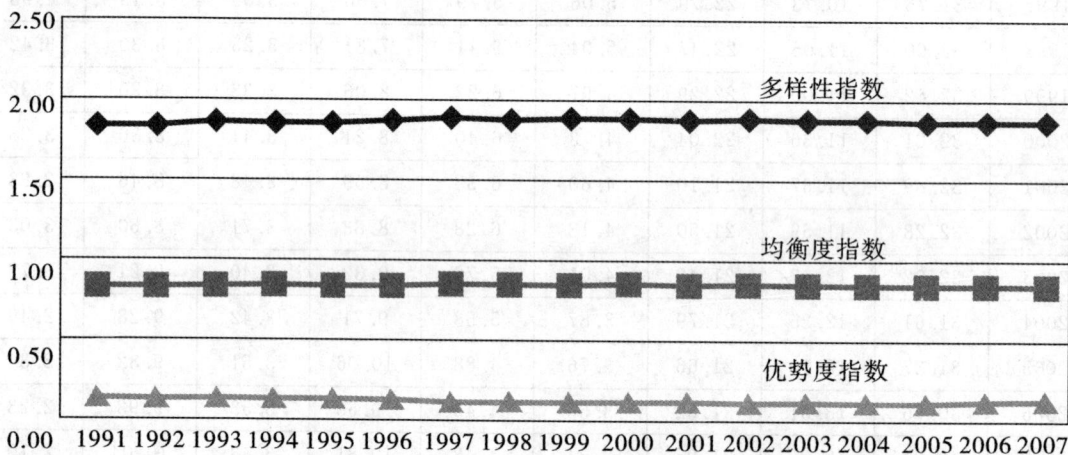

图 4-1 1991—2007 年我国城市土地利用结构信息熵、均衡度及优势度演变

从计算结果可知:总体上,我国城市用地结构信息熵和均衡度略有增加,优势度略有下降。这说明 20 世纪 90 年代以来,我国城市土地利用的均质性有所增强,土地功能向更加完善的方向演化。但从信息熵的演变过程来看,我国城市用地结构信息熵经历了先升后降的波动过程,从 1991—2000 年,城市用地中的各职能类型土地增减变化明显不同,变化最为显著的是居住用地、工业用地、公共设施用地、道路广场用地和绿地。自 2000 年以来,各类用地的变化相比低于前一阶段,土地利用的信息熵变化趋于平缓,变化幅度不大。

4.1.3　我国城市用地结构现状特点

根据《中国城市建设统计年鉴》(2007 年),城市用地结构如图 4-2 所示。我国城市用地结构为居住用地占 30.94%,公共设施用地占 12.97%,工业用地占 21.95%,仓储用地占 3.34%,对外交通用地占 4.42%,道路广场用地占 10.81%,市政设施用地占 3.43%,绿地占 10.04%,特殊用地占 2.10%。

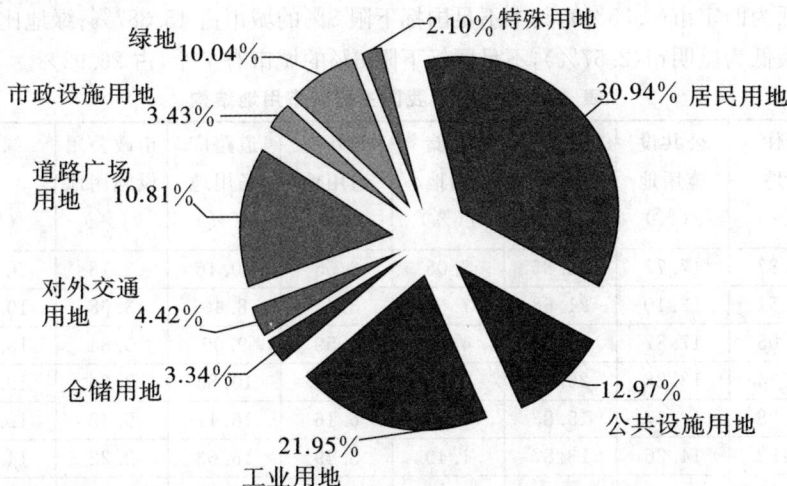

图 4-2　2007 年我国城市用地结构

资料来源:住房和城乡建设部综合财务司,中国城市建设统计年鉴(2007).

我国地域广阔,城市发展的自然地理环境和社会经济基础的差异明显,相应地,城市用地结构的异质性显著。见表 4-2,从城市内部差异看,居住用地比差异最大,标准差为 8.98,最大值为 68.12%(桦甸市),超过国标上限 1 倍以上,比最小值为 8.07%(孝感市)高出 60 个百分点;其次是工业用地,标准差为 7.98,最大比例为 51.71%(普兰店市),三亚市工业用地比例最小(1.13%);不同城市绿地比例差异也较大,梅州市绿地比例最高(46.26%),上饶市最低(0.20%),其绿地比例严重不足;城市公共服务能力的提升必然需要一定数量的公共设施用地作为发展的空间载体,但不同城市间的公共设施用地比例差距也较大,标准差为 5.03,其中普洱市公共设施用地比例最高(38.14%),任丘市最低(2.28%);从标准差来看,仓储用地、对外交通用地、道路广场用地、市政公用设施用地和特殊用地的标准差差距不大,但从这几类用地比例的绝对值看,差距亦较为明显。

表 4-2　2007 年我国城市各功能性用地比例最大值、最小值、标准差及中位数

项　目	居住用地	公共设施用地	工业用地	仓储用地	对外交通用地	道路广场用地	市政公用设施用地	绿地	特殊用地
最大值/(%)	68.12	38.14	51.71	17.89	19.06	23.76	33.29	46.26	28.05
最小值/(%)	8.07	2.28	1.13	0.00	0.06	0.25	0.35	0.20	0.00
标准差	8.98	5.03	7.98	2.39	3.08	3.80	3.07	6.68	2.66
中位数/(%)	31.25	12.21	19.83	3.12	3.90	10.52	2.84	9.08	1.09

数据来源:住房和城乡建设部综合财务司,中国城市建设统计年鉴(2007).

由于城市职能定位和产业结构的差异,我国主要城市各功能性用地所占比重各不相同(见表4-3)。2007年《中国城市建设统计年鉴》中没有上海市和拉萨市的城市用地数据,表4-3中我国主要城市用地结构未包括这两个城市。从表4-3可知,昆明居住用地比例最高(50.22%),太原市居住用地比例最低(20.78%),26个主要城市中有26.92%的城市居住用地比例超出国标上限32%,其他城市居住用地比例均在国标范围内(20%~32%);工业用地比例最高为太原市(30.47%),最低为海口市(6.90%),其中11.54%的城市居住用地比例超过25%;道路广场用地比例最高为成都市(18.81%),最低为西宁市(0.25%),其中不足国标下限8%的城市占15.387%;绿地比例最高为兰州市(19.14%),最低为昆明市(2.57%),不足国标下限8%的城市有7个,占26.92%。

表4-3 2007年我国主要城市用地结构

城市	居住用地/(%)	公共设施用地/(%)	工业用地/(%)	仓储用地/(%)	对外交通用地/(%)	道路广场用地/(%)	市政公用设施用地/(%)	绿地/(%)	特殊用地/(%)
北京市	28.87	17.77	22.35	3.05	3.55	10.46	3.18	9.58	1.19
天津市	30.51	12.10	21.68	7.50	3.47	8.40	3.68	10.66	2.01
石家庄市	27.05	17.87	15.18	4.12	4.59	9.09	5.84	13.76	2.49
南京	27.24	13.28	26.13	2.20	4.04	10.83	3.26	10.23	2.78
杭州	25.98	12.57	15.83	1.50	6.16	16.11	5.42	12.54	3.89
福州市	30.92	14.26	13.87	1.40	3.49	16.63	2.22	14.89	2.31
海口市	27.61	25.43	6.90	0.37	3.64	16.81	0.73	17.60	0.91
太原市	20.78	9.13	30.47	4.25	8.70	4.47	10.61	10.97	0.61
合肥市	35.37	14.63	20.09	1.44	1.14	10.78	1.68	13.95	0.92
南昌市	27.38	18.29	20.30	1.44	1.98	15.00	2.13	12.01	1.47
郑州市	24.40	12.66	17.22	4.59	6.89	10.66	4.68	17.60	1.30
武汉市	27.66	17.87	22.54	4.70	5.09	8.43	4.70	5.48	3.53
长沙市	30.96	21.53	13.02	2.86	1.99	13.00	2.34	9.04	5.26
呼和浩特	26.89	18.30	15.45	3.88	3.90	7.16	3.03	17.41	3.97
南宁市	33.17	19.33	12.23	2.06	2.27	13.07	2.37	13.35	2.16
重庆市	36.82	10.52	20.52	2.38	3.20	14.72	2.57	7.19	2.06
成都市	33.73	13.69	21.14	1.85	1.30	18.81	2.95	5.74	0.80
贵阳市	23.44	16.90	19.43	3.10	6.57	10.20	2.38	15.60	2.40
西安市	23.69	26.50	22.10	4.19	2.89	11.79	1.79	5.03	2.02
昆明市	50.22	4.40	18.44	2.43	3.34	3.10	10.32	2.57	5.17
兰州市	23.87	12.10	20.00	1.98	2.19	16.21	2.82	19.14	1.70
西宁市	44.61	2.34	17.54	4.96	11.65	0.25	15.94	2.70	0.02
乌市	32.29	13.83	15.18	5.31	3.47	9.16	5.08	10.88	4.79
沈阳市	31.70	12.97	18.73	2.88	2.31	9.80	2.31	14.41	4.90
长春市	28.65	12.79	26.85	3.91	2.86	11.97	3.11	6.24	3.61
哈尔滨	30.00	13.80	23.10	2.30	4.20	10.00	1.80	9.40	5.40
广州市	21.31	15.76	24.13	3.16	8.16	11.73	3.01	10.20	2.54
济南市	25.15	17.88	20.14	2.26	4.05	13.06	3.40	10.07	3.99

数据来源:住房和城乡建设部综合财务司,中国城市建设统计年鉴(2007).

为了反映不同区域城市用地结构的分布聚集程度,本书利用经济学中的洛伦茨曲线和基尼系数对城市用地结构的变化规律进行判断。洛伦茨曲线是经济统计学家洛伦茨于 20 世纪 20 年代提出的一种关于研究工业集中化的统计方法,利用频率累积数绘制成曲线,用来表示不平等程度(集中与离散)。洛伦茨曲线被广泛地应用于粮食空间分配[125]、经济发展与城市化水平对比分析[126]、水资源空间匹配[127]等领域,很好地刻画和解释了研究指标的特征。计算步骤如下:

(1)计算区位熵。区位熵指某单元某地类面积占所有单元某地类面积总和与某单元建设用地面积占所有单元建设用地面积之比,公式为

$$Q=(a/A)/(b/B) \tag{4-6}$$

式中,Q 为区位熵;a 为单元 i 某地类面积;A 为所有单元某地类面积;b 为单元 i 城市建设用地面积;B 为所有单元城市建设用地面积。

(2)计算累计百分比。按照区位熵 Q 从大到小(或从小到大)排序,相应列出各单元各地类和城市建设用地面积的百分比,并计算其累计百分比。

(3)绘制洛伦茨曲线图。分别以城市建设用地面积累计百分比为横坐标,以地类累计百分比为纵坐标,各取 100 长度,绘出正方形坐标图,以各累计数绘制坐标点,并连线,对角线表示绝对均匀分布,曲线到对角线的离差就是分布的差异性的测度。利用洛伦茨曲线不仅可以研究土地利用类型的分散或集中的程度,还可以根据曲线的斜率和拐点位置来判断某单元土地利用的专门化程度。洛伦茨曲线上的各点从坐标轴 0 点开始,先后顺序与该种土地利用类型的区位熵顺序一致,斜率大于 1 的地区说明该地区某种地类在所研究区域该地类的比例高于该地区土地总面积的比例占全研究区域总面积的比例;反之,则低于该地区土地总面积的比例占全研究区域总面积的比例[128]。

利用 2007 年我国城市用地数据,分别绘制各个地类的洛伦茨曲线,结果如图 4-3～图 4-11 所示。从图中可以看出,特殊用地比例的洛伦茨曲线与绝对均匀线的距离最远,说明特殊用地在不同区域间的分布不均匀。市政设施用地、仓储用地和对外交通用地的洛伦茨曲线绝对均匀线的距离相近,说明这三类用地在不同区域的分布情况相近。绿地比例的洛伦茨曲线与绝对均匀线的距离略小于以上三种地类。居住用地、公共设施用地、工业用地、道路广场用地的洛伦茨曲线接近均匀线,说明这几类用地在不同区域分布较为分散,分布较为均匀。

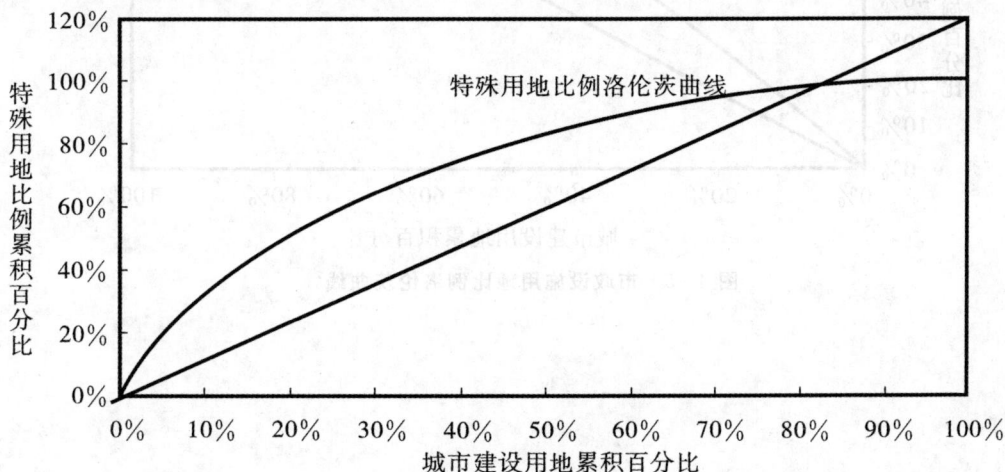

图 4-3　特殊用地比例洛伦茨曲线

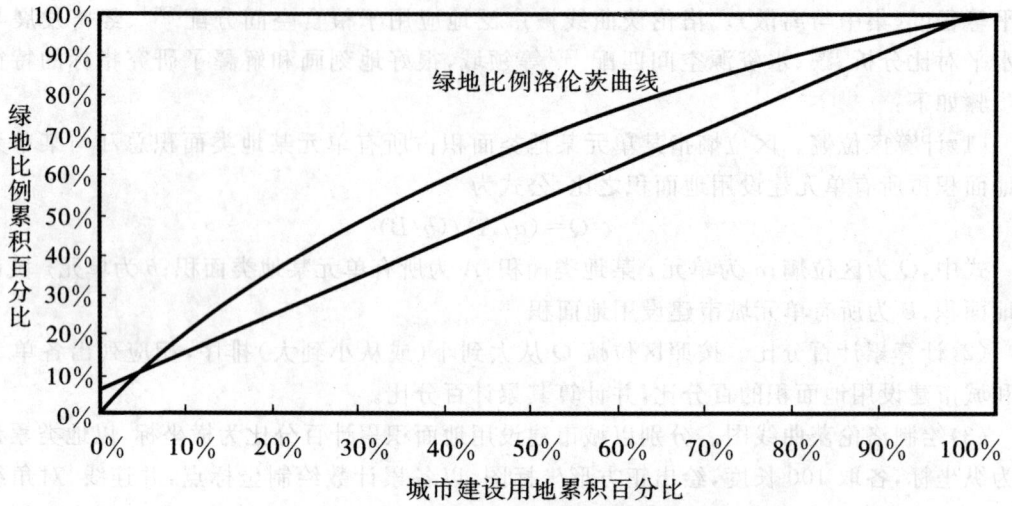

图 4-4　绿地比例洛伦茨曲线

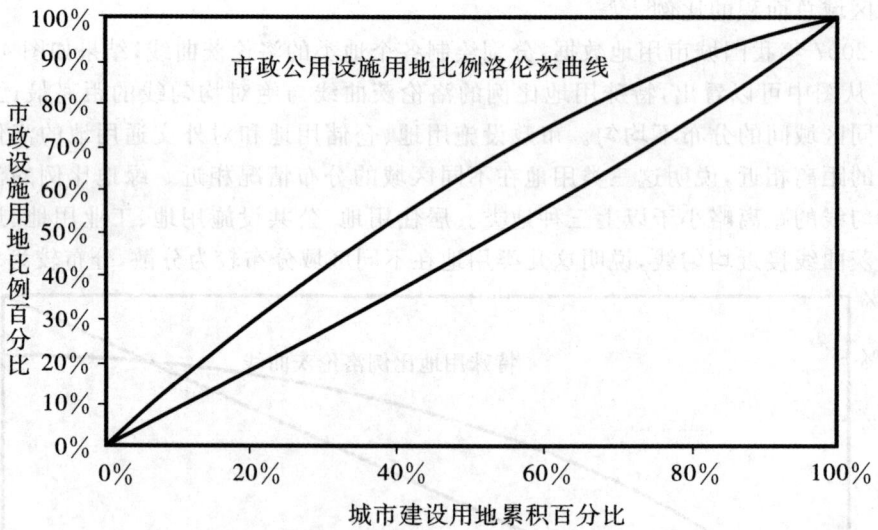

图 4-5　市政设施用地比例洛伦茨曲线

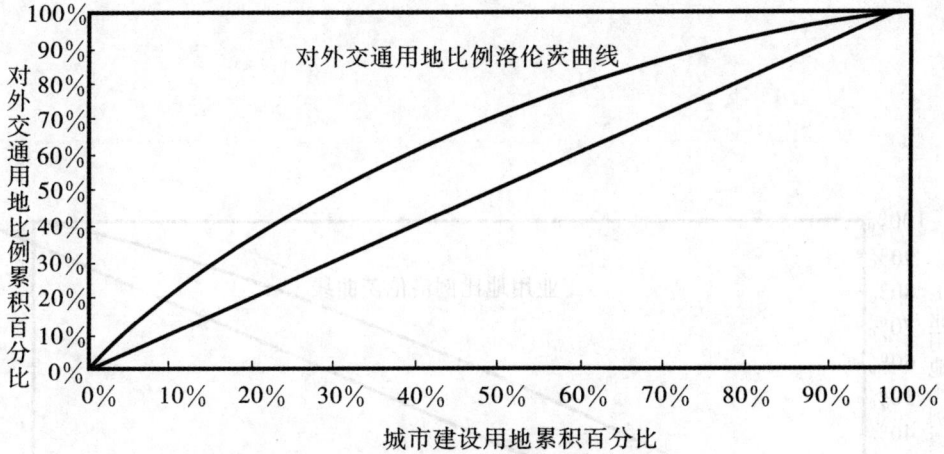

图 4 - 6　对外交通用地比例洛伦茨曲线

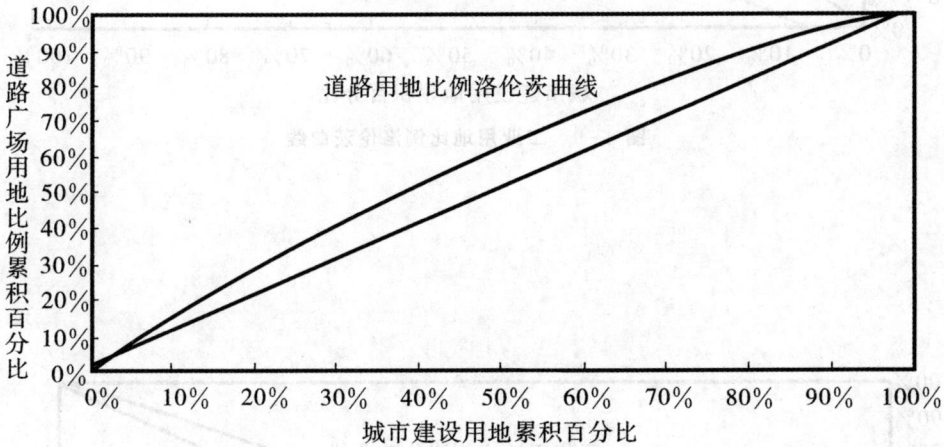

图 4 - 7　道路广场用地比例洛伦茨曲线

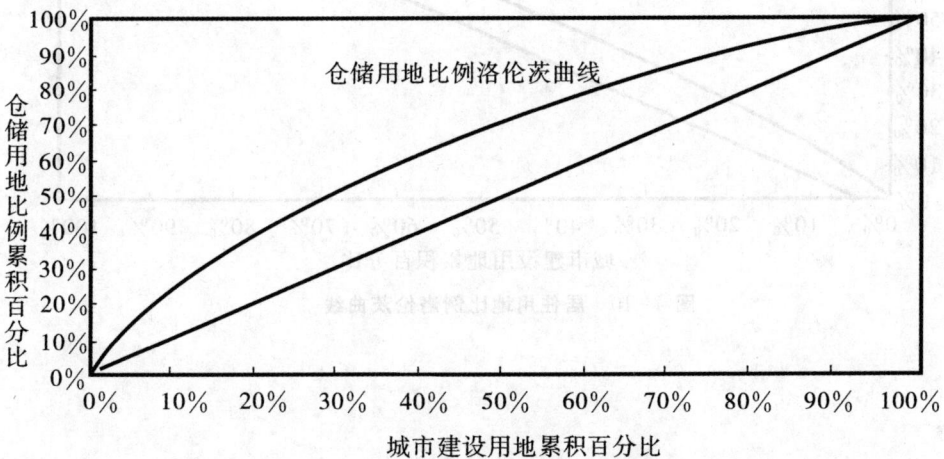

图 4 - 8　仓储用地比例洛伦茨曲线

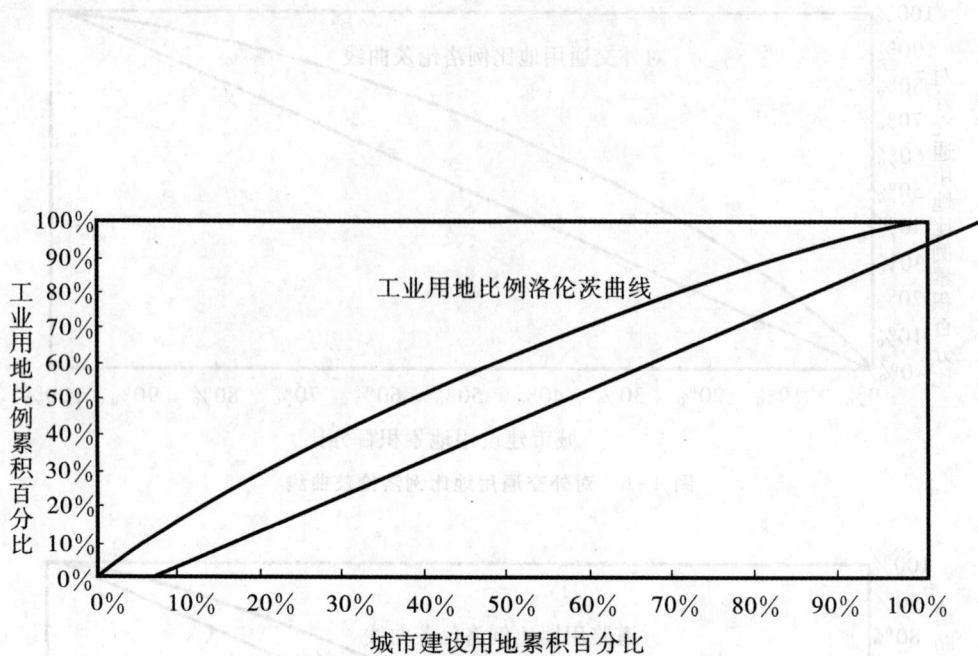

图 4-9　工业用地比例洛伦茨曲线

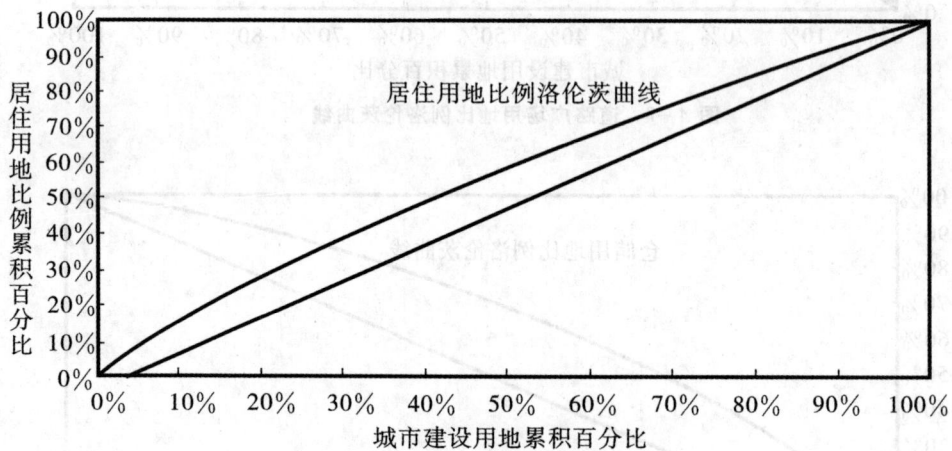

图 4-10　居住用地比例洛伦茨曲线

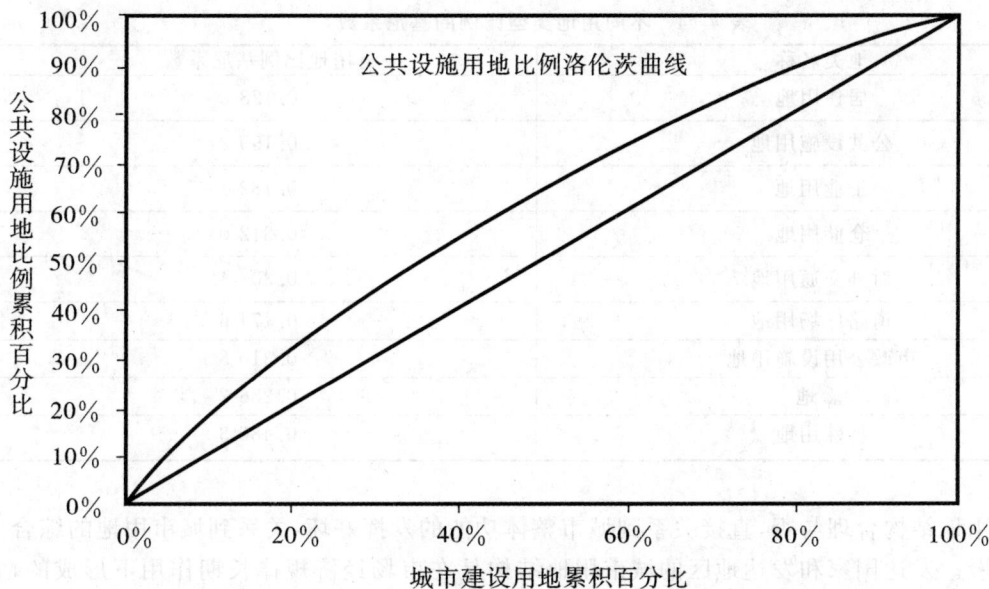

图 4 - 11　公共设施用地比例洛伦茨曲线

　　洛伦茨曲线形象地显示了各种土地利用类型在不同区域空间分布的差异性,但是无法对差异的程度进行定量描述。为此,引入经济学上常用于计算社会收入分配程度的统计指标——基尼系数,来进一步描述土地利用类型在不同区域的分布情况。在洛伦茨曲线上,基尼系数反映的几何意义是曲线与绝对均匀线之间面积和绝对均匀线以上三角形面积之比,因此也被称为洛伦茨系数。基尼系数的计算公式为[129]

$$G = \sum_{i=1}^{n-1} (M_i Q_{i+1} - M_{i+1} Q_i) \qquad (4-7)$$

　　式中,G 为基尼系数;M 为某区某一用地类型面积累积百分比;Q 为某区域城市建设用地在研究区域城市建设用地的累积百分比。根据联合国有关组织将基尼系数划分为<0.2,0.2~0.3,0.3~0.4,0.4~0.6,>0.6 等几个区间来分别描述区域收入的"绝对平均""比较平均""相对合理""差距偏大""高度不平均"等几类均衡程度[130,131]。其中,国际上通常把0.4作为收入分配贫富差距的"警戒线",西方国家政府也一般将本国经济的基尼系数控制在0.3~0.4之间。

　　参照上述标准,对城市各功能性用地比例的基尼系数计算结果见表4-4。特殊用地比例的基尼系数大于0.4,说明此类用地分布不均衡,区域差异较大,其分布离散的原因很大程度上依赖于城市规划中特殊用地的需求差异,而与区域经济发展水平及人口的相关性不大。仓储用地、对外交通用地和市政公用设施用地的基尼系统均在0.31左右,仅次于特殊用地比例的基尼系数,仓储用地和对外交通用地在很大程度上依赖于城市的产业结构特征,与人口数量之间的相关性较小。绿地比例的基尼系数为0.286 2,在城市间分布比较平均,2007 年我国城市绿地比例为10.04%,说明我国城市绿地整体水平偏低。而居住用地、公共设施用地、工业用地和道路广场用地比例的基尼系数均小于0.2,说明这几类用地在不同区域的分布较为均匀,这与城市的居住功能、公共服务功能和生产功能用地"以人为本"布局的趋同性特征相吻合,但同时也说明我国城市之间的产业雷同较为明显,工业用地在不同类型城市用地中均占据重要位置。

表 4-4　不同用地类型比例的基尼系数

地类名称	用地比例基尼系数
居住用地	0.128 5
公共设施用地	0.199 2
工业用地	0.182 1
仓储用地	0.312 0
对外交通用地	0.302 4
道路广场用地	0.174 6
市政公用设施用地	0.310 8
绿　地	0.286 2
特殊用地	0.486 3

　　城市用地结构合理与否,直接关系到城市整体功能的发挥好坏,关系到城市用地的综合效益提高快慢。发达国家和发达地区的城市用地结构是在市场经济规律长期作用下形成的,它代表着城市用地结构的一般指向。例如,美国 50 个城市用地结构状态:①工业用地占7.30%;②居住用地占 44.5%;③交通用地占 24.8%;④公共建筑用地占 15.95%;⑤绿地占7.5%。日本城市用地结构中,教育文化设施用地占 10.3%,商业用地占 14.9%,居住用地占 33.9%,工业用地占 6.8%。我国香港地区城市用地结构大致为工业用地占 5.96%,商业用地占 1.32%,住宅用地占 27.15%,公屋用地占 5.96%,公共设施用地占 10.60%,休闲用地占9.27%,发展(空置)用地占 24.5%,道路用地占 14.57%。

　　与国外城市相比(见表 4-5),总体上,我国城市工业用地比例偏高,道路广场用地和公共绿地的比例偏低,城市用地结构雷同现象突出,城市公共服务能力不足,城市功能仍不完善。虽然近年来,我国通过实施产业结构调整和土地利用的宏观调控政策,城市用地结构不断趋于合理,但仍存在诸多问题。国外城市工业用地比例一般不超过 15%,如纽约、新加坡、悉尼、芝加哥、伦敦的工业用地比例分别为 3.75%、6.80%、12%、7.18%、4.72%,而 2007 年我国城市工业用地比例在 20% 以上,特别是一些以旅游为主导职能的城市,如桂林、北海、苏州等工业用地比例也在 20% 以上,显然这与城市的功能不相称,过多的工业用地不仅影响城市整体功能的发挥,特别是如果传统工业比例过大,对城市环境造成很大污染。

表 4-5　国外城市用地结构

城市	居住用地/(%)	工业用地/(%)	交通用地/(%)	公共绿地/(%)	公共事业用地/(%)	备注
纽约	42.15	3.75	18.08	25.37	7.34	2006 年
芝加哥	24.10	6.90	32.20	28.90	5.39	1990 年
新家坡	53.10	6.80	13.70	—	12.90	2000 年
悉尼	33.00	12.00	23.00	—	—	2005 年
巴黎	30.00	8.00	27.00	12.00	—	1996 年
伦敦	32.56	4.72	14.12	38.23	—	2005 年

资料来源:石忆邵,彭志宏,陈永鉴,等.国际大都市建设用地规模与结构比较研究[M].北京:国建设工业出版社,2010.

　　《雅典宪章》指出,现代城市的功能主要集中为四项:居住、工作、游憩和交通。可见居住功能是城市发展中的首要功能。国外居住用地比例一般占城市用地面积的比例达 45％以上,而我国城市居住用地比例在 45％以上的城市仅占 10.77％,大多城市居住用地比例处在 20％～40％之间。

　　按照我国城市用地规划标准,绿地占城市用地的比例在 8％～15％,2007 年我国城市绿地比例为 10.04％,虽然这一平均值已超过国标下限,但这一标准远不及纽约的 25.37％、芝加哥的 28.90％、伦敦的 38.23％。尤其是一些超大城市,如武汉市、成都市、西安市、昆明市、西宁市的绿地比例仅有 5.48％,5.74％,5.03％,2.57％,2.07％,城市绿地严重不足,不仅影响城市生活质量的提升,而且影响城市可持续发展。

　　保持一定数量对外交通用地是城市与外界联系的基础保障,提升交通用地在城市用地中的比重不仅有助于增强城市发展外向型经济的水平,同时也反映了城市交通发达程度。2007 年我国城市对外交通用地比例为 4.42％,人均对外交通用地仅为 4.87 m^2,与国外一些城市相比,交通用地在城市用地中的比重和人均交通用地明显落后(见图 4-12)。香港交通用地占 25.91％、悉尼占 23.00％、巴黎占 27.00％、芝加哥占 32.20％;莫斯科人均交通用地 7.6 m^2,纽约人均交通用地高达 28 m^2,美国人均交通用地为 61.5 m^2。

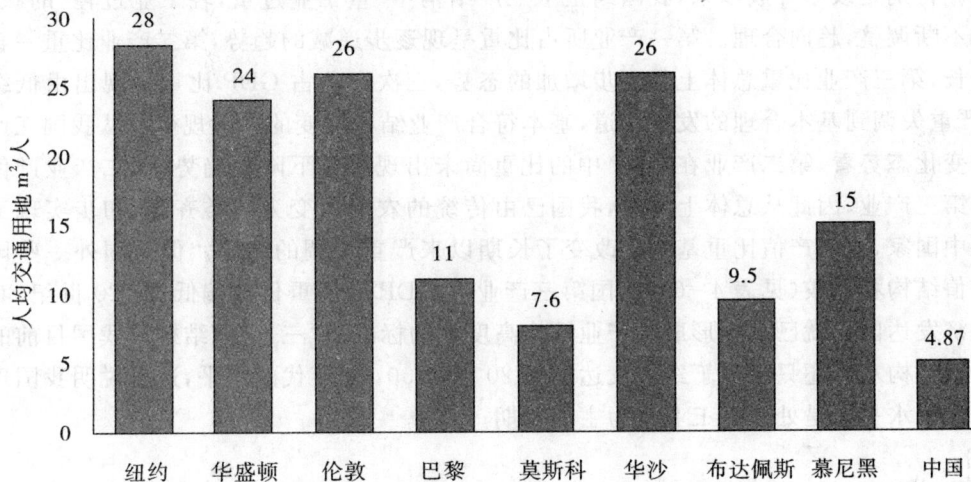

图 4-12　国外一些城市人均交通用地

　　我国城市用地结构除了在数量结构上不尽合理,在空间布局上也不合理,城市功能分区不明确,主要表现城市内部用地的功能混杂上。城市内部住宅、办公、商业用地混杂,形成了城市整体效益和环境质量较低的格局。一些城市内部学校、教育、行政办公用地等仍占据城市中心区位,城市用地结构调整步伐较慢,城市居民迫切需要的经济适用房开发建设不足,与之相匹配的绿地、停车场等公共设施用地建设滞后,造成了城市用地结构中新的不平衡[132]。

4.2　我国城市产业结构演变特征

4.2.1　我国产业结构演变阶段划分

　　一般来说,分析一个国家或地区的产业结构演进过程可以通过三次产业占 GDP 的比重和劳动力在三次产业中的分布来分析。产业结构可以分为静态和动态两个概念,前者是指某个时点上各产业资源配置、转换和产出的构成;后者指随着时间的迁移,从一种结构变成另一种结构的过程[22]。库兹涅茨早在20世纪40年代就揭示了第一产业产值和就业人口比重下降,第二产业产值和就业人员比重上升并进而向第三产业转移的产业结构演变一般规律。但对处于不同的结构初始状态和产业发展阶段的国家和地区而言,其产业结构变动的方向和速度并非与一般规律完全一一对应。

我国经过建国60多年的发展,已初步形成了较为庞大、结构复杂的产业结构体系。从图4-13可知,建国初期,我国几乎是个纯农业国,从三次产业产值占GDP的比重看,1952年第一产业产值占GDP的50.5%,第二产业产值占20.9%,第三产业产值占28.6%,这样的比例结构甚至低于库兹涅茨所描述的"标准结构"中最贫困国家的平均水平。这一时期的产业结构以农业为主,产业技术水平较为落后,工业化所依赖的重工业完全受控于国外,其中纺织工业、食品工业和采掘工业占了工业中的相当大一部分,而轻工业却非常落后[133]。随后三年的恢复建设期,国家加大了对工业的投资,产业发展从以农业为主变为以工业为主,第二、三产业迅速发展。特别是改革开放以来,我国纠正了三产结构中"重工业过重,轻工业过轻"的状况,产业结构不断调整,趋向合理。第一产业所占比重呈现逐步递减的趋势,第二产业比重一直保持稳定增长,第三产业比重总体上是逐步增加的态势,三次产业占GDP比重呈现出由低级到高级、由严重失调到基本合理的发展轨道,基本符合产业结构演变的一般规律。从我国三产产值比重的变化态势看,第二产业在GDP中的比重尚未出现明显下降的趋势,第二产业产值比重仍大于第三产业,因此从总体上判断,我国已由传统的农业国变为门类齐全、初步实现工业化的发展中国家,三产产值比重基本上改变了长期以来严重失调的情况。但与国外一些国家的三产产值结构相比较(见表4-6),我国第三产业占GDP的比重仍然偏低,而20世纪60年代以来经济发达国家就已基本形成了产业结构高度化的标准型"三二一"结构。我国目前的三次产业产值结构水平还只相当于经济发达国家20世纪50,60年代的水平,这也说明我国现阶段的经济发展水平还是处于以工业化为主的时期。

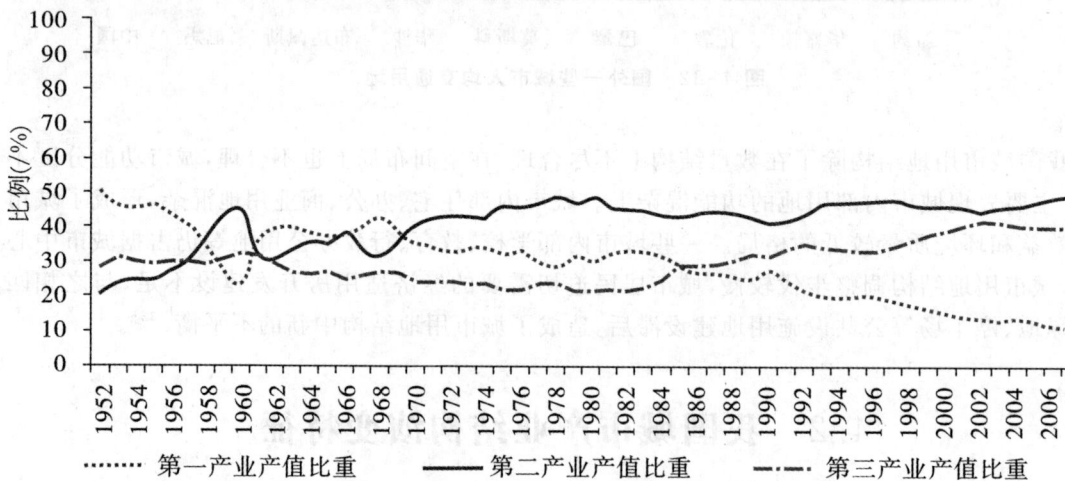

图4-13 建国以来我国三次产业产值占GDP比重变化曲线

资料来源:(1)《中国统计年鉴》(2008).

(2)《发展和改革蓝皮书》经济发展和体制改革报告,中国改革开放30年(1978—2008).

表 4-6　三次产业产值比重的国际比较

国家或地区	第一产业产值比重 /(%)	第二产业产值比重 /(%)	第三产业产值比重 /(%)
上中等收入国家	5.10	30.90	64.00
中、低收入国家	9.50	31.90	58.60
欧洲和中亚	6.70	32.80	60.40
拉丁美洲和加勒比	5.40	28.60	66.00
中东和北非	11.00	35.30	53.50
墨西哥	3.60	25.30	71.10
新加坡	0.10	31.10	68.80
南非	2.70	30.90	66.40
波兰	4.30	29.90	65.90
巴西	4.90	30.60	64.50
土耳其	8.90	28.30	62.80
乌克兰	7.40	32.10	60.50
斯里兰卡	11.70	29.90	58.40
韩国	3.00	39.40	57.60
俄罗斯联邦	4.80	38.60	56.70
埃及	13.00	35.50	51.50
伊朗	9.00	41.50	49.00
中国	11.26	48.64	40.10

资料来源:《国际统计年鉴》2008.

　　就我国三次产业劳动力分布结构来看(见图 4-14),除 1958—1961 年"大跃进"这一特殊时期外,第一产业从业人员比重呈不断下降趋势,由 1952 年的 83.5% 下降到 2007 年的 40.8%,年均下降 0.76 个百分点;第二产业从业人员比重总体上逐步增加,从 1952 年的 7.4% 增加到 2007 年的 26.8%,年均增加 0.35 个百分点;第三产业从业人员比重也呈稳步上升的态势,到 2007 年占全部就业人员的 32.4%,年均增加 0.42 个百分点。从我国三次产业从业人员比重的变化趋势看,整体上符合配第克拉克关于劳动力在三次产业中的转移规律。但与国外从业人员结构相比(见表 4-7),我国第一产业从业人员比重偏高,第二、三产业从业人员较少,比例偏低,和国外发达国家劳动力从业结构相比仍有较大的差距,这也说明我国的从业结构还没有实现升级换代,从业结构仍有待改进。

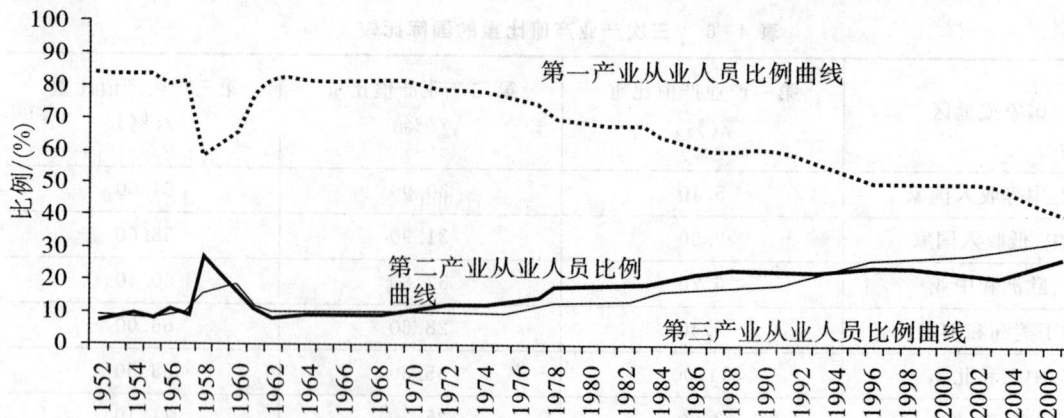

图 4-14 建国以来我国三次产业从业人员比重变化曲线

资料来源:(1)《中国统计年鉴》(2008).

(2)《发展和改革蓝皮书》中国改革开放 30 年(1978—2008),社会科学文献出版社,2008.

表 4-7 三次产业就业比例国家比较

国家或地区	第一产业从业比重/(%)	第二产业从业比重/(%)	第三产业从业比重/(%)	备注
墨 西 哥	15.1	25.7	58.6	2005 年
新 加 坡	0.9	29.5	69.6	2005 年
南 非	10.3	24.5	65.1	2003 年
波 兰	17.4	29.2	53.4	2005 年
巴 西	21.0	21.0	57.9	2004 年
土 耳 其	29.5	24.7	45.8	2005 年
乌 克 兰	19.4	24.2	56.4	2005 年
斯里兰卡	33.5	22.8	36.8	2004 年
韩 国	7.9	26.8	65.1	2005 年
俄罗斯联邦	10.2	29.8	60.0	2005 年
埃 及	29.9	19.8	50.4	2003 年
伊 朗	24.9	30.4	44.6	2005 年
中 国	40.8	26.8	32.4	2007 年

资料来源:《中国统计年鉴》(2008).

通过对我国三次产业产值结构和就业结构的分析,我国产业结构的演变过程大致可以分为以下五个阶段。

第一阶段(1952—1957 年),此时在国家"一五"计划的指导下,我国加大对工业,特别是重工业的投资,建设了钢铁、煤炭、电力等基础设施,此时第二产业产值比重从 1952 年的 20.9%上升到 1957 年的 29.7%,第一产业比重从 50.5%急剧下降到 1957 年的 40.3%,第三产业产值比重在平缓波动中略有增加。这一时期以重工业为中心的工业化是在人均收入水平低、工业生产能力弱的基础上起步的,经济发展过于偏"重"的危机已经潜在。

第二阶段(1958—1960 年),此时在"大跃进"政策的影响下,由于重工业的过快、过猛发展,使得我国产业结构发生剧烈的变动,三次产业产值比重严重失调。"大跃进"在工业方面的任务可集中体现为"以钢为纲"。在工业布局上,追求的是"满天星"式的分散布局。在三次产业之间,第二产业发展速度过快,造成了第一产业和第三产业对其供给不足的局面。这一时期盲目追求工业产值的提高,第二产业产值比重从 1958 年的 37.0% 一跃到 1960 年的 44.5%,同期第三产业产值比重从 28.9% 增加到 32.1%,第一产业产值比重从 34.1% 下降到 23.4%。

第三阶段(1961—1977 年),这一时期中央采取了"调整、巩固、充实、提高"的八字方针来调整纠正"大跃进"时期的错误政策[134]。第二产业产值的比重急剧下降,但很快又开始回升。第二产业产值比重由 1960 年的 44.5% 下降到 1963 年的 33.1%,但到 1977 年又很快回升到 47.1%;与此同时,第一产业产值比重急速上升后又再度下降,即从 1960 年的 23.4% 上升至 1963 年的 40.3%,到 1977 年又下降到 29.4%;第三产业产值比重总体上呈现下降的趋势,从 1960 年的 32.1% 下降到 1977 年的 23.5%。总的来看,这一时期的产业结构呈现第一产业产值在波动中缓慢增长的态势,工业继续朝前发展,第三产业发展缓慢。

第四阶段(1978—2000 年),是我国经济体制的转轨期,国家开始实行改革开放政策,中央改变了过去"重工业优先发展"的战略,确立了"轻纺工业优先发展"的调整方针。特别是 20 世纪 80 年代中后期以来,我国继续调整轻工业和重工业之间的关系,实行以能源、交通等基础性产业为重点的产业倾斜政策,并明确提出"有重点地开发知识密集和技术密集产品,努力开拓新的生产领域,有计划地促进新兴产业的形成和发展"及"运用新技术改造传统产业"。产业结构显著的变化是逐步摆脱了改革开放前的"农业基础薄弱,工业畸形发展,服务业水平低下"的局面[135]。这期间,第三产业有了较大发展,第三产业产值比重由 1978 年的 23.7% 上升到 2000 年的 39.02%;同期第二产业产值比重由 48.2% 下降到 45.92%;第一产业产值比重由 28.1% 下降到 15.06%。三次产业产值比重由 1978 年的"二、一、三"结构调整到 2000 年的"二、三、一"结构。同期第三产业从业人员比重也大大提高,从 1994 年开始,第三产业从业人员比重已超过第二产业,并有不断上升的趋势。到 2000 年第三产业从业人员比重为 27.5%,比第二产业高出 5 个百分点。但第一产业依然是我国从业人员就业的主要渠道,2007 年我国第一产业从业人员比重占 50.0%。

第五阶段(2001—2007 年),这一时期我国的社会主义市场经济体制已经确立,市场在资源配置中的作用越来越明显。三次产业产值结构依然保持着"二、三、一"的格局,与发达国家产业结构"三、二、一"的结构还有相当的差距。"十五"以来,我国开展了新一轮的经济结构调整,农业特别是粮食生产出现重要转机,工业结构升级加快,能源、交通、重要原材料等基础产业和基础设施建设明显加快,高新技术产业得到较大发展。重工业加速发展,尤其是重制造业对经济增长的贡献较大。随着产业结构调整政策逐步深化,住宅、汽车、城市基础设施建设、通信等成为新的带头性高增长行业,并引致钢铁、机械、建材、化工等提供中间产品行业的快速发展。到 2007 年,一、二、三产业产值比重分别为 11.26%,48.64%,40.10%,与 2000 年相比,第一产业比重呈持续下降趋势,而第二产业有所加强,第三产业缓慢增长,可见三次产业产值的结构性偏差仍然存在,第二产业的比重过高且表现出不合理的上升趋势,第三产业的比重则相对较低,三次产业的结构升级缓慢。从三产从业人员比重看,第一产业比重呈下降态势,二、三产业从业人员不断上升。

4.2.2　20 世纪 90 年代以来我国城市产业结构变化特征

城市的产业结构对城市发展具有决定性的作用。城市中的第一产业主要是城郊的农、林、牧、副、渔业,它是提供城市农副产品的基地,对改善城市居民生活具有重要意义;城市中的第二产业主要是制造业和建筑业,它决定着城市的性质和类型;城市中的第三产业主要是为了服务于城市主导产业而建立和发展起来的[136]。随着高新技术和信息产业的发展,现代城市中第三产业逐步发展成为以金融、商贸、服务业等为主的产业。在市场经济条件下,根据城市的特点以及城市在区域发展中所承担的功能,及时调整产业结构已成为政府作为城市建设和经济发展管理主体的重要职责之一。从建国到现在,我国城市产业结构也经历了巨大的变化和质的飞跃,第二、三产业已成为城市产业的主体。

1. 城市三次产业产值比重变化特征

本书重点对 20 世纪 90 年代以来我国城市产业结构的变化过程进行分析。见表 4 - 8,伴随着城市经济的发展,我国城市三次产业产值比重也发生了很大的变化。从 1991 到 2007 年,第一产业比重由 12.74% 下降到 5.58%,年均下降 0.42 个百分点,第二产业比重由 55.89% 下降到 51.67%,年均下降 0.25 个百分点,第三产业比重由 31.37% 上升到 42.75%,年均上升 0.67 个百分点。从年均变化率来看,第三产业的变化速度最快,这说明 20 世纪 90 年代以来,我国城市第三产业发展较快。总的趋势是第一、二产业产值比重下降,第三产业产值比重逐年上升。但我国城市产业结构呈现"二、三、一"的变化趋势,第二产业呈持续增加的态势,说明三次产业产值结构仍有待优化。

表 4 - 8　20 世纪 90 年代以来我国城市三次产业产值比重变化

年　份	第一产业产值比重 /(%)	第二产业产值比重 /(%)	第三产业产值比重 /(%)
1991	12.74	55.89	31.37
1992	12.61	54.72	32.67
1993	12.52	53.42	34.06
1994	12.39	52.35	35.26
1995	12.70	51.00	36.30
1996	12.70	50.10	37.20
1997	11.87	49.57	38.56
1998	11.11	48.99	39.90
1999	10.22	49.09	40.70
2000	9.27	49.43	41.31
2001	8.80	48.47	42.04
2002	8.26	48.64	43.10
2003	7.48	51.31	41.20
2004	7.24	52.75	40.01
2005	6.55	51.12	42.33
2006	5.90	51.62	42.48
2007	5.58	51.67	42.75

资料来源:根据《中国城市统计年鉴》(1997—2007)相关数据整理而得.

与同期全国三次产业产值比重变化相比,城市三次产业产值比重变化呈现以下特点。

第一,城市经济和全国国民生产总值中的第一产业产值比重均呈下降趋势,但前者下降的速度慢于后者,且前者第一产业产值比重低于后者(见图 4 - 15)。2007 年,城市第一产业产值比重为 5.58%,低于同期全国 GDP 中第一产业产值比重 11.26%;全国第一产业产值比重年均下降 0.78 个百分点,高出城市第一产业产值比重年均下降幅度 0.36 个百分点。

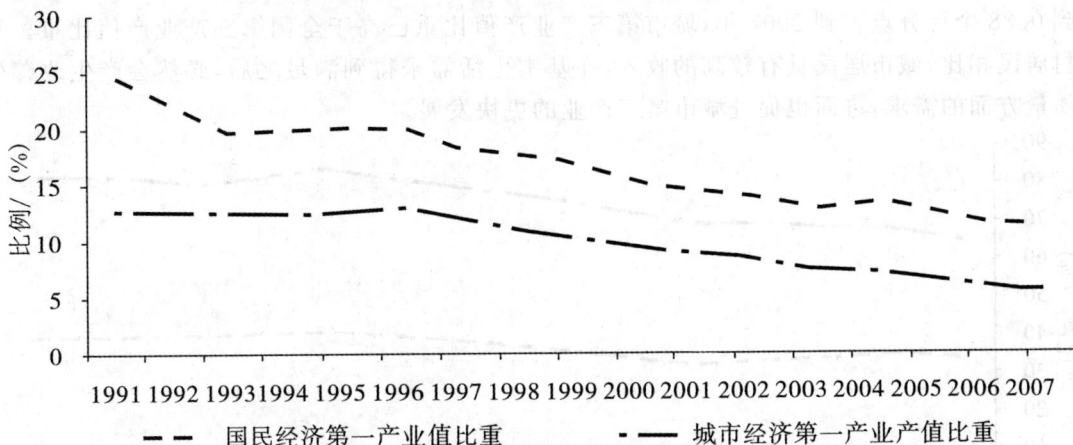

图 4 - 15 1991—2007 **国民经济和城市经济中第一产业产值比例变化比较**
资料来源:根据《中国统计年鉴》(1997—2007)、《中国城市统计年鉴》(1997—2007)相关数据整理.

第二,总体上,城市中第二产业产值比重呈现下降趋势,但全国国民经济中第二产业产值比重呈上升趋势,城市中第二产业产值比重高于全国 GDP 中第二产业产值比重(见图 4-16)。1991 年,城市中第二产业产值比重高于全国第二产业产值比重 14.10 个百分点。到 2005 年,城市中第二产业比重为 51.67%,高于全国第二产业产值比重 3.03 个百分点。这说明此期间县级以下区域推动了我国第二产业的发展,尤其是乡镇企业在此阶段的大发展。但随着经济的发展,乡镇企业由于技术落后、规模偏小等原因,对第二产业的贡献能力逐渐下滑,真正推动我国第二产业持续发展尤其是工业发展的主体是国有大中型企业。尤其是 2001 年以来,城市第二产业比重呈现上升的趋势。

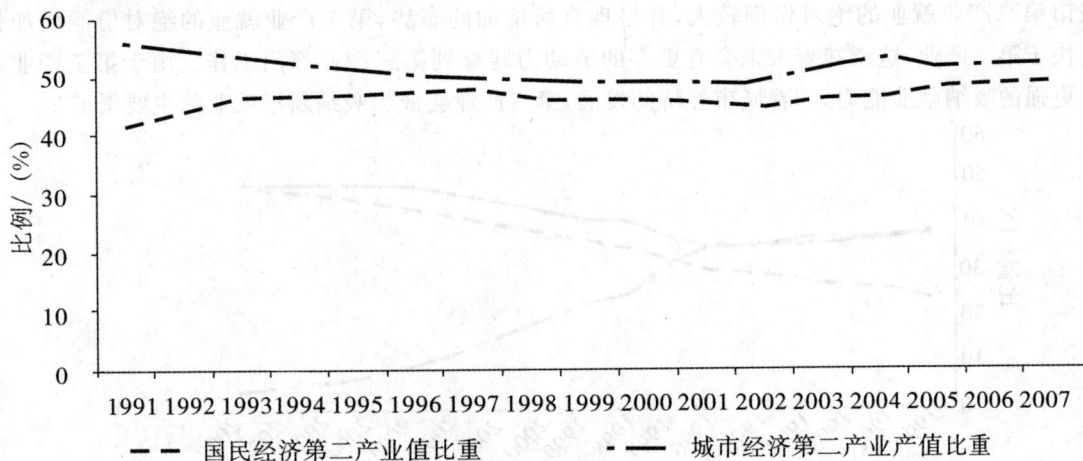

资料来源:根据《中国统计年鉴》(1997—2007)、《中国城市统计年鉴》(1997—2007)相关数据整理.

第三,城市经济和全国 GDP 中的第三产业产值比重均呈上升趋势,但前者上升幅度明显快于后者(见图 4-17)。1991—2007 年,城市第三产业产值比重由 31.37% 上升到 42.75%,

年均增加 0.67 个百分点;全国 GDP 中第三产业产值比重由 33.69% 增加到 40.10%,年均增加到 0.38 个百分点。到 2007 年,城市第三产业产值比重已高于全国第三产业产值比重。与农村居民相比,城市居民具有较高的收入,在基本生活需求得到满足之后,必然会产生改善生活质量方面的需求,进而也促进城市第三产业的更快发展。

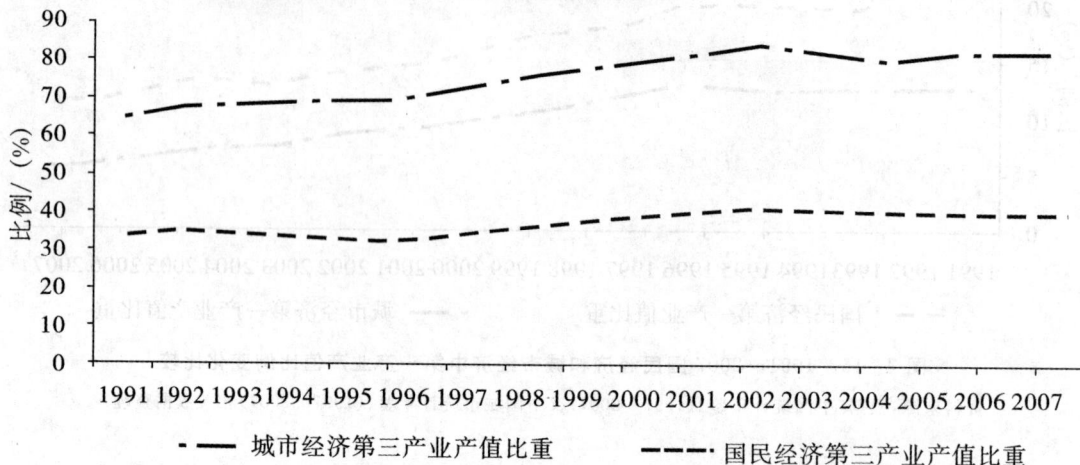

图 4-17　1991—2007 年国民经济和城市经济中第三产业产值比重变化比较

资料来源:根据《中国统计年鉴》(1997—2007)、《中国城市统计年鉴》(1997—2007)相关数据整理.

2. 城市三次产业就业人员比重变化特征

从图 4-18 可以看出,20 世纪 90 年代以来我国城市三次产业的就业结构亦发生较大变化。1991—2007 年,第一产业就业人员比重不断下降,第二、三产业就业人员比重不断上升,这与全国的三次产业就业结构变化趋势一致。但从变化率来看(见图 4-19),城市第一产业就业人员比重下降快于全国,第二、三产业就业人员比重增加的幅度也快于全国。总体上,我国城市第二产业就业的绝对份额较大,并呈现有所增加的态势,第三产业就业的绝对份额增加幅度快于第二产业,这意味着未来会有更多的劳动力转移到第三产业部门工作。由于第三产业具有更强的吸纳就业能力,随着城市经济的发展,第三产业会成为吸纳新增就业的主要渠道。

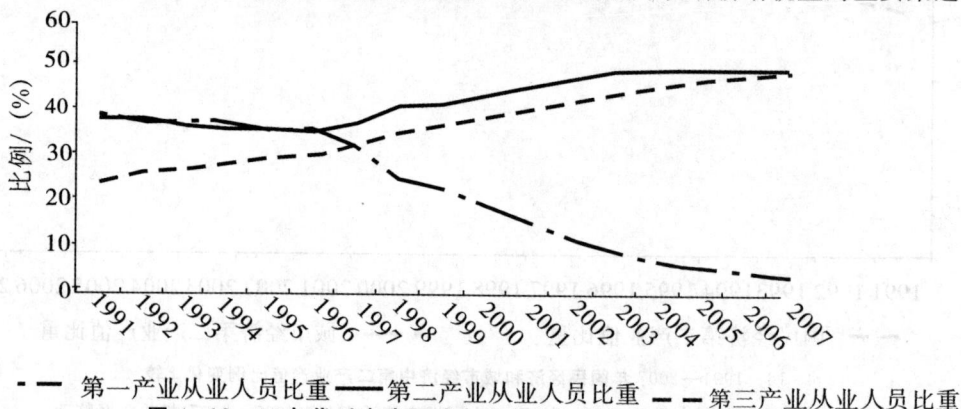

图 4-18　90 年代以来我国城市三次产业从业人员比重变化曲线

资料来源:根据《中国城市统计年鉴》(1997—2007)相关数据整理而得. 其中 1998 年及以后为单位从业人员的就业结构.

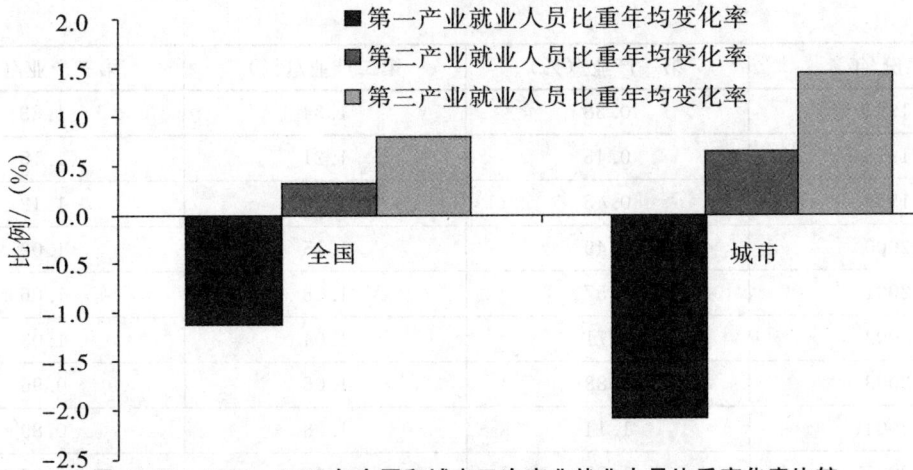

图 4-19 1991—2007 年全国和城市三次产业就业人员比重变化率比较

资料来源:根据《中国城市统计年鉴》(1997—2007)相关数据整理而得.其中 1998 年及以后为单位从业人员的就业结构.

3. 城市产业结构效益变化特征

城市经济发展是城市产业结构不断优化的过程,而产业结构效益是反映产业结构优化的重要内容。本书以比较劳动生产率和产业结构偏离度两个指标来反映我国城市产业结构效益的变化过程。比较劳动生产率表示某产业产值比重与该产业的就业比重之比,它反映 1% 劳动力在该部门所创造的产值比重[137]。比较劳动生产率能够大致客观地反映某产业部门当年劳动生产率的高低,比较劳动生产率越高,表明本部门的产值与劳动力比值越大。一般来说,各产业的比较劳动生产率为 1 时,认为产业结构是比较优化和协调的。第一产业与第二、三产业的比较劳动生产率的差距越大,说明城市经济的二元性越突出。根据 20 世纪 90 年代以来我国城市产业结构相关数据,对其比较劳动生产率的计算结果显示(见表 4-9):我国城市第一产业的比较劳动生产率呈快速增长态势,说明城市中的农业效率不断提高,主要是近年来城市中发展生态农业、观光农业等现代高附加值农业,使得农业产值不断提升。第二、三产业比较劳动生产率呈下降趋势,说明城市二、三产业单位劳动力创造的产值有所降低。同时第一、二、三产业比较劳动生产率之间的差距呈缩小的趋势,这表明我国城市产业结构调整的效果较为显著,城市二元性特征有所缓和。

表 4-9 1991—2007 年我国城市比较劳动生产率的变化

年份/年	第一产业/(%)	第二产业/(%)	第三产业/(%)
1991	0.33	1.48	1.32
1992	0.34	1.46	1.28
1993	0.34	1.47	1.29
1994	0.34	1.47	1.27
1995	0.36	1.44	1.26
1996	0.36	1.43	1.26

续表

年份/年	第一产业/(%)	第二产业/(%)	第三产业/(%)
1997	0.38	1.34	1.23
1998	0.45	1.21	1.15
1999	0.45	1.19	1.12
2000	0.49	1.15	1.09
2001	0.57	1.08	1.06
2002	0.71	1.04	1.03
2003	0.88	1.06	0.96
2004	1.14	1.08	0.89
2005	1.27	1.05	0.92
2006	1.35	1.06	0.90
2007	1.74	1.06	0.89

产业结构偏离度是衡量劳动力结构与产值结构之间是否处于对称状态的指标。其计算公式为[138]

$$P = \sum | L_i - D_i | \tag{4-8}$$

式中,P 表示产业结构偏离度;L_i 表示 i 产业的劳动力比重;D_i 表示 i 产业的产值比重。劳动力与产值结构越是不对称,两者的偏离度越高,产业结构效益越差。一般认为产业结构偏离度为零,说明某产业的产值结构与就业结构同步;小于零则该产业存在隐形失业;大于零则该产业排斥劳动力,未能实现"充分就业"。对 20 世纪 90 年代以来我国城市产业结构偏离度计算结果显示(见表 4-10):总体上,1991—2007 年间,我国城市产业结构效益获得了提升,产业结构的优化和协调比较显著,表现在产业结构偏离度由 1991 年的 51.52% 下降到 2007 年的 10.83%,偏离度下降主要是由于第一、二产业偏离数的绝对值下降所致,说明劳动力从第一产业转出向第二、三产业转移,这也是第一产业劳动力生产率提高,第二产业劳动生产率有所下降的原因。2002 年产业结构偏离度最低为 6.78%,2003—2007 年,产业结构偏离度有所反弹,主要是由于第三产业偏离数出现较大波动引起的。第一产业的偏离数快速下降,从 2004 年开始,其偏离数开始为负数,说明我国城市第一产业存在隐形失业,应该把剩余的劳动力向二、三产业转移。第二产业偏离数也是负数。第三产业偏离数在 1991—2002 年为整数,从 2002 年开始变为负数,说明第三产业从就业不充分变为存在隐形失业的态势。第二、三产业偏离数的差距呈现先降后升的趋势,说明城市第二产业与第三产业的劳动力结构与产业结构存在着不对称,匹配程度不高。

表 4-10　1991—2007 年我国城市产业结构偏离度变化

年份/年	第一产业结构偏离数/(%)	第二产业结构偏离数/(%)	第三产业结构偏离数/(%)	结构偏离度/(%)
1991	25.76	−18.09	−7.67	51.52
1992	24.29	−17.12	−7.17	48.58
1993	24.78	−17.12	−7.66	49.56

续表

年份/年	第一产业结构 偏离数/(%)	第二产业结构 偏离数/(%)	第三产业结构 偏离数/(%)	结构偏离度 /(%)
1994	24.31	−16.76	−7.55	48.62
1995	22.90	−15.50	−7.40	45.80
1996	22.70	−15.00	−7.70	45.40
1997	19.73	−12.57	−7.16	39.46
1998	13.49	−8.39	−5.10	26.98
1999	12.28	−7.89	−4.40	24.57
2000	9.63	−6.37	−3.27	19.26
2001	6.67	−3.57	−2.31	12.55
2002	3.42	−1.92	−1.44	6.78
2003	1.06	−2.85	1.80	5.71
2004	−0.88	−3.99	4.87	9.73
2005	−1.40	−2.49	3.89	7.78
2006	−1.54	−3.12	4.66	9.33
2007	−2.38	−3.04	5.42	10.83

4.2.3　我国城市产业结构现状特点

一般来说,工业化中前期,第二产业会成为国民生产总值的贡献主体,到工业化中期以后,第二产业产值的比重开始下降,第三产业取代第二产业成为经济发展的主体。2007年我国城市三次产业产值比重分别为5.58%,51.67%,42.75%,产值结构呈现"二、三、一"的格局,可见目前我国城市三次产业结构以第二产业为主,城市产业结构整体上处于工业化阶段。从三次产业就业结构来看,同期,城市第一、二、三产业就业比重分别为3.20%,48.63%,48.17%,第二产业就业比重略高于第三产业,总体上,城市第二产业和第三产业是劳动力就业的主要渠道。

为了进一步考察我国城市产业结构的现状特征,进而分析其区域发展是否平衡,本文引入产业结构相似系数来表示,其计算公式为[139]

$$S_{AB} = \frac{\sum\limits_{i=1}^{n} X_{Ai} X_{Bi}}{\sqrt{\sum\limits_{i=1}^{n} X_{Ai}^2 \sum\limits_{i=1}^{n} X_{Bi}^2}} \tag{4-9}$$

式中,S_{AB}表示两个区域产业结构的相似系数;X_{Ai}表A区域的i产业的产值比例或就业比例;X_{Bi}表B区域的i产业的产值比例或就业比例。产业结构相似系数在0～1之间,系数越大,说明地区之间产业结构越趋同化;系数越小,说明地区产业结构越有特色。根据以上公式,对我国主要城市2007年的产值结构和产业结构的趋同性进行评判,计算结果见表4-11和表4-12。

由表 4-11 可知,通过对我国一些典型省会城市产业产值结构相似系数的计算,发现不同城市间的产值结构相似系数均较高。总体上,相似系数均在 0.9 以上(除了北京与天津、重庆市的产值结构相似系数在 0.9 以下)。从这些城市三次产业产值结构来看,除天津、重庆、西安呈现"二、三、一"产业格局外,其他城市均是"三、二、一"格局。

表 4-11 2007 年我国典型城市三次产业产值结构相似系数

城市	北京	天津	南京	武汉	重庆	成都	西安	乌鲁木齐	沈阳	兰州	广州
北京	/	/	/	/	/	/	/	/	/	/	/
天津	0.824 2	/	/	/	/	/	/	/	/	/	/
南京	0.915 3	0.982 4	/	/	/	/	/	/	/	/	/
武汉	0.935 7	0.971 0	0.998 5	/	/	/	/	/	/	/	/
重庆	0.893 5	0.985 0	0.995 4	0.990 5	/	/	/	/	/	/	/
成都	0.949 6	0.959 7	0.995 3	0.998 7	0.987 8	/	/	/	/	/	/
西安	0.897 9	0.988 6	0.998 9	0.994 9	0.998 1	0.990 6	/	/	/	/	/
乌鲁木齐	0.974 9	0.929 6	0.982 0	0.990 7	0.969 3	0.995 5	0.973 3	/	/	/	/
沈阳	0.910 3	0.984 6	0.999 9	0.997 7	0.995 9	0.994 0	0.999 3	0.979 6	/	/	/
兰州	0.934 6	0.971 2	0.998 7	1.000 0	0.991 7	0.998 8	0.995 5	0.990 3	0.998 0	/	/
广州	0.978 4	0.923 4	0.978 8	0.988 3	0.965 5	0.993 8	0.969 4	0.999 9	0.976 2	0.987 9	/

由表 4-12 可知,城市间的就业结构相似系数也较高,与产业产值结构相似系统一样,相似系数均在 0.9 以上(除了北京与天津、重庆市的产值结构相似系数在 0.9 以下)。从就业结构来看,天津呈现"二、三、一"格局,其他城市均是"三、二、一"格局。

表 4-12 2007 年我国典型城市三次产业就业结构相似系数

城市	北京	天津	南京	武汉	重庆	成都	西安	乌鲁木齐	沈阳	兰州	广州
北京	/	/	/	/	/	/	/	/	/	/	/
天津	0.898 0	/	/	/	/	/	/	/	/	/	/
南京	0.944 2	0.992 8	/	/	/	/	/	/	/	/	/
武汉	0.933 6	0.995 8	0.999 3	/	/	/	/	/	/	/	/
重庆	0.891 1	0.999 9	0.990 8	0.994 3	/	/	/	/	/	/	/
成都	0.916 3	0.999 0	0.997 1	0.998 7	0.998 2	/	/	/	/	/	/
西安	0.921 2	0.998 4	0.997 9	0.999 3	0.997 4	0.999 9	/	/	/	/	/
乌鲁木齐	0.979 6	0.967 0	0.990 3	0.986 2	0.963 0	0.977 0	0.979 8	/	/	/	/
沈阳	0.969 7	0.978 3	0.996 1	0.992 7	0.975 0	0.986 4	0.988 4	0.998 4	/	/	/
兰州	0.903 1	0.999 9	0.994 1	0.999 6	0.999 6	0.999 1	0.999 9	0.969 9	0.980 7	/	/
广州	0.946 2	0.992 1	1.000 0	0.999 1	0.990 0	0.996 6	0.997 5	0.991 1	0.996 6	0.993 5	/

　　通过以上分析可以得出,我国城市产业结构趋同化现象较为严重。根据相关调查,我国大部分城市排在前四位的支柱产业均是汽车、机械、冶金、化工等传统产业,城市间的产业分工与协作不科学,城市自身发展特色不突出,这也是造成各地城市产业结构趋同、工业布局追求大而全、小而全的重复建设局面[140]。以北京、天津为例,两个城市的制造工业都选择以通信设备、交通运输、化学原料等产业为主,产业基本雷同,区域差别不突出,不可避免的带来产业结构的失调、市场竞争无序等问题(见表4-13)。

表 4-13　北京、天津制造业前 5 大行业

行业	北京	天津
通信设备、计算机及其他电子设备制造业	1	1
交通运输设备制造业	2	3
黑色金属冶炼及压延业	3	2
化学原料及化学制品制造业	4	4
石油化工及炼焦业	5	5

资料来源:《从速度与结构看京津沪工业发展差距》,2003 年 8 月 8 日,中国统计信息网站.

4.3　小　结

　　本章主要分析了我国城市用地结构与产业结构的演变轨迹,并对 2007 年我国城市用地结构与城市产业结构的现状进行刻画,从而揭示了城市用地结构与产业结构变动的特征及存在的问题。

　　20 世纪 90 年代以来,随着社会主义市场经济体制确立和城市土地有偿使用制度改革的不断深化,城市用地结构总体上是向着优化的方向发展和完善的。工业企业向郊区和园区搬迁,工业用地在城市用地中的比例逐渐下降;公共设施用地、道路广场用地和绿地占城市建设用地的比例不断提高,城市基础设施落后的局面得到有效缓解,城市公共服务能力和整体功能不断提升。但目前我国城市用地结构依然呈现工业用地比例偏高,道路广场用地和公共绿地的比例偏低,城市用地结构雷同现象突出等问题。同时城市用地结构在空间布局上也不合理,城市功能分区不明确,城市用地结构调整步伐较慢,城市居民迫切需要的经济适用房开发建设不足,与之相匹配的绿地、停车场等公共设施用地建设滞后,造成了城市用地结构中新的不平衡。

　　当前,我国城市产业结构整体上处于工业化中期阶段。从三次产业产值比重看,20 世纪90 年代以来,第一、二产业产值比重呈下降趋势,第三产业产值比重呈上升趋势。从三次产业就业比重看,第一产业就业人员比重不断下降,第二、三产业就业人员比重不断上升。总体上,城市第二产业就业的绝对份额较大,并呈现有所增加的态势,第三产业就业的绝对份额增加幅度快于第二产业,这意味着未来会有更多的劳动力转移到第三产业部门工作。由于第三产业具有更强的吸纳就业能力,随着城市经济的发展,第三产业会成为吸纳新增就业的主要渠道。随着产业结构变化,第一产业劳动生产率呈上升趋势,而第二、三产业比较劳动生产率呈下降

趋势,同时第一、二、三产业产业比较劳动生产率之间的差距呈缩小的趋势,城市二元性特征有所缓和;产业结构偏离度不断下降,说明1991—2007年间城市产业结构效益获得了提升,产业结构的优化和协调比较显著,偏离度下降主要是由于第一、二产业偏离数的绝对值下降所致,说明劳动力从第一产业转出向第二、三产业转移,这也是第一产业劳动力生产率提高,第二产业劳动生产率有所下降的原因。就产业结构现状而言,2007年我国城市三次产业产值结构呈现"二、三、一"的格局;城市第一、二、三产业就业比重分别为3.20%,48.63%,48.17%,第二产业就业比重略高于第三产业,总体上,城市第二产业和第三产业是劳动力就业的主要渠道。但区域间城市产业结构分布不均衡,表现在三次产业产值结构和就业结构严重雷同,地方特色不突出,造成城市重复建设、市场竞争无序的局面。

从对我国城市用地结构与产业结构演变过程的分析可知,我国城市用地结构与产业结构仍存在诸多问题。如何解决这些问题,是城市用地结构与产业结构优化的关键。正如第3章所述,城市用地结构与产业结构之间存在相互作用、相互影响的关系,协调两者之间的关系是优化的必要条件。因此,下面的章节将对两者之间的关系从不同层面、不同尺度进行研究。

第5章 我国城市用地结构演变与产业结构演变关系的时间序列分析

时间序列分析法即是根据系统的有限长度运行记录(观察数据),建立能够比较精确地反映序列中所包含的动态依存关系的数据模型,并借以对系统的未来进行预报。城市用地结构与产业结构的时间序列分析旨在从长期趋势上来研判二者之间是否存在相互作用关系?如果存在,二者之间是什么关系?理论上,二者之间的关系存在以下四种可能:一是两者之间没有关系或者关系不明显;二是二者存在相互作用关系;三是城市用地结构变化导致产业结构变化;四是产业结构变化导致城市用地结构变化。以上四种不同的关系,对政府政策制定的意义是不同的。如果城市用地结构与产业结构没有关系,则政府应分别在两个不同的政策框架内调整用地结构与产业结构;如果两者相互作用,关系显著,则政府应把两个系统有机结合,促进二者相互协调发展;如果城市用地导致产业结构变化,则政府合理配置城市用地格局是非常必要的;如果产业结构导致城市用地结构变化,则政府制定科学的产业发展政策及产业发展规划是必要的。本章重点从宏观层面上对城市用地结构与产业结构之间的关系进行厘定。

由于城市主要以二、三产业活动为主,从产业空间布局的角度看,本书的城市产业用地是指长期承载经济主体生产性、经营性和服务性活动的城市建设用地。因此文中在分析城市用地结构与产业结构关系时,产业结构指标选择二、三产业就业比重和二、三产业产值比重 4 个指标。以后章节同样,不再赘述。

5.1 城市用地结构与产业结构变化的典型相关分析

由于城市用地结构与产业结构间的关系较为复杂,目前从全国宏观层面研究两者之间的相关性还没有形成相对成熟的理论体系和方法。这里借鉴张海兵对我国社会经济结构与土地利用结构变化相关性分析的思路[141],采用统计学中的典型相关分析法来分析城市用地结构演变与产业结构演变之间的关系。典型相关分析是研究两组随机变量相关关系的一种统计方法,是两变量间线性相关分析的拓广。典型相关模型的基本假设和数据要求:两组变量之间为线性关系,即每对典型变量之间为线性关系;每个典型变量与本组所有观测变量的关系也是线性关系。如果不是线性关系,可先线性化;所有观测变量为定量数据。同时也可将定性数据按照一定形式设为虚拟变量后,再放入典型相关模型中进行分析。

本书研究中,因变量组 L 为城市各种土地利用类型比重的变化率,自变量组 C 为产业结构指标的变化率。基本算法是通过土地利用类型比重变化率组成的因变量 L 和产业结构指标变化率组成的自变量 C,

$$L \Rightarrow l_1, l_2, \cdots, l_p$$
$$C \Rightarrow c_1, c_2, \cdots, c_q$$

(5-1)

将两组变量分别组成一个线性组合 U, V,

$$U = k_1 x_1 + k_2 x_2 + \cdots + k_p x_p$$
$$V = m_1 y_1 + m_2 y_2 + \cdots + m_q y_p$$

(5-2)

式中,k_i 与 m_j 为任意实数($i = 1, 2, \cdots p; j = 1, 2, \cdots q$)。$U$ 和 V 为典型变量,它们之间的相关系数 P 为典型相关系数。

$$\rho = \frac{\text{cov}(U, V)}{\sqrt{\text{var}(U)} \sqrt{\text{var}(V)}}$$

(5-3)

综上所述,反映城市用地结构与产业结构变化的指标体系如表 5-1 所示。

表 5-1　城市用地结构与产业结构指标体系

指标类型	具体指标
用地结构指标(L)	居住用地比重(L_1)、公共设施用地比重(L_2)、工业用地比重(L_3)、仓储用地比重(L_4)、对外交通用地比重(L_5)、道路广场用地比重(L_6)、市政设施用地比重(L_7)、绿地比重(L_8)、特殊用地比重(L_9)
产业结构指标(C)	第二产业产值比重(C_1)、第三产业产值比重(C_2)、第二产业就业比重(C_3)、第三产业就业比重(C_4)

选取 1991—2007 年为研究时段,依据 DPS 软件对城市用地结构比重变化率与产业结构比重变化率数据(见表 5-2)进行典型相关分析,运行结果得到相关系数矩阵(见表 5-3)。

表 5-2　1992—2007 年我国城市用地结构指标与产业结构指标变化率

年份/年	C_1/(%)	C_2/(%)	C_3/(%)	C_4/(%)	L_1/(%)	L_2/(%)	L_3/(%)	L_4/(%)	L_5/(%)	L_6/(%)	L_7/(%)	L_8/(%)	L_9/(%)
1992	-0.021	0.041	-0.327	0.076	-0.039	0.220	-0.008	-0.011	-0.041	0.075	0.089	0.081	-0.224
1993	-0.024	0.043	-0.035	0.035	-0.014	0.028	-0.018	-0.034	-0.004	0.066	0.024	0.104	-0.062
1994	-0.020	0.035	-0.020	0.050	0.036	-0.070	-0.024	-0.070	-0.129	0.215	0.165	-0.029	-0.088
1995	-0.026	0.030	-0.003	0.043	0.003	0.009	-0.013	-0.032	0.007	0.039	-0.035	0.006	0.008
1996	-0.018	0.025	-0.011	0.021	-0.034	0.046	-0.007	0.022	0.105	-0.086	-0.112	0.187	0.009
1997	-0.011	0.037	0.054	0.064	-0.026	-0.015	-0.027	-0.036	0.004	0.018	-0.009	0.055	0.348
1998	-0.012	0.035	0.097	0.108	0.027	0.030	-0.016	-0.005	0.056	0.027	0.050	0.013	-0.315
1999	0.002	0.020	0.015	0.043	-0.006	0.003	-0.006	-0.014	0.018	0.033	0.025	0.000	-0.027
2000	0.007	0.015	0.045	0.048	-0.007	0.025	-0.011	-0.047	0.029	0.017	0.026	0.007	-0.012

续表

年份/年	C_1 /(%)	C_2 /(%)	C_3 /(%)	C_4 /(%)	L_1 /(%)	L_2 /(%)	L_3 /(%)	L_4 /(%)	L_5 /(%)	L_6 /(%)	L_7 /(%)	L_8 /(%)	L_9 /(%)
2001	−0.019	0.018	0.043	0.044	0.021	0.027	−0.043	−0.028	−0.002	0.047	0.018	0.012	−0.137
2002	0.003	0.025	0.041	0.049	−0.019	−0.007	0.019	−0.092	−0.016	0.028	0.068	0.017	0.071
2003	0.055	−0.044	0.037	0.032	−0.008	0.041	−0.001	−0.040	−0.083	0.056	−0.084	0.071	−0.102
2004	0.028	−0.029	0.006	0.044	−0.013	0.015	0.014	−0.035	−0.031	0.042	0.006	0.007	−0.086
2005	−0.031	0.058	−0.003	0.030	−0.008	0.020	−0.006	−0.028	−0.124	0.036	0.055	0.059	−0.060
2006	0.010	0.003	−0.003	0.020	−0.019	0.065	−0.002	−0.053	−0.093	0.057	−0.023	0.011	−0.048
2007	0.001	0.007	0.003	0.022	0.006	−0.026	0.015	−0.061	−0.003	0.017	−0.027	0.011	−0.057

资料来源:《中国城市建设统计年鉴》(1991—2007)、《中国城市统计年鉴》(1991—2007).

　　由表 5-3 的计算结果可知,在城市用地结构变化与产业结构变化的相互关系中,第二产业产值与工业用地比例关系密切。在 5% 的显著性水平下,两者呈显著的正相关关系。反映了工业用地面积对工业产值及国民生产总值的增加具有重要贡献作用。2007 年我国工业产值占城市 GDP 的比重达 40% 以上。第二产业产值比重与其他地类呈负相关关系,这与我国城市发展实际基本吻合,一些以第二产业为主的城市,城市公共服务能力和基础设施建设都明显滞后。第二产业就业比重与居住用地比例在 5% 显著性水平下呈正相关,这说明工业发展拉动了对城市居住用地的需求,特别是我国现阶段的工业大多以劳动密集型产业为主,是我国劳动力就业的主要渠道,相应地,对住房的需求较为旺盛。第二产业就业比重与公共社会用地比例在 1% 显著性水平下呈负相关关系,这与我国城市发展初期"重生产轻生活"的政策导向有关,我国人均公共设施用地面积严重不足,公共服务能力不完善。第三产业产值比重与工业用地比例呈负相关,与其他地类呈正相关,尤其是与市政设施用地比例在 5% 显著性水平下,相关性达到了显著。第三产业就业比重与工业用地比重、绿地比重和特殊用地比重呈负相关关系,与其他地类呈正相关关系。

表 5-3　城市用地结构与产业结构变化率相关系数矩阵

RLC	L_1	L_2	L_3	L_4	L_5	L_6	L_7	L_8	L_9
C_1	−0.118 4	−0.041 7	0.506 0*	−0.253 7	−0.138 4	−0.060 6	−0.379 8	−0.146 6	−0.000 7
C_2	0.023 8	0.052 0	−0.415 0	0.159 4	0.080 7	0.073 0	0.491 3*	0.134 5	0.079 3
C_3	0.453 9*	−0.772 0**	−0.054 6	−0.199 6	0.198 7	−0.218 0	−0.270 4	−0.286 4	0.278 7
C_4	0.230 0	0.223 0	−0.291 2	0.196 2	0.224 8	0.166 5	0.471 9	−0.214 5	−0.305 8

注:表中 ** 表示极显著水平(置信概率概率为 0.01),* 表示显著水平(置信概率概率为 0.05).

　　通过以上分析可知,城市用地结构与产业结构变化之间存在相互关系,但这种相互关系有哪些特质,还需要进一步的研究。因此,以下几节将对城市用地结构演变与产业结构演变之间结构关系、均量关系、单位产值占地率及因果关系进行检验。

5.2 城市用地结构与产业结构变化的统计分析

本节主要从结构关系、均量关系、单位产值占地率对城市用地结构变化与产业结构变化间的相互关系进行统计分析。

5.2.1 结构关系分析

结构关系分析是采用结构变化率指数来衡量结构变化的程度。其计算公式为[60]

$$D = \sum |G_t - G_0| \tag{5-4}$$

式中,D 为结构变化率指数;G_t 为 t 期结构;G_0 为基期结构。据此公式计算历年城市用地结构与产业结构的变化程度,然后用偏差系数对两者结构差异加以分析。偏差系数指用地结构变化指数(L)与产业结构变化指数(C)之差的绝对值,偏差系数越大,说明用地结构与产业结构变化的差距越大,反之亦然。计算结果见表5-4。

表 5-4 1991—2007 年城市用地结构与产业结构变化率指数及偏差系数

年份/年	城市用地结构变化率(L)/(%)	产业结构变化率(C)/(%)	偏差系数(D)/(%)
1991	—	—	
1992	6.16	4.47	1.69
1993	2.81	4.89	2.08
1994	6.18	4.28	1.90
1995	1.22	3.68	2.46
1996	4.80	2.80	2.00
1997	3.74	5.69	1.95
1998	3.91	8.92	5.01
1999	0.96	3.00	2.03
2000	1.47	4.54	3.07
2001	3.08	5.22	2.14
2002	2.44	4.98	2.54
2003	3.16	7.66	4.50
2004	1.94	4.80	2.86
2005	2.66	5.41	2.75
2006	2.99	1.70	1.29
2007	1.59	1.49	0.11

资料来源:《中国城市建设统计年鉴》(1991—2007)、《中国城市统计年鉴》(1991—2007).

　　由表 5-4 可知,我国城市用地结构变化率在波动中呈下降趋势。以 1999 年为界,之前结构变化幅度明显高于后期。1992—2007 年城市用地结构变化率均值为 3.07,其中 1994 年结构变化率最大(6.18),1999 年最小(0.98)。到 2007 年,结构变化率为 1.59。与城市用地结构变化率指数相比,同期产业结构变化率均值为 4.60,产业结构变化率明显偏高。总体上,产业结构变化率呈下降趋势,由 1992 年的 4.47 下降到 2007 年的 1.49,说明城市产业结构变化不断趋于稳定。从城市用地结构与产业结构变化率偏差系数看,偏差系数从 1992 的 1.69 下降到 2007 年的 0.11。偏差系数不断下降,说明城市用地结构与产业结构变化之间的差距越来越小。综上,城市用地结构与产业结构呈同步增减趋势,用地结构变化率指数低于产业结构变化率指数,两者的比值由 1.38 变为 1.07,这说明城市产业结构变化速度较快,用地结构变化较产业结构变化缓慢,这与张颖对全国产业结构与用地结构变化关系的分析结果一致。

5.2.2　均量关系分析

　　均量关系分析主要是对人均 GDP 与人均建设用地的关系加以分析。人均 GDP 可以评价不同经济发展阶段的水平,人均城市建设用地则可以说明用地结构在各产业部门间配置的结果。因此,可以通过这两个指标来反映二者的关系。

　　通过对 1991—2007 年我国城市人均用地与人均 GDP 的计算显示(见图 5-1):2007 年我国城市人均 GDP 为 34 108 元,与 1991 年相比,人均 GDP 增长了 31 051 元,增长率为 101.58%,年均增长 59.75%。2007 年城市人均建设用地 110.68 m²,比 1991 年增长了 24.17 m²,增长率为 27.95%,年均增长 1.64%。这说明我国城市人均建设用地与人均 GDP 均呈增加的态势。1991—2007 年间我国城市以人均建设用地年均增长 1.64% 换取人均 GDP 年均增长 59.75%,人均 GDP 的增长幅度远大于人均用地的增长幅度,说明人均用地的增长所带来的经济效益还是比较显著的。

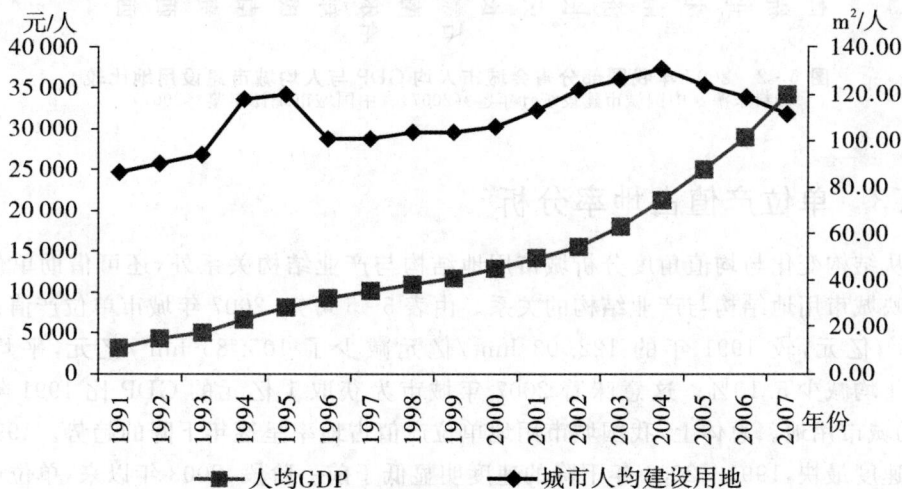

图 5-1　1991—2007 年我国城市人均建设用地与人均 GDP 变化

资料来源:《中国城市建设统计年鉴》(1991—2007)、《中国城市统计年鉴》(1991—2007)。

　　以 2007 年我国部分典型省会城市和直辖市的人均城市建设用地与人均 GDP 来看(见图 5-2),人均 GDP 高的城市,人均城市建设用地也高;人均 GDP 偏低的城市,人均城市建设用地亦偏低。对二者进行 person 系数相关分析显示,在 1‰ 的显著性水平下,我国典型省会城市城市人均建设用地与人均 GDP 呈显著性正相关,相关系数为 0.593。这与我们通常的认识不同,即经济发展水平高的城市其土地供求矛盾应更加突出,人均用地更紧张,城市人均建设用地应偏低。其原因可能是经济发展水平越高的地区,其城市化的进程越快,城市用地拓展的绝对规模和速度往往快于经济发展水平相对低的城市,造成其人均用地偏高的局面。以 1998,2007 年广州市和重庆市的城市人口和城市建设用地规模变化来说明。1998—2007 年广州城市人口由 330.63 万人增加到 636.76 万人,增长了 306.13 万人,城市建设用地规模由 274.6 km² 增加到 843.70 km²,增加了 548.55 km²;同期重庆市城市人口由 424.14 万人增加到 745.48 万人,增加了 321.34 万人,城市建设用地规模由 295.154 km² 增加到 655.78 km²,增加了 360.63 km²。可见同期重庆市城市人口增长规模超出广州市 15.21 万人,但城市建设用地拓展规模同比小 187.92 km²,相应地,广州的城市人均建设用地明显大于重庆。

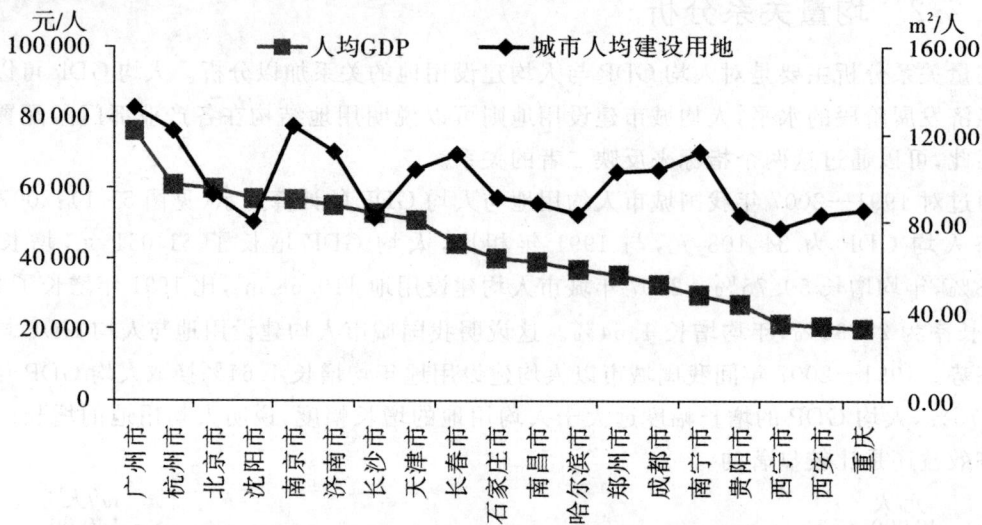

图 5-2 2007 年我国部分省会城市人均 GDP 与人均城市建设用地比较
资料来源:《中国城市建设统计年鉴》(2007)、《中国城市统计年鉴》(2007).

5.2.3 单位产值占地率分析

除了从结构变化与均值角度分析城市用地结构与产业结构关系外,还可借助单位产值占地率来反映城市用地结构与产业结构的关系。由表 5-5 可知,2007 年城市单位产值占地率为 16.18 hm²/亿元,较 1991 年的 122.03 hm²/亿元减少了 105.85 hm²/亿元,平均减少了 86.74%,年均减少 5.10%。这意味着 2007 年城市为获取 1 亿元的 GDP 比 1991 年少投入 86.74% 的城市用地。总体上,我国城市用地单位产值占地率呈逐年下降的趋势。1991—1996 年下降的速度最快,1997—2001 年下降的速度明显低于前一阶段,2003 年以来,单位产值占地率下降的速度又有所提升,这与我国从 2000 年左右开展城市土地价格调查与集约利用潜力评价有关,国家并相继颁布了建设用地集约利用评价规程、开发区集约利用评价成果、工业项目建设用地标准等一些列城市用地调控政策,促使城市土地利用效率不断提升。

表 5-5　1991—2007 年我国城市单位产值占地量及变化率

年份	城市建设用地面积/km²	GDP/亿元	单位产值占地率 （hm²/亿元）	变化率
1991	12 907.00	10 577.10	122.03	—
1992	13 926.70	15 894.55	87.62	28.20%
1993	15 429.80	21 212.00	72.74	16.98%
1994	20 712.60	31 203.71	66.38	8.75%
1995	22 048.00	39 979.48	55.15	16.92%
1996	19 001.70	47 074.18	40.37	26.81%
1997	19 804.62	52 915.57	37.43	7.28%
1998	20 507.55	58 504.69	35.05	6.34%
1999	20 877.02	62 744.65	33.27	5.08%
2000	22 113.66	69 910.09	31.63	4.93%
2001	24 192.73	79 587.53	30.40	3.90%
2002	26 832.60	89 253.60	30.06	1.10%
2003	28 971.90	104 483.04	27.73	7.77%
2004	30 781.28	125 494.67	24.53	11.54%
2005	29 636.83	151 605.58	19.55	20.30%
2006	31 765.70	177 569.38	17.89	8.49%
2007	33 922.57	209 702.51	16.18	9.57%

资料来源:《中国城市建设统计年鉴》(1991—2007)、《中国城市统计年鉴》(1991—2007)。其中 2005 年城市建设用地面积未包括北京市和上海市。

5.3　城市用地结构与产业结构关系的 Granger 因果检验

通过对城市用地结构演变与产业结构演变的结构关系、均量关系及单位产值占地率的分析,发现城市用地结构变化率与产业结构变化率呈同步增减趋势,人均建设用地与人均 GDP 呈同步增长趋势,这些都说明城市用地结构与产业结构变化之间存在相互关系。但二者的同步变化趋势之间是否存在必然的联系,即城市用地结构变化是否一定是产业结构变化的原因,或者产业结构变化是城市用地结构变化的原因,这些还有待做进一步的检验。因此,本节重点对二者之间是否存在因果关系进行检验。理论上,如果某一城市拥有全部的城市用地结构和产业结构的统计信息并能合理分类,则计算出来的用地结构变化率与产业结构变化率的变化趋势应大体一致,这样,用地结构的变化可以影响产业结构的变化,反过来,产业结构的变化又能影响用地结构的变化。因此本文采用我国城市 1991—2007 年城市用地结构比例变化指数(L)和产业结构比例变化指数(C)两个指标,利用 Eviews3.1 软件进行 Granger 分析。

在进行 Granger 因果关系检验前,为避免经济数据的非平稳性导致谬误回归,首先需要对时间序列数据的平稳性进行检验[56]，如果时间序列是非平稳的，对其进行差分处理使其变换为平稳序列；然后对差分的平稳数据进行协整检验，以求验证时间序列变量是否存在长期均衡关系，检验协整关系存在的前提是对回归方程的残差进行平稳性检验，若残差序列平稳，则协整关系存在，建立的回归方程就有意义。然后对变量的 Granger 因果关系进行检验。

5.3.1 数据的平稳性检验

大部分社会经济领域中遇到的许多时间序列都不是由平稳过程产生的。这些时间序列被称为非平稳时间序列。如果直接运用非平稳的数据进行 Granger 因果关系检验，判断得到的很容易是不精确或者是错误的结果，因此，有必要对数据进行平稳性检验。常见的非平稳时间过程就是单位根过程。检验变量是否稳定的过程为单位根检验。在计量分析中，比较常用的单位根检验方法是 ADF(Augmented Dicker—Fuller Test)检验。其模型为[142]

$$\Delta Y_t = \alpha_0 + \gamma T + \beta Y_{t-1} + \Sigma \beta_i \Delta y_{t-i} + \varepsilon_t \qquad (5-5)$$

式中，ε_t 为白噪音，Δ 为差分算子，α_0 为常数项，T 为趋势因素。原假设 $H_0: \beta = 0$，备选假设 $H_0: \beta < 0$，接受 H_0 意味着序列 Y_t 有一单位根，则序列是非平稳的。本文采用麦金农(Mackinnon)临界值，Δy_{t-i} 的最优滞后期 i 由 AIC 准则确定。

对 1992—2007 年我国城市用地结构变化率(L)和产业结构变化率(C)进行单位根检验。由表 5-6 可知，序列 L ADF 检验的 t 统计量为 $-2.011\,2$，而 t 统计量在 1% 的置信区间的临界值是 $-4.011\,3$，在 5% 的置信区间的临界值是 $-3.100\,3$，在 10% 的置信区间的临界值是 $2.692\,7$，显然 ADF 检验的 t 统计量大于显著水平 1%～10% 的 ADF 临界值，因此，不能否认零假设，即序列 L 是非平稳的。同样对产业结构变化率 C 单位根检验的 ADF 值为 $-0.001\,2$，也大于显著水平 1%～10% 的 ADF 临界值，序列 C 也不能拒绝"存在单位根"的原假设。可见，城市用地结构变化率(L)和产业结构变化率(C)两个序列都是非平稳的。需要继续对两个序列的一阶差分进行单位根检验，分别用 $D(L)$，$D(C)$ 表示城市用地结构变化率和产业结构变化率的一阶差分，对一阶差分的单位根检验结果见表 5-7。在 1% 的显著性水平上，$D(L)$，$D(C)$ 的 ADF 检验值均小于其显著性水平下的临界值，可见经过一阶差分后，序列 L 和 C 已经不再具有单位根，是一阶单整序列。

表 5-6 城市用地结构变化率(L)和产业结构变化率(C)的平稳性检验

变量	ADF 检验值	显著水平	临界值	检验类型
L	$-2.011\,2$	1%	$-4.011\,3$	常数项、趋势项
		5%	$-3.100\,3$	常数项、趋势项
		10%	$-2.692\,7$	常数项、趋势项
C	$-0.001\,2$	1%	$-4.731\,5$	常数项、趋势项
		5%	$-3.761\,1$	常数项、趋势项
		10%	$-3.322\,8$	常数项、趋势项

表 5-7　城市用地结构变化率(L)和产业结构变化率(C)一阶差分的平稳性检验

变量	ADF 检验值	显著水平	临界值	检验类型
$D(L)$	$-9.495\ 1$	1%	$-4.011\ 3$	常数项、趋势项
		5%	$-3.100\ 3$	常数项、趋势项
		10%	$-2.692\ 7$	常数项、趋势项
$D(C)$	$-6.007\ 1$	1%	$-4.802\ 5$	常数项、趋势项
		5%	$-3.792\ 1$	常数项、趋势项
		10%	$-3.339\ 3$	常数项、趋势项

5.3.2　数据的协整检验

通过单位根检验,我们知道城市用地结构变化率与产业结构变化率均是不平稳序列,但不平稳序列之间也可能存在长期的稳定关系,因此,引入协整的概念对两个变量之间的长期关系进行考察。协整关系的基本思想是如果两个或两个以上的时间序列变量是非平稳的,但他们的某种线性组合即表现出平稳性,则这些变量之间存在长期的均衡关系[143]。协整检验从检验的对象上可以分为两种:一种是基于回归系数的协整检验,如 Johansen 检验;另一种是基于回归残差的协整检验,如 DF 检验,ADF 检验。本书采用 Johansen 协整检验法进行协整检验,以确定城市用地结构变化率与产业结构变化率之间是否存在某种平稳的线性组合,即变量之间是否存在长期的稳定关系。从表 5-8 Johansen 协整检验结果可知,在 5%显著性水平下,似然率统计量的值为 17.263 9,大于 5%显著水平的临界值 15.41,表明拒绝零假设,相应地存在一个协整方程,这也验证了城市用地结构变化率与产业结构变化率之间存在长期稳定的关系。

表 5-8　Johansen 协整检验结果

特征值	似然率	5%临界值	1%临界值	假设变量
0.645 01	17.263 9	15.41	20.04	None *
0.179 193	2.764 5	3.76	6.65	At most 1

5.3.3　数据的 Granger 因果关系检验

所谓因果关系是指变量之间的依赖性,作为结果的变量是由作为原因的变量所决定的,原因变量的变化引起结果变量的变化。我们知道,很多情况下,即使从一个回归关系式中也无法确定变量之间是否具有因果关系。Granger 先生从预测的角度给出了因果关系的一种定义,其基本思想是"过去可以预测现在"。即对两个时间序列变量 X_t 和 Y_t,如果 X_t 是 Y_t 变化的原因,则 X_t 的变化应该发生在 Y_t 的变化之前,且 X_t 应该有助于预测 Y_t,即在 Y_t 关于 Y_t 滞后变量的回归中,添加 X_t 的滞后变量作为独立的解释变量,应能显著增加回归的解释能力。此时,我们称 X_t 是 Y_t 的 Granger 原因。如果添加 X_t 的滞后变量后,回归解释能力没有显著增强,则称 X_t 不是 Y_t 的 Granger 原因。具体而言,检验 X_t 是否是 Y_t 的 Granger 原因时,需要建立 Y_t 的 p 阶滞后方程:

$$Y_t = \lambda + \sum_{i=1}^{p} \alpha_i X_{t-i} + \sum_{j=1}^{p} \beta_i Y_{t-j} + \mu_t \qquad (5-6)$$

$$X_t = \lambda + \sum_{i=1}^{p} \alpha_i Y_{t-i} + \sum_{j=1}^{p} \beta_i Y_{t-j} + \mu_t \qquad (5-7)$$

其中，λ 为常数项，α_i，β_i 分别表示相应的回归系数，i 为之后阶数，p 为最大滞后阶数，μ_t 为残差。式(5-6)是用来检验 X_t 是否是引起 Y_t 变化的 Granger 原因，式(5-7)是用来检验 Y_t 是否是 X_t 引起变化的 Granger 原因。

检验零假设为 X_t 不是引起 Y_t 变化的 Granger 原因，即 $H_0: \alpha_1 = \alpha_2 = \cdots = \alpha_k = 0, k=1,2,\cdots,p$，检验 $\alpha_1, \alpha_2, \cdots, \alpha_k$ 是否显著不为零，如果显著不为零，则零假设 $H_0: X_t$ 不是引起 Y_t 变化的 Granger 原因。然后，将 X_t 和 Y_t 的位置互换，用同样的方法检验零假设 $H_0: Y_t$ 不是引起 X_t 变化的 Granger 原因。

分析结果显示(见表5-9)：城市用地结构变化率在滞后阶数为1,2,3时，分别在12.31%，1.41%，8.04%的置信度下，是城市产业结构变化率的 Granger 原因；在滞后阶数为4时，在77.54%的置信度下是城市产业变化率的 Granger 原因，这表明城市用地结构变化与城市产业结构变化的 Granger 在短期内并不明显。而城市产业结构变化率在滞后阶数为1时，在39.09%的置信度下是城市用地结构变化率的原因，在滞后阶数在2,3,4时，分别在96.93%，89.78%，88.55%的置信度下是城市用地结构变化率的 Granger 原因，说明城市产业结构变化率是城市用地结构变化率的 Granger 原因的概率较大。城市产业结构调整尤其是主导产业的调整与发展必将引起对城市内部各功能性用地需求的调整，从而对城市用地结构产生影响。而城市用地结构调整在产业结构上的影响具有一定滞后期，且在短期内由于受地价、土地宏观调控政策等的影响，城市用地结构的调整还没有在产业结构中得到相应的体现。这说明短期内我国城市用地结构与产业结构调整还没有形成双向的 Granger 因果关系，且产业结构是城市用地结构变化的 Granger 原因强于城市用地结构变化时产业结构变化的 Granger 原因。但从长期看，我国城市用地变化与产业结构调整之间存在双向的因果关系。

表 5-9　城市用地结构变化率 L 与产业结构变化率 C 的 Granger 因果关系检验

滞后阶数	原假设	F 统计量	相伴概率
1	C does not Granger Cause L	0.275 7	0.609 1
	L does not Granger Cause C	0.025 04	0.876 9
2	C does not Granger Cause L	5.259 83	0.030 7
	L does not Granger Cause C	0.014 22	0.985 9
3	C does not Granger Cause L	3.264 92	0.101 3
	L does not Granger Cause C	0.159 74	0.919 6
4	C does not Granger Cause L	1.019 13	0.114 5
	L does not Granger Cause C	2.650 95	0.224 6

5.4 城市用地结构与产业结构耦合特征分析

鉴于城市土地利用和产业结构变化是一个复杂的过程,且具有显著的耦合性特征,前面章节采用的一般统计分析只能对两者关系进行笼统的描述,却难以满足对其时空耦合关系研究的要求。国内外学者对不同社会现象之间耦合关系的研究,主要是引入耦合度来表征各种社会现象之间的耦合特征及规律,但也主要集中在经济发展、城市化及产业结构与生态环境的耦合,以及城市土地利用与经济发展的耦合等方面[144-150]。从系统耦合的角度对城市用地结构与产业结构进行研究的还不多,因此本文以耗散结构论、协同论等为核心的复杂系统理论,采用耦合协调度模型,探讨其耦合的时空特征。

5.4.1 城市用地结构与产业结构耦合关系辨析

在物理学中,耦合是指两个(或两个以上)体系或运动形式通过各种相互作用而彼此影响的现象,耦合度是用来描述系统或要素相互影响的程度。由此,可以把城市用地结构与产业结构两个系统通过各自的耦合元素产生相互作用、彼此影响的现象定义为土地—产业耦合,影响度定义为土地—产业耦合度。耦合度的大小反映了对区域土地—产业系统的作用强度和贡献强度,决定着系统在达到临界状态时由无序走向有序的趋势。

根据配第-克拉克定律,产业结构调整的过程就是劳动力从第一产业向第二产业、进而向第三产业转移的过程,也是经济发展水平逐步提升的过程。从定义来看,产业结构调整至少包括两个方面:一是人口的迁移,这必然导致从业结构的变迁、经济要素的流动和产业的推移;二是国民生产总值的变化,即三次产业在国内生产总值中的比重也呈现一、二、三到二、三、一再到三、二、一的演变格局;三是景观格局的变化,引起土地利用形态、空间布局和组合类型的变化。可见,城市用地结构与产业结构的耦合主要表现在两个方面:一方面,产业结构和产业发展水平决定了土地利用方式和特点,伴随着劳动力的迁移和产业用地规模的变化,推动用地规模和组合类型的变化;另一方面,城市用地结构决定着产业布局,进而决定着产业的规模及效益。

在城市发展的初期,根据产业生命周期理论,产业结构处于形成期,产业结构单一,城市化聚集经济不够明显,城市用地供给充足,产业发展和城市用地较为粗放,二者处于低级共生阶段;随着城市发展,产业结构处于成长期,城市产业多样化,城市积聚效益明显,城市用地类型多样,城市人口和用地规模较大,此时城市土地的稀缺性和级差地租效应逐渐显现,为了满足城市发展和人口增长对用地的需求,优化城市用地结构与产业结构成为促进城市可持续发展的重要途径,产业结构与城市用地结构的耦合程度逐渐增强;当产业结构处于成熟期时,此时城市用地结构与产业结构的演变趋势达到极限,两者的耦合关系达到最佳;当产业结构处于衰退期时,此时新产业的兴起和原有产业的衰退同时进行,新产业的发展,对用地提出了新的需求,如果此时用地结构没有做出相应的调整,则城市用地结构与产业结构的演变曲线处于停滞阶段或倒退。若此时新兴产业形成,并有相应的城市用地结构得到支撑,则二者演变轨迹将向更好的方向发展,二者处于再生阶段(见图5-3)。由于城市用地结构与产业结构耦合系统具有明显的耗散结构特征,即通过不断与外界人流、信息流和资金流的交换,在外界条件达到一定阈值时,就可能从原先无序状态转为一种在时空或功能上的有序状态。从长期来看,二者的耦合将经历低级共生发展、耦合协调发展、极限发展、再生发展 4 个模式(见图 5-4)。

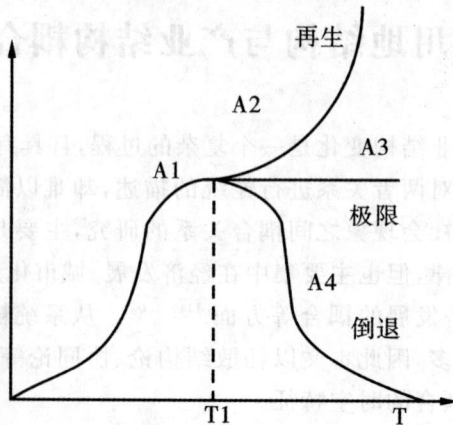

图 5-3 城市用地结构与产业结构耦合演变轨迹

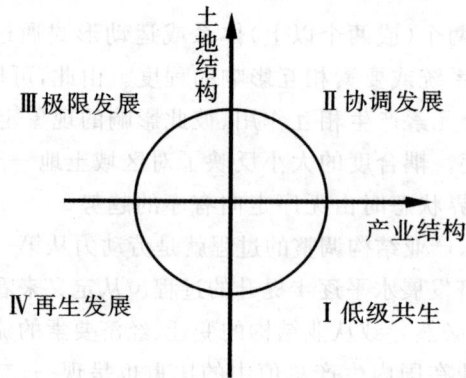

图 5-4 城市用地结构与产业结构演变耦合模式

5.4.2 耦合度函数和耦合协调度函数

5.4.2.1 耦合度函数

由于 W_i 只能反映单个子系统对城市土地—产业系统的贡献,因此还需建立一个总的功效函数,来判断城市土地—产业系统的总体耦合状态。计算公式为 $R=\sqrt{W_1 \times W_2 \times \cdots \times W_n}$,显然耦合度 R 是介于 0 到 1 之间的。$R=1$ 时,说明系统之间或系统内部各要素处于较好耦合状态,系统将走向新的有序结构;$R=0$ 时,说明子系统或系统之间的耦合程度最小,系统处于无序状态。本文参考部分学者关于土地利用与生态环境效益耦合程度、土地利用社会经济效益与生态效益耦合程度的划分标准,结合城市用地系统与产业系统自身的特点,采用均匀分布函数法划定耦合度的等级及标准,用来表征城市用地结构与产业结构在时间序列上的耦合过程(见表 5-10)。

表 5-10 城市用地结构与产业结构耦合程度评判标准

耦合等级	优质耦合	中级耦合	一般耦合	低水平耦合
耦合度 C	0.81~1.00	0.61~0.80	0.41~0.60	0.00~0.40

5.4.2.2　耦合协调度函数

耦合度 R 作为反映城市用地结构与产业结构耦合程度的重要指标,对判别城市用地与产业结构耦合作用的强度及其作用的时序区间,预警二者发展秩序具有重要的意义。但是却无法反映两者整体协调发展程度的高低,因为即使是耦合程度相同的两个区域,很可能各自的城市用地结构和产业结构系统之间的发展水平和合理程度完全不同。为了能够综合地反映城市用地结构与产业结构之间的协调水平,本文以耦合协调度模型来衡量区域城市用地结构与产业结构的协调程度。计算公式为

$$S = \sqrt{CT}$$

式中,$T = \mu d + \beta I$;S 为耦合协调度;R 耦合度;d 和 I 分别为城市用地结构和产业结构综合评价指数;μ 和 β 为权重,由于城市用地结构和产业结构对于城市发展同等重要,因此,本文取 μ 和 β 均为 0.50。根据耦合协调度 S 的大小,可以将城市用地结构和产业结构的耦合协调水平分为以下 4 种类型:$S \geqslant 0.81$ 为优质协调耦合;$0.61 \leqslant S < 0.80$ 为良好协调耦合;$0.41 \leqslant S < 0.60$ 为中协调耦合;$S < 0.40$ 为低协调耦合。

5.4.3　城市用地结构与产业结构耦合结果分析

5.4.3.1　城市用地结构与产业结构综合指数评价结果

由于城市主要以二、三产业活动为主,从产业空间布局的角度看,本文的城市产业用地是指长期承载经济主体生产性、经营性和服务性活动的城市建设用地。基于研究的需要,将工业仓储用地合并为一类,本文的城市用地结构是指居住用地、公共设施用地、工业仓储用地、对外交通用地、道路广场用地、市政公共设施用地、绿地、特殊用地在城市建设用地中的比例。产业结构指标选择二、三产业的就业比重和二、三产业增加值占 GDP 的比重 4 个指标。对城市用地结构与产业结构的耦合特征分析可知(见图 5-5),城市用地结构与产业结构综合指数总体呈上升趋势,城市用地结构综合指数由 1991 年的 0.284 9 上升到 2007 年的 0.637 5,年均增加 7.28%;同期,产业结构综合指数由 0.301 9 增加到 0.642 7,年均增加 6.64%。1997 年以前,城市用地结构综合指数大于产业结构变化指数,从 1997 年开始,产业结构综合变化指数大于城市用地结构综合指数。对城市用地结构与产业结构的变化率分析也显示,总体上,城市用地结构变化率低于产业结构变化率,其中 1998 年产业结构变化率最大为 8.92%,源于 1997 年二三产业从业人员比重较 1996 年大幅度增加,二、三产业从业人员比重分别增加 6.90% 和 7.90%,这一效应累加体现在 1998 年的产业结构变化率上。1997 年国务院批准了公安部的《小城镇户籍管理制度改革试点方案和关于完善农村户籍管理制度的意见》,提出了"……促进农村剩余劳动力就近、有序地向小城镇转移……",因此,城市二、三产业就业人数急剧增加;城市用地结构变化率呈现下降—上升—趋于稳定的变化趋势,而产业结构变化率呈现上升—下降—趋于平缓的变化趋势;城市用地结构与产业结构偏差系数呈现上升—下降—趋于稳定的特征,这说明二者的动态变化率差距逐步缩小,同步增减趋势逐步显现。

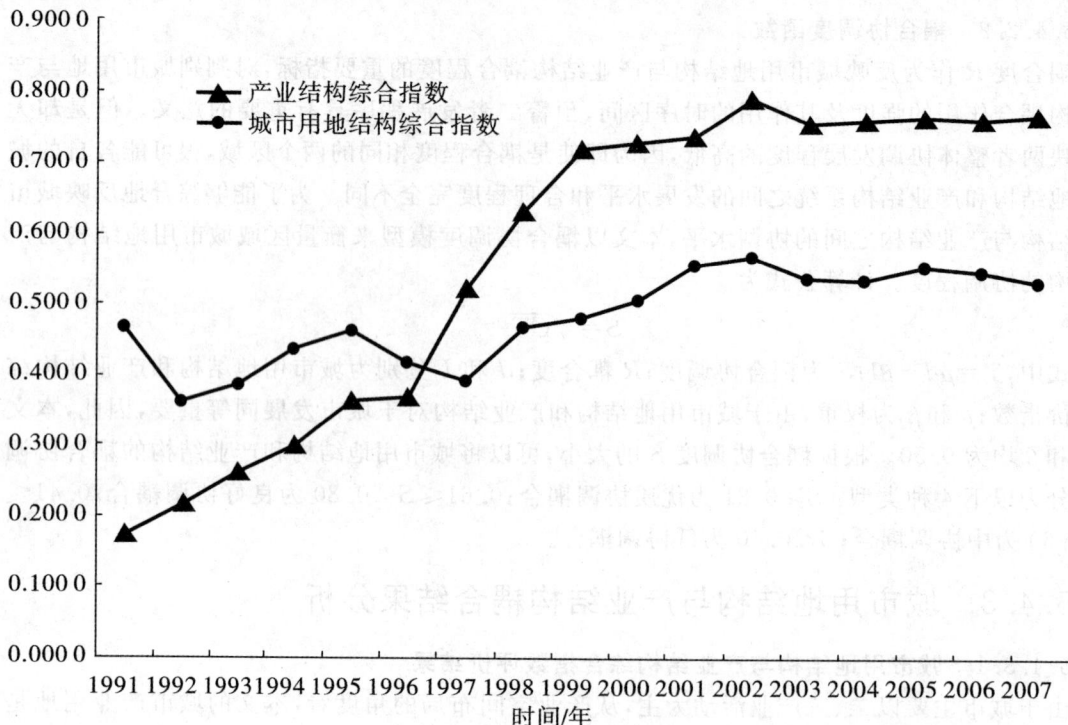

图 5-5　1991—2007 年我国城市用地结构综合指数与产业结构综合指数变化趋势

5.4.3.2　城市用地结构与产业结构耦合的时序特征

根据耦合协调度公式,得出 1991—2007 年我国城市用地结构与产业结构耦合协调演变过程。由表 5-11 可知,1991—2007 年间我国城市用地结构与产业结构耦合协调度在波动中呈上升趋势,二者的耦合关系演变趋势为低耦合低协调——一般耦合中协调—中级耦合高协调。由于城市用地结构与产业结构交互作用构成了具有耗散结构特征的耦合系统,耦合关系在不同的经济发展阶段,内容和重点也不相同。

20 世纪 90 年代初期我国城市用地结构与产业结构处于低耦合低协调状态,由于我国城市土地有偿使用制度改革自 20 世纪 80 年代才开始,级差地租还没有充分发挥其对土地在不同产业间配置的基础性作用,再加上此阶段我国城市发展以生产性功能为主,对基础设施和公共服务设施建设重视不足,导致城市用地结构不尽合理。城市发展以重化工业为主,1991 年我国第三产业的从业人员比重和第三产业产值比重均不足 30%,第三产业水平较低。

总体上,城市用地结构与产业结构的耦合协调度不断提升,2002 年耦合协调度最高,为 0.754 3。1990 年国务院发布《城镇国有土地使用权出让和转让暂行条例》,对促进城市用地置换、优化城市用地配置格局发挥了重要作用。同时在城市经济发展过程中,政府重视产业结构调整对优化经济发展的作用。1992 年《中共中央、国务院关于加快发展第三产业的决定》(中发〔1992〕5 号),提出优化经济结构,促进第三产业就业岗位的大幅度增加;2001 年《国务院办公厅转发国家计委关于"十五"期间加快发展服务业若干政策措施的通知》(国办发〔2001〕98 号)提出了"退二进三"的产业结构调整策略;2005 年国家发改委颁布《产业结构调整指导目录(2005 年本)》,这一系列政策有力地促进了产业梯度转移,优化了城市产业结构。

随着城市人口增长及城市用地规模的扩张,城市建设占用大量耕地对我国粮食安全造成冲击,且城市用地集约水平不高。为了有效控制城市规模的无序蔓延,同时优化城市用地空间布局,提高其集约用地水平,2003 年国家正式提出运用土地政策参与宏观调控,通过税收、地价等手段,优化城市用地空间布局。例如,鼓励城市用地内涵挖潜,利用存量土地,加快旧城区改造,通过城市内部用地结构重组,为新兴产业和第三产业发展提供用地支撑。表现在我国城市中工业用地比例逐年下降,而城市商业用地、绿地和道路广场用地比例逐渐增加。

表 5-11　1991—2007 年我国城市用地结构与产业结构耦合协调评价结果

时间/年	耦合度	耦合协调度	耦合协调类型
1991	0.284 9	0.301 9	低耦合低协调
1992	0.289 4	0.292 9	低耦合低协调
1993	0.337 9	0.339 4	低耦合低协调
1994	0.388 9	0.390 2	低耦合低协调
1995	0.454 1	0.454 1	一般耦合中协调
1996	0.439 4	0.439 7	一般耦合中协调
1997	0.500 9	0.508 8	一般耦合中协调
1998	0.592 7	0.601 1	一般耦合中协调
1999	0.655 0	0.670 8	中耦合良好协调
2000	0.673 1	0.687 3	中耦合良好协调
2001	0.712 6	0.724 0	中耦合良好协调
2002	0.740 8	0.754 3	中耦合良好协调
2003	0.701 6	0.714 3	中耦合良好协调
2004	0.695 5	0.708 0	中耦合良好协调
2005	0.722 9	0.736 0	中耦合良好协调
2006	0.710 1	0.722 5	中耦合良好协调
2007	0.694 5	0.706 9	中耦合良好协调

从图 5-6 得知,2002 年以来,我国城市用地结构与产业结构耦合协调度在波动中呈下降趋势,二者的耦合曲线呈弱倒"U"型。根据前面所述产业结构与用地结构耦合关系演变的一般规律,今后我国应加快产业的升级和新兴产业的培育,同时推进城市用地结构的优化,为新兴产业的发展提供用地支撑,防止城市用地结构与产业结构耦合关系步入衰退期,为二者耦合关系向更好方向发展提供保障。

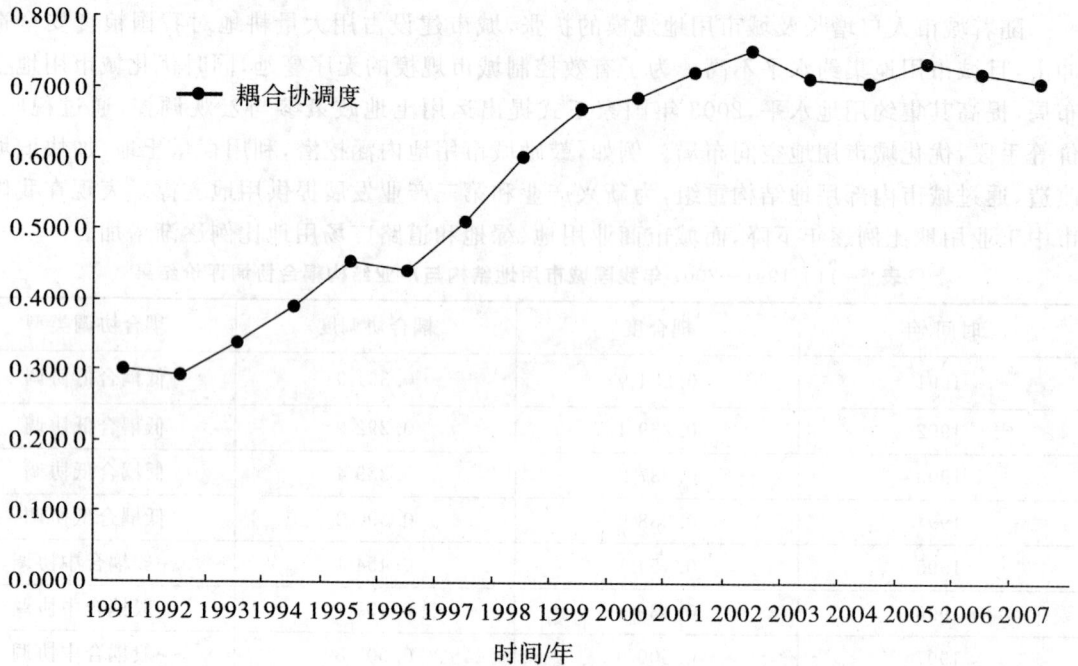

图 5-6　1991—2007 年我国城市用地结构与产业结构耦合协调度变化曲线

5.4.3.3　2007 年省会城市用地结构与产业结构耦合空间分异

从表 5-12 可知,2007 年我国省会城市用地结构与产业结构的耦合协调度范围在 0.373 9
~0.506 5 之间,从属于中低耦合协调度,尤其以中协调耦合度为主。耦合协调度大于 0.5 的
城市有广州、杭州和北京三个城市,占样本城市的 10.34%;耦合协调度介于 0.41~0.50 之间
的城市有 19 个,占样本城市的 62.07%。耦合协调度小于 0.40 的城市有武汉、太原、长春、哈
尔滨、重庆、贵阳、西安、西宁和乌鲁木齐共 9 个城市,占样本的 31.03%;从地域上看,低协调
低耦合的城市主要位于我国中部、西部和东北地区,由于东北地区是我国的老工业基地,城市
用地中工业仓储用地比例较高,如 2007 年长春市工业仓储用地占城市建设用地的 30.77%,
而同期绿地比例为 6.24%,尚未达到我国城市规划绿地比例的下限 8%,其第三产业产值比重
仅占 GDP 的 40.45%,是省会城市中第三产业比重最低的城市;中部地区的武汉是我国中部
地区的中心城市和重要工业基地,2007 年其工业仓储用地比例高达 27.25%,而道路广场用地
和绿地比例偏低,分别为 8.43% 和 5.48%。太原市是以能源、重化工为主的工业城市,是华北
地区的中心城市之一,2007 年其工业仓储用地比例居省会城市之首,为 34.72%,而其公共设
施用地比例仅为 9.13%,道路广场用地比例仅为 4.47%;西部地区的重庆市耦合协调度最低,
仅为 0.331 4。由于重庆市是我国西南地区的重工业基地,受城市规划及历史因素的影响,城
市内部工业仓储用地比例偏高,再加上城市发展受两江—四山的阻隔,城市形态呈多中心组团
式格局,城市中各类用地混合布局,用地功能分区不明确。通过对不同地类比例的相关分析发
现,工业用地与公共设施用地、道路广场用地和绿地的比例在 5% 显著性水平下呈负相关关
系,因此加快工业城市职能结构转变和用地置换是优化城市经济发展和促进城市用地整体功
能提升的重要途径。

表 5-12　2007 年我国省会城市用地结构与产业结构耦合协调评价结果

区域	耦合度	耦合协调度	耦合协调类型
北京市	0.502 5	0.506 5	一般耦合中协调
天津市	0.411 1	0.411 1	一般耦合中协调
石家庄市	0.480 8	0.481 1	一般耦合中协调
太原市	0.401 46	0.405 1	低耦合低协调
呼和浩特市	0.488 8	0.492 4	一般耦合中协调
沈阳市	0.443 8	0.444 3	一般耦合中协调
长春市	0.399 7	0.400 4	低耦合低协调
哈尔滨市	0.395 1	0.395 1	低耦合低协调
南京市	0.421 5	0.422 3	一般耦合中协调
杭州市	0.438 9	0.539 0	一般耦合中协调
合肥市	0.436 1	0.437 3	一般耦合中协调
福州市	0.448 9	0.448 9	一般耦合中协调
南昌市	0.413 2	0.413 5	一般耦合中协调
济南市	0.432 2	0.433 0	一般耦合中协调
郑州市	0.474 6	0.475 4	一般耦合中协调
武汉市	0.404 2	0.405 6	低耦合低协调
长沙市	0.458 5	0.461 4	一般耦合中协调
广州市	0.544 0	0.545 3	一般耦合中协调
南宁市	0.438 8	0.439 4	一般耦合中协调
海口市	0.473 9	0.474 9	一般耦合中协调
重庆市	0.391 3	0.331 4	低耦合低协调
成都市	0.418 3	0.419 0	一般耦合中协调
贵阳市	0.389 9	0.390 0	低耦合低协调
昆明市	0.436 3	0.437 7	一般耦合中协调
西安市	0.372 3	0.373 9	低耦合低协调
兰州市	0.446 1	0.446 2	一般耦合中协调
西宁市	0.359 4	0.361 5	低耦合低协调
银川市	0.415 5	0.415 6	一般耦合中协调
乌鲁木齐市	0.348 1	0.399 2	低耦合低协调

　　耦合协调度 D 反映了城市用地结构与产业结构系统的耦合程度。基于耦合协调度构建城市用地结构与产业结构耦合的潜力度函数 $P=1-D$,潜力度 P 表示城市用地—产业系统偏离最佳耦合状态的程度,同样,P 介于 0.00～1.00 之间,P 值越大,说明城市土地—产业系统耦合可供挖掘的潜力越大。结合省会城市耦合协调度的大小,将 $P>0.6$ 的城市归为开发型城市,城市用地结构与产业结构偏离有序状态,挖潜空间很大,城市用地结构与产业结构急需调整与优化;$0.5<P<0.6$ 的为成长型城市,潜力度较大,城市用地结构与产业结构基本协调,有较大挖潜空间;$0.2<P<0.5$ 的为发展型城市,城市用地结构与产业结构中度协调,挖潜空间较大;$P<0.2$ 的为发达型城市,城市用地结构与产业结构高度协调,挖潜空间不大。

表 5-13　2007 年我国省会城市用地结构与产业结构耦合挖潜类型

城市类型	区　域
发展型(0.2＜P＜0.5)	广州、杭州、北京
成长型(0.5＜P＜0.6)	天津、石家庄、呼和浩特、沈阳、南京、合肥、福州、南昌、济南、郑州、长沙、南宁、海口、成都、昆明、兰州、银川
开发型(P＞0.6)	武汉、太原、长春、哈尔滨、重庆、贵阳、西安、西宁、乌鲁木齐

由表 5-13 可知,我国省会城市用地结构与产业结构耦合的挖潜空间比较大,开发型和成长型城市占样本城市的 89.66%。按照潜力度的划分标准,省会城市中还没有发达型城市。即使是同一类型的城市,其城市发展水平的异质性较大。例如,发展型城市北京和广州,用地结构与产业结构耦合程度相当,但人均城市用地水平差距较大,2007 年北京和广州人均用地水平分别为 93.44 m²/人和 132.50 m²/人。这主要是由于我国城市规划中对不同地域、不同职能类型城市的规划特点不突出,不同城市的产业结构相似度较大,这也说明急需对我国现行的《城市用地分类与规划建设用地标准》(GBJ 137—1990)进行修订。即使是同一类型的城市,由于城市性质、发展基础的差异,其用地结构与产业的耦合特征也存在明显的异质性,其城市用地结构与产业结构调整的重点和内容是不同的。因此,在城市用地与产业结构调整过程中,应根据城市自身特点,科学制定促进城市用地结构与产业结构耦合协调的政策措施。

5.5　小　　结

本章主要以时间序列数据为对象,采用典型相关分析、统计分析、Granger 因果检验及耦合函数等方法分析了我国城市用地结构演变与产业结构演变间的关系。研究结果显示如下:

(1)总体上,我国城市用地结构与产业结构变化存在相互关系。其中第二产业产值与工业用地比例关系密切。在 5% 的显著性水平下,两者呈显著的正相关关系。第三产业产值比重与工业用地比例呈负相关,与其他地类呈正相关,尤其是与市政设施用地比例在 5% 显著性水平下,相关性达到了显著。第二产业就业比重与居住用地比例在 5% 显著性水平下呈正相关,第二产业就业比重与公共社会用地比例在 1% 显著性水平下呈负相关关系,第三产业就业比重与工业用地比重、绿地比重和特殊用地比重呈负相关关系,与其他地类呈正相关关系。

(2)从结构关系看,我国城市用地结构与产业结构呈同步增减趋势,用地结构变化率指数低于产业结构变化率指数,两者的比值由 1.38 变为 1.07,这说明城市产业结构变化速度较快,用地结构变化较产业结构变化缓慢。从均量关系看,1991—2007 年间我国城市以人均建设用地年均增长 1.64% 换取人均 GDP 年均增长 59.75%,人均 GDP 的增长幅度远大于人均用地的增长幅度,说明人均用地的增长所带来的经济效益还是比较显著的。从单位产值占地率看,总体上,我国城市用地单位产值占地率呈逐年下降的趋势。

(3)短期内,我国城市产业结构变化是城市用地结构变化的 Granger 原因的概率大于城市用地结构变化是产业结构变化的 Granger 原因;但从长期趋势看,两者之间存在双向的、互为因果的均衡关系。

(4)1991—2007 年间我国城市用地结构与产业结构耦合协调度在波动中呈上升趋势,二者的耦合关系演变趋势为低耦合低协调——一般耦合中协调—中级耦合高协调。就省会城市而言,其耦合协调度从属于中低耦合协调度,尤其以中协调耦合度为主。这说明省会城市用地结构与产业结构耦合的挖潜空间还比较大。

第6章　我国城市用地结构与产业结构关系的截面分析

截面分析法是在某一时点收集不同城市的数据,它对应同一时点上不同空间(对象)所组成的一堆数据集合,研究某一时点上某种经济现象,重点在于突出空间(对象)的差异性。通常截面数据表现的是无规律的而非真正的随机变化,即计量经济学中所谓的"无法观测的异质性"[145]。第5章主要从纵向维度对我国城市用地结构演变与产业结构演变间的时间序列关系进行判断,本章则主要从截面维度对我国城市用地结构与产业结构之间的关系进行分析。由于我国城市数量众多,城市的自然条件、职能类型、规模等差异性较大。本章仅以2007年我国地级以上城市为研究对象,并按照城市的地域、规模、职能差别,分别对不同地域、不同规模、不同职能城市的用地结构与产业结构关系进行分析。研究中剔除样本数据不全和异常数据的城市,研究范围共包括261个地级以上城市。

6.1　不同地域城市用地结构与产业结构关系分析

6.1.1　城市地域划分

根据国家统计局划分方法,将全国城市按地理位置划分为东部、中部、西部和东北四个区域。东部地区包括北京、天津、河北、上海、江苏、浙江、福建、山东、广东、海南12个省、自治区的78个地级以上城市。中部地区包括山西、安徽、江西、河南、湖北和湖南6个省和自治区的73个地级以上城市。西部地区包括内蒙古、广西、重庆、四川、贵州、云南、西藏、陕西、甘肃、宁夏、青海和新疆12个省、自治区的76个地级以上城市。东北地区包括辽宁、吉林、黑龙江3个省的34个地级以上城市。

6.1.2　不同地域城市用地结构特征

6.1.2.1　城市用地结构与《标准》(GBJ 137—1990)的比较

《城市用地分类与规划建设用地标准》(GBJ 137—1990)(以下简称《标准》)明确规定了城市建设用地的分类标准以及规划建设用地的主要地类用地结构比例是全国各地修编城市规划、确定城市规模的参照和主要依据[151],具有一定的参照意义。将不同地域城市的居住用地比例、工业用地比例、道路广场用地比例和绿地比例与《标准》中相应的用地结构标准进行对照分析,厘定不同地域城市土地利用结构特征及合理性(见表 6-1)。

表 6-1　不同地域城市各功能性用地比例及与《标准》的比较

土地类型	地域	平均值/(%)	最大值/(%)	最小值/(%)	标准差	国标要求/(%)	合标城市比例/(%)	超标城市比例/(%)	低标城市比例/(%)
居住用地	东部	29.36	46.90	14.14	0.06	20~32	50.00	46.15	3.85
	中部	30.58	67.30	8.07	0.08		65.75	32.88	1.37
	西部	32.78	56.96	15.09	0.08		39.47	55.26	5.26
	东北	35.51	60.33	23.11	0.09		41.18	58.82	0.00
工业用地	东部	23.22	46.68	1.13	0.07	15~25	52.56	37.18	10.26
	中部	20.36	36.70	6.46	0.06		61.64	17.81	20.55
	西部	17.68	38.45	2.00	0.08		48.68	14.47	36.84
	东北	21.83	35.23	8.17	0.07		35.29	50.00	14.71
道路广场用地	东部	11.22	16.81	3.78	0.03	8~15	71.79	14.10	14.10
	中部	10.65	21.47	4.26	0.03		79.45	5.48	15.07
	西部	10.23	19.14	0.25	0.04		53.95	14.47	31.58
	东北	9.17	13.08	3.58	0.02		76.47	0.00	23.53
绿地	东部	10.76	46.26	1.77	0.07	8~15	50.00	14.10	35.90
	中部	9.77	30.14	0.20	0.06		34.25	17.81	47.95
	西部	9.23	41.06	1.30	0.08		34.21	21.05	44.74
	东北	9.33	22.89	1.73	0.05		47.06	11.76	41.18

资料来源:《中国城市建设统计年鉴》(2007).

由表 6-1 和图 6-1 可知:

(1)不同地域城市的居住用地比例(29.36%~35.51%)、公共设施用地比例(9.55%~14.64%)、工业用地比例(17.68%~23.22%)、道路广场用地比例(9.17%~11.22%)和绿地比例(9.23%~10.76%)差异明显,这 5 类用地比例在不同规模城市间差距的最大值分别为6.15%,5.09%,5.54%,1.47%,1.53%;而仓储用地(3.20%~4.46%)、对外交通用地(4.41%~5.07%)、市政公用设施用地(2.81%~4.06%)、特殊用地比例(1.83%~2.43%)所占比例的差距不大。

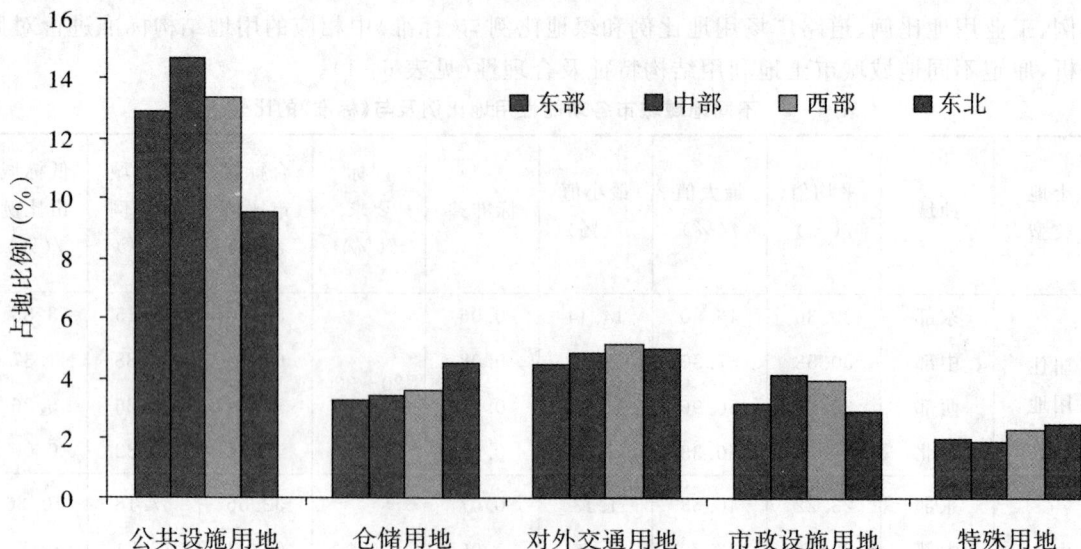

图 6-1 不同地域城市各功能性用地比例均值

数据来源:《中国城市建设统计年鉴》(2007).

(2)从居住用地比例均值看,东部地区<中部地区<西部地区<东北地区,东北地区由于日照间距的原因,需要的居住用地较多,其所占的比例较大。从内部差异看,东北地区内部居住用地比例标准差最大(0.09),东部地区最小(0.06)。与《标准》相比,中部地区城市居住用地比例达标率最高(65.75%),东部地区达标率为50%,西部和东北地区城市居住用地比例达标率不足一半,主要表现为超标城市较多,这两个区域的超标的原因却不尽相同,东北地区受日照的影响,居住用地比例偏大,超标城市较大;而西部地区由于受经济发展水平与用地集约之间的负相关关系影响,其居住用地比例也较大,一半以上的城市居住用地比例超标。

(3)东北地区公共设施用地比例最低(9.55%),中部地区最高(14.64%),东北和西部地区差距不大,分别为12.82%,13.32%。从内部差异看,东北地区内部差异最小,西部地区差异最大。

(4)从工业用地比例看,东部地区城市工业用地比例最高(23.22%),其次是东北地区(21.83%)、中部地区(20.36%)、西部地区(17.68%)。东部地区经济较为发达,工业企业发展的内外部条件优于其他地区,工业用地比重偏高;东北地区历史上就是我国重要的老工业基地,因此其工业用地比重也较高;西部地区经济发展水平较低,基础设施水平和投资环境相对薄弱,吸引工业企业发展的能力有限,因此其工业用地比例最低。从内部差异看,西部地区内部差异最大,标准差为0.08。与《标准》相比,中部地区工业用地比例符合《标准》城市比重最高(61.64%),其次是东北地区(52.56%),西部和东北地区工业用地比例符合《标准》的城市还不足一半,西部地区主要表现为工业用地比例偏低,26.84%的西部城市工业用地比例不足15%;东北地区主要表现为超标城市较多,50%城市工业用地比例超过《标准》上限25%。

(5)就道路广场用地比例看,东部—中部—西部—东北四个区域道路广场用地比例呈依次下降的空间格局。总体上,东部、中部和东北地区70%以上的城市道路广场用地比例符合《标准》要求,以中部城市达标比例最高(79.45%)。不符合《标准》中道路广场用地比例要求的城市,主要表现为低于《标准》下限城市较多,其中东部、中部、西部和东北地区道路广场用地比例低于《标准》下限的城市比例分别为 14.10%,15.07%,31.58%,23.53%。超出《标准》上限的城市主要分布在东部和西部地区。

（6）总体上,不同地域城市绿地比例偏低。东部地区绿地比例达标城市比例最高(50.00%),中部、西部和东北地区分别为 34.25%,34.21%,47.06%。超过 1/3 城市的绿地不足《标准》下限 8%,其中中部、西部和东北地区城市绿地比例不足 8% 的城市比例均达 40% 以上。

综上得知,东部地区由于经济较为发达,工业用地比例和道路广场用地比例最高,说明东部城市的工业发展基础较好及道路交通建设较为发达。东北地区由于受日照影响及历史上老工业基地的原因,居住用地比例、工业用地比例及仓储用地比例偏高。西部地区较为多元,无论是经济发展水平还是城市职能及文化差异等均呈现多元化,体现在其公共设施用地比例、工业用地比例、道路广场用地比例、对外交通用地比例、绿地比例等用地类型的内部差异性均较大。而总体上,中部地区的特点并不是很突出,介于东部和西部之间。

6.1.2.2 城市用地结构多样性、均衡度、优势度分异

为了反映不同地域城市用地结构的差异,根据多样性指数计算结果,在参考多位专家意见的基础上,将多样性指数 G 分为高($G \geqslant 1.90$)、中($1.70 \leqslant G < 1.90$)、低($G < 1.70$)三个不同等级(见表 6-2)。

表 6-2 不同地域城市土地利用结构多样性指数差异

城市地域	取值范围	高($G \geqslant 1.90$)		中($1.70 \leqslant G < 1.90$)		低($G < 1.70$)		标准差	均值
		城市数量	所占比例/(%)	城市数量	所占比例/(%)	城市数量	所占比例/(%)		
东部	1.47~2.06	19	24.36	44	56.41	15	19.23	0.12	1.81
中部	1.12~2.04	17	23.29	47	64.38	7	9.59	0.13	1.82
西部	1.44~1.98	17	22.37	44	57.89	15	17.94	0.12	1.79
东北	1.36~1.98	5	14.71	23	67.65	6	17.65	0.14	1.78

结果显示:①从多样性指数内部差异看,东北地区城市内部差异较大,东部和西部城市差异相对偏小。②东部城市土地利用多样性指数属于高级的城市比例最高,为 24.36%,说明东部城市的土地利用类型齐全程度最高,城市功能较为完善;其次是中部城市(23.28%)、西部城市(22.37%)、东北地区城市土地利用多样性指数属于高级的城市比例最小,仅为 14.71%。③不同地域城市土地利用多样性指数以处于中等水平为主,东部地区城市、中部地区城市、西部地区城市、东北地区城市中土地利用多样性处于中级水平的城市比例分别为 56.41%,64.38%,57.89%,67.65%,说明我国地级以上城市土地利用类型多样性还有很大的提升空间。④中部城市中土地利用多样化指数属于低级的城市最少,仅占 6.59%;其他地区城市中近 1/5 的城市土地利用多样化程度不高。

从图 6-2、图 6-3 可知:①不同地域城市土地利用结构的均衡度(均值)差距不大,说明土地在不同地域城市间的分布均衡,土地功能较为完善;但不同城市均衡度的最大值与最小值差距明显。②从优势度看,与均衡度相反,中部地区土地利用结构的优势度较低,说明中部地区城市发展水平相对较低,体现在某一类或几类土地利用类型凸出。

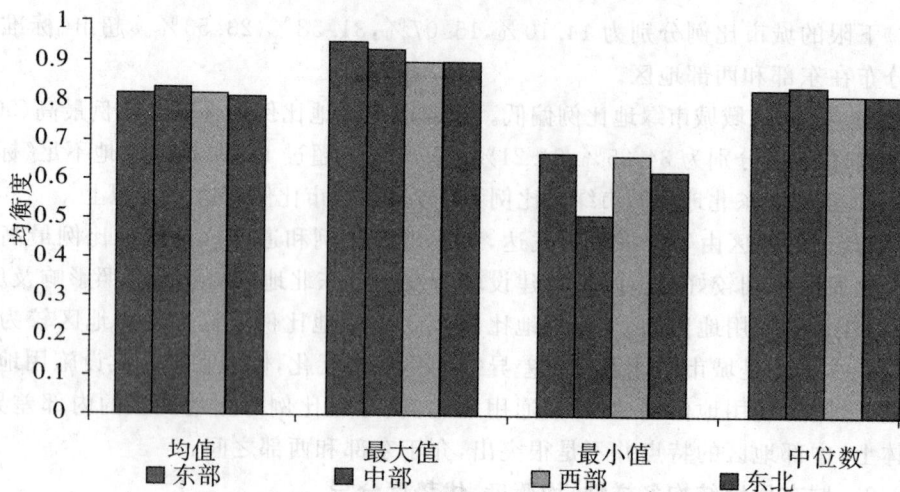

图 6-2　不同地域城市土地利用结构均衡度

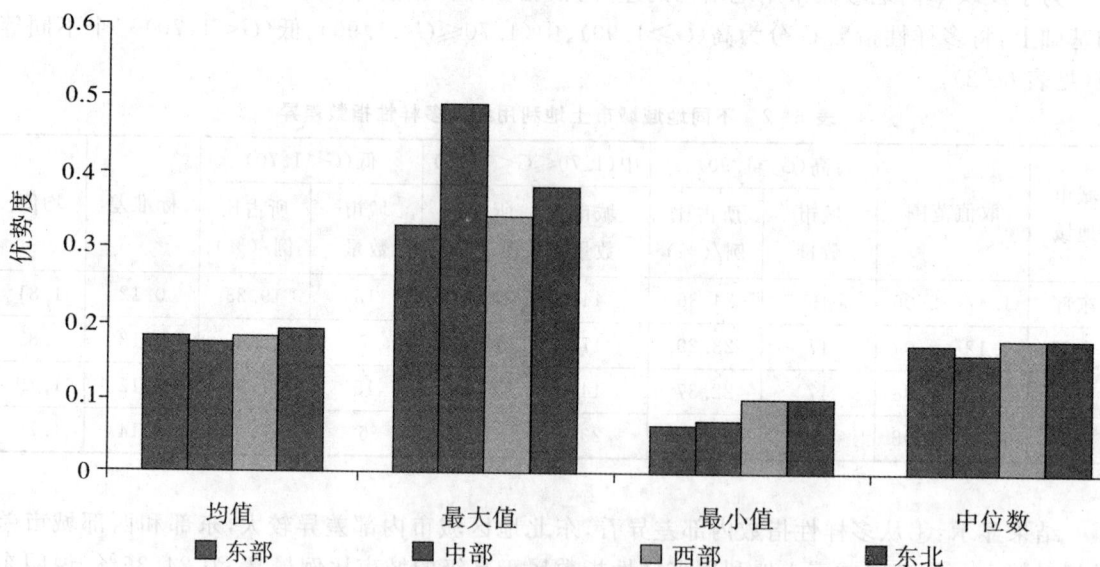

图 6-3　不同地域城市土地利用结构优势度

6.1.3　不同地域城市产业结构特征

6.1.3.1　不同地域城市三次产业产值结构分析

根据库兹涅茨关于产业结构演变阶段的划分标准,总体上,我国地级以上城市已进入了工业化中后期阶段。但不同区域产业产值结构特征差异显著。由表 6-3 可知,东部、中部、西部和东北地区 4 个地区产业产值结构均呈"二、三、一"型排序特征。其中第一产业产值比重东部地区最低,东北和中部地区次之,西部最高;第二产业产值比重东北地区最高,其次是东部地区、中部地区、西部地区;第三产业产值比重东部地区最高,中部和西部次之,东北地区最低。这种区域产值结构格局,反应了各区域正处于不同的经济社会发展阶段。东部地区城市已处于工业化中期阶段向后期阶段过渡的时期,农业发展由主要依靠传统农业向依靠非农产业和新兴农业为主转变。东部地区二、三产业产值比重高达 97.46%,已进入到以长期消费目标为主的工业阶段[152]。东北地区产业产值结构则鲜明地反映了其作为老工业基地的区域特点，第二产业产值比重明显高于其他 3 个区域，第三产业产值比重明显偏低，这一方面是由于东北地区长期重工业主导发展造成的产业结构畸形，另一方面是源于传统的国有经济下的企业体制问题。西部地区产业产值结构中第一产业比重最高，第二产业比重最低，第三产业比重虽与中部地区差距不大，但第三产业发展仍以传统服务业为主，现代化水平不高。

表 6-3　2007 年不同地域产值结构差异

地域划分	GDP/万元	第一产业产值比重/(%)	第二产业产值比重/(%)	第三产业产值比重/(%)
东部地区	746 416 193	2.54	50.27	47.18
中部地区	207 051 564	4.63	49.69	45.68
西部地区	215 208 508	6.48	49.13	44.39
东北地区	165 265 923	3.25	56.31	40.44

数据来源：《中国城市统计年鉴》(2007).

综上可知，不同地域城市整体上产业产值结构呈现"二、三、一"的排序特征，但不同地域内部城市的产业产值结构差异较大。以城市第一产业产值比重为例，由表 6-4 可知，总体上，东部地区的 76 个地级以上城市处于工业化的中后期；中部地区有 6.85% 的城市处于工业化中期的初级阶段，26.03% 的城市处于工业化中期快速发展阶段，67.12% 的城市处于工业化中后期阶段；与其他地区相比，西部地区城市中处于工业化后期的城市比例最低，处于工业化中期初期阶段的城市比重最高，这说明西部城市的工业化水平整体上落后于其他地区；东北地区城市中第一产业比重低于 10% 的城市占 91.17%。

表 6-4　2007 年不同地域城市第一产业产值比重差异

第一产业产值比重	特征	东部地区	中部地区	西部地区	东北地区
>20%	城市数量/个	0	5	14	1
	所占比重/(%)	0.00	6.85	18.42	2.94
10%~20%	城市数量/个	11	19	27	2
	所占比重/(%)	14.10	26.03	35.53	5.88
<10%	城市数量/个	67	49	35	31
	所占比重/(%)	85.9	67.12	46.05	91.18

资料来源：《中国城市统计年鉴》(2007).

从三次产业产值结构比重的地域比较可见(见表 6-5)：①总体上，东部地区三次产业产值比重内部差异最小，西部和东北区域的内部差异较大。②从不同地域内部城市三次产业产值排序格局看，东部地区 75.64% 的城市产值结构呈现"二、三、一"产业排序，中部地区和东北地区分别呈现这一格局的城市比例分别为 67.12%，67.65%，西部地区为 63.16%，相比之下，东部地区城市中呈现"三、二、一"产业排序的城市比例最低，但这并非说明其他 3 个地区的产业结构优于东部地区，以西部地区为例，由于其工业发展较为滞后，第二产业产值在 GDP 中的贡献率有限，相比之下，其第三产业比重偏高，但并非是第三产业发达的结果。

表 6-5　2007 年不同地域城市内部产值结构差异

类　型		东部地区	中部地区	西部地区	东北地区
第一产业 产值比重	最大值/(%)	17.85	23.9	38.14	53.66
	最小值/(%)	0.38	0.45	0.49	0.37
	标准差	4.36	6.81	9.18	9.08
第二产业 产值比重	最大值/(%)	77.52	73.41	90.38	87.97
	最小值/(%)	26.66	20.08	17.80	9.90
	标准差	9.88	11.40	14.47	15.10
第三产业 产值比重	最大值/(%)	72.43	69.24	68.40	66.87
	最小值/(%)	21.17	21.77	8.60	11.27
	标准差	9.58	9.90	12.09	11.55
"三、二、一" 排序	城市数量/个	19	24	28	11
	所占比重/(%)	24.36	32.88	36.84	32.35

资料来源:《中国城市统计年鉴》(2007).

6.1.3.2　不同地域城市三次产业就业结构分析

由表 6-6 可知,我国不同地域的三次产业就业结构的排序特征存在差异。总体上,东、中、西部地区三次产业就业结构呈现"三、二、一"的排序特征,而东北地区呈现"二、三、一"排序格局。这说明,我国地级以上城市中二、三城市已经成为劳动力就业的主渠道。东部地区经济较为发达,第一产业就业比重低于其他 3 个区域;第三产业就业比重也较高。与产值结构相比,东、中、西部地区间存在较大的经济效益上的差异,东部地区产值效益较高,中、西部地区则较低。西部地区第三产业就业比重在 4 个区域中最高(53.02%),这一"繁荣景象"实为产业结构"虚高级化"的表现(目前西部地区的第三产业发展层次不高,还不能真正成为区域经济发展的主导产业和经济发达的象征)。

表 6-6　2007 年不同地域就业结构差异

地域划分	就业人数/万人	第一产业就业比重/(%)	第二产业就业比重 /(%)	第三产业就业比重 /(%)
东部地区	291 5.80	0.44	49.41	50.15
中部地区	128 2.40	1.08	49.43	49.50
西部地区	125 4.88	1.28	45.70	53.02
东北地区	803.55	2.48	51.47	46.06

资料来源:《中国城市统计年鉴》(2007).

不同地域内城市就业结构的差异明显。见表 6-7,从不同产业就业比重的标准差看,东部地区内部差异最小,东北地区和西部地区差异较大。从三次产业就业结构的排序特征看,中、西部地区以"三、二、一"型就业格局为主,这也验证了上述关于中、西部地区产业结构"虚高级化"的特征,其工业化水平低于东部地区城市;东部和东北地区以"二、三、一"型就业格局为主。按照工业化进程的一般规律,中、西部地区尚需提升其工业地位,使工业经济成为国民经济的主体,加快工业化发展进程,增强其吸纳就业的能力。

表 6-7　2007 年不同地域城市内部就业结构差异

类　型		东部地区	中部地区	西部地区	东北地区
第一产业 产值比重	最大值/(%)	5.64	15.42	13.15	49.72
	最小值/(%)	0.02	0.05	0.11	0.08
	标准差	0.93	2.31	3.19	8.74
第二产业 就业比重	最大值/(%)	81.61	70.54	73.92	75.86
	最小值/(%)	12.75	11.90	10.51	15.69
	标准差	13.05	13.06	14.88	14.72
第三产业 就业比重	最大值/(%)	85.06	85.72	88.71	77.01
	最小值/(%)	18.35	29.46	25.95	18.47
	标准差	12.80	12.94	13.81	13.93
"二、三、一" 排序	城市数量/个	47	35	19	19
	所占比重/(%)	60.26	47.95	25.00	55.88
"三、二、一" 排序	城市数量/个	31	38	57	15
	所占比重/(%)	39.74	52.05	75.00	44.12

资料来源:《中国城市统计年鉴》(2007).

6.1.3.3　不同地域城市产业结构效益分析

以比较劳动生产率和产业结构偏离度两个指标反映不同地域城市的产业结构效益状况。在本书的 4.2.2 章节中已经对这两个指标的概念及计算公式进行了阐释,这里不再赘述。分析结果显示(见表 6-8):总体上,东部地区第一产业的比较劳动生产率最高,西部、中部地区次之,东北地区最低,不及东部地区的 1/4;不同地域城市的第二产业和第三产业比较劳动生产率差距不大。

从内部差异看,第一产业比较劳动生产率内部差距最大,尤其以东部地区城市之间的差距最为显著,标准差为 27.54;第二、三产业比较劳动生产率的内部差距不大,标准差均小于 0.5,远远小于第一产业比较劳动生产率的内部差距。这说明二、三产业比较劳动生产率的地域差距并不明显,但第一产业的区域差距较大,由于不同区域的农业现代化水平差距较大,导致农业产出效益水平地域差距明显。

从第一、二、三产业比较劳动生产率之间的差距看,东部地区差距最大,中、西部地区次之,东北地区最小,说明我国城市产业结构的二元性特征在地域空间上呈现由东北→中部→西部→东部依次显著的趋势。

表 6-8　2007 年不同地域城市比较劳动生产率差异

类　型		东部地区	中部地区	西部地区	东北地区
第一产业	均　值	5.81	4.30	5.04	1.31
	最大值	126.67	80.60	100.64	39.13
	最小值	0.31	0.25	0.58	0.15
	标准差	27.54	19.88	17.78	6.99
第二产业	均　值	1.02	1.01	1.08	1.09
	最大值	3.11	2.25	2.97	1.86
	最小值	0.67	0.62	0.51	0.41
	标准差	0.36	0.25	0.44	0.30
第三产业	均　值	0.94	0.92	0.84	0.88
	最大值	2.03	1.73	1.18	2.22
	最小值	0.44	0.51	0.31	0.28
	标准差	0.32	0.22	0.19	0.40

资料来源:《中国城市统计年鉴》(2007).

对不同地域城市产业结构偏离度的计算结果显示(见表 6-9):整体上,东部地区产业结构偏离度最大,中部、西部和东北地区的产业结构偏离度远远小于东部地区,说明东部地区劳动与产值结构不对称较为显著,而其他区域劳动力与产值结构基本处于同步的状态。总体上,第一、二产业偏离度均接近于 0,且均为负值,说明不同地域第一产业都存在略微的隐形失业。第三产业偏离度以东部地区最高,达 30.98,说明东部地区第三产业未能实现"充分就业",其劳动力结构与产业结构存在着不对称,匹配程度不高,而其他 3 个区域的第三产业结构偏离度均接近 0,说明其劳动力与产值结构基本协调。

表 6-9　2007 年不同地域城市产业结构偏离度差异

类　型		东部地区	中部地区	西部地区	东北地区
第一产业偏离度	均值/(%)	−0.02	−0.04	−0.05	−0.01
	最大值/(%)	3.87	5.61	1.11	31.80
	最小值/(%)	−15.84	−22.99	−35.26	−50.16
	标准差	4.14	6.80	8.24	10.38
第二产业偏离度	均值/(%)	−0.01	0.00	−0.03	−0.05
	最大值/(%)	25.18	25.45	19.79	31.39
	最小值/(%)	−30.97	−24.81	−41.20	−28.53
	标准差	12.24	9.34	11.06	12.58
第三产业偏离度	均值/(%)	4.78	0.04	0.09	0.06
	最大值/(%)	42.53	34.81	45.50	36.06
	最小值/(%)	−23.25	−24.58	−8.68	−25.93
	标准差	13.86	11.31	12.67	13.62
结构偏离度	均值/(%)	30.98	0.08	0.17	0.11
	最大值/(%)	85.06	69.62	91.00	100.32
	最小值/(%)	2.04	1.00	1.48	3.90
	标准差	17.77	16.61	23.90	21.02

资料来源:《中国城市统计年鉴》(2007).

6.1.4 不同地域城市用地结构与产业结构关系的通径分析

为了能够从截面维度上反映城市用地结构与产业结构之间的关系,就必须找出两者之间的对应关系。从系统的角度看,土地利用结构信息熵可以综合地反映一个区域在一定时间段内各种土地利用类型的演变特征及转换程度。因此,城市用地结构的指标值用土地利用的信息熵来体现,产业结构指标选择二、三产业就业比重和二、三产业产值比重四个指标。为了探讨产业结构是如何影响城市用地结构的,本书采用通径分析来研究产业结构与城市用地结构的关系。

6.1.4.1 通径分析的基本原理

通径分析是研究自变量之间、自变量与因变量之间相互影响关系,描述各个自变量对因变量的直接和间接影响程度[153]。它克服了多元相关分析中任意 2 个变量线性相关程度中由于包含其他变量的影响成分的片面性,也克服了多元回归分析中由于偏回归系数带有单位,使得原因对结果的效应不能直接比较的缺陷。通径分析是简单相关系数的继续,在多元回归的基础上将相关系数加以分解,通过直接通径、间接通径分别表示某一变量对因变量的直接作用、通过其他变量对因变量的间接作用效果。通径图可以直观地表示变量间的相互影响关系(见图 6-4),设有 n 个自变量,这些变量间的相关系数为 r_{ij},各自变量与因变量 Y 之间的相关系数可以构成求解通径系数的标准化正规方程式(6-1)。其中,当 $i=j$ 时,$r_{ij}Q_j$ 为直接通径系数,当 $i \neq j$ 时,$r_{ij}Q_j$ 为间接通径系数。

$$\sum_{j=1}^{n} r_{ij} \times Q_J = r_{iy} \quad (i=1,2,\cdots,n) \tag{6-1}$$

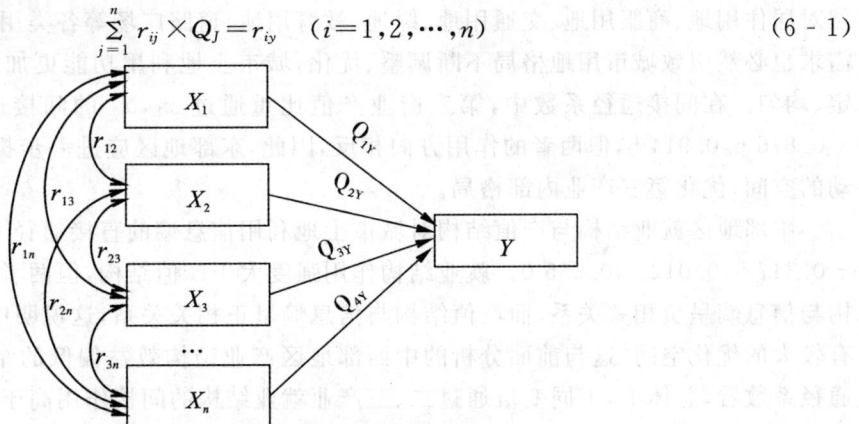

图 6-4 自变量与因变量的通径图

本书以城市用地结构信息熵为因变量 y,以二、三产业就业结构、产值结构为自变量 x_1,x_2,x_3,x_4,分析产业结构与城市用地结构之间的关系。

6.1.4.2 通径分析结果

首先对因变量——不同地域城市土地利用结构的信息熵进行正态性检验。利用 SPSS 软件对变量进行正态性检验有 2 种方法,Kolmogorov-Smirnov Test 和 Shapiro-Wilk Test。其中 Kolmogorov-Smirnov Test 适合于大样本的检验,一般样本数大于 2 000 个。Shapiro-Wilk Test 适用于小样本检验,本书中不同区域的城市样本数均不足 100,属于小样本,因此对信息熵进行正态性检验利用 Shapiro-Wilk Test 的输出结果,当显著性水平 Sig. 大于 0.05

时，认为信息熵服从正态分布，可以利用信息熵进行回归分析。输出结果见表 6-10。显然，不同地域城市土地利用信息熵的显著性水平均大于 0.05，总体上服从正态分布。

表 6-10　不同地域城市土地利用信息熵正态性检验

地域	Kolmogorov - Smirnov			Shapiro - Wilk		
	Statistic	df	Sig.	Statistic	df	Sig.
东部地区	0.095	78	0.760	0.957	78	0.110
中部地区	0.135	73	0.200	0.842	73	0.100
西部地区	0.073	76	0.200	0.957	76	0.120
东北地区	0.187	34	0.400	0.883	34	0.200

　　根据上述通径分析的原理，对不同地域城市土地利用信息熵与产业结构进行通径分析，分析结果见表 6-11，表 6-12，表 6-13 及表 6-14。总体上，产业结构各指标对东部地区城市用地结构信息熵的直接影响系数远远大于其他区域，且与城市用地结构信息熵呈正向相关关系；同时就业结构对信息熵的直接作用强度也远大于产值结构，二、三产业就业结构和二、三产业产值比重对东部地区城市土地信息熵的直接通径系数分别为 3.219 7，3.307 4，0.479 7，0.475 4。这与东部城市的发展现状基本吻合，由于东部城市整体上处于工业化中后期，城市总体经济实力远远强于其他地区，其吸纳就业人员的能力也较强，因此，劳动力的快速增长必然对居住用地、商服用地、交通用地、绿地、教育用地、道路广场等各类用地提出刚性需求，这些需求也必然引致城市用地格局不断调整、优化，城市土地利用功能更加完善，土地利用更加稳定、均匀。在间接通径系数中，第三产业产值比重通过 x_1，x_2 的间接通径系数较大，分别为 −0.876 6，0.914 5，但两者的作用方向相反，因此，东部地区应进一步提升第三产业的吸纳劳动的空间，优化第三产业内部格局。

　　中部地区就业结构与产值结构对城市土地利用信息熵的直接通径系数分别为 −0.241 0，−0.317 5，0.012 5，0.035 0。就业结构作用强度大于产值结构，但两者作用方向相反，就业结构与信息熵呈负相关关系，而产值结构与信息熵呈正相关关系，这说明中部地区的就业结构仍有较大的优化空间，这与前面分析的中西部地区产业结构效益偏低的结论是一致的。从间接通径系数看，总体上，不同变量通过二、三产业就业结构的间接作用高于产值结构，说明通过改善就业结构能促进中部城市土地利用功能的完善。

　　就业结构与产值结构与西部地区城市土地利用信息熵的直接通径系数均为负值，分别为 −0.469 8，−0.785 26，−0.283 0，−0.044 4，这说明目前西部地区城市土地利用产值结构和就业结构与城市土地利用并不协调。由于西部地区城市就业结构和产值结构的"虚高级化"体现在土地利用上，不仅影响城市土地利用的效益提升和功能完善，在一定程度上，也导致土地利用无序化的加重。

　　东北地区就业结构和产值结构对城市土地利用信息熵的直接影响系数分别为 −0.420 7，0.333 4，0.469 3，0.190 5，从影响程度看，就业结构的作用强度大于产值结构，尤其是第三产业产值结构对城市土地利用信息熵的作用强度较弱，这表明东北地区的第三产业发展还不发达，而第二产业又在一定程度上阻碍了城市土地利用的有序化，因此东北地区在产业发展过程中，应适当的发展第三产业，提升其对劳动力的吸纳能力。

表 6 - 11　东部地区城市土地利用信息熵与产业结构通径系数

变量名	直接通径系数	通过 x_1	通过 x_2	通过 x_3	通过 x_4
第二产业就业比重(x_1)	3.219 7	—	−3.299 6	0.226 8	−0.129 4
第三产业就业比重(x_2)	3.307 4	−3.212 1	—	−0.225 6	0.131 4
第二产业产值比重(x_3)	0.479 7	1.522 2	−1.555 0	—	−0.427 9
第三产业产值比重(x_4)	0.475 4	−0.876 6	0.914 5	−0.431 8	—

表 6 - 12　中部地区城市土地利用信息熵与产业结构通径系数

变量名	直接通径系数	通过 x_1	通过 x_2	通过 x_3	通过 x_4
第二产业就业比重(x_1)	−0.241 0	—	0.312 7	0.009 0	−0.018 7
第三产业就业比重(x_2)	−0.317 5	0.237 3	—	−0.008 8	0.018 9
第二产业产值比重(x_3)	0.012 5	−0.173 1	0.222 7	—	−0.028 1
第三产业产值比重(x_4)	0.035 0	0.128 9	−0.171 5	−0.010 1	—

表 6 - 13　西部地区城市土地利用信息熵与产业结构通径系数

变量名	直接通径系数	通过 x_1	通过 x_2	通过 x_3	通过 x_4
第二产业就业比重(x_1)	−0.469 8	—	0.768 3	−0.202 8	0.021 0
第三产业就业比重(x_2)	−0.785 6	0.459 5	—	0.204 2	−0.023 5
第二产业产值比重(x_3)	−0.283 0	−0.336 7	0.566 7	—	0.034 4
第三产业产值比重(x_4)	−0.044 4	0.222 0	−0.414 8	0.219 4	—

表 6 - 14　东北地区城市土地利用信息熵与产业结构通径系数

变量名	直接通径系数	通过 x_1	通过 x_2	通过 x_3	通过 x_4
第二产业就业比重(x_1)	−0.420 7	—	−0.271 8	0.302 4	−0.086 2
第三产业就业比重(x_2)	0.333 4	0.343 0	—	−0.249 3	0.084 0
第二产业产值比重(x_3)	0.469 3	−0.271 1	−0.177 1	—	−0.152 4
第三产业产值比重(x_4)	0.190 5	0.190 3	0.147 0	−0.375 4	—

6.2　不同规模城市用地结构与产业结构关系分析

6.2.1　城市规模划分

　　按照城市人口规模,将我国地级以上城市分为超大城市、特大城市、大城市、中等城市和小城市。城市规模分类标准见表 6 - 15。

表 6-15 城市规模分类标准

城市规模	城市人口规模/万人	城市数量/个	所占比重/(%)
超大城市	＞200	24	9.20
特大城市	100～200	32	12.26
大城市	50～100	77	29.50
中等城市	20～50	103	39.46
小城市	＜20	25	9.58

6.2.2　不同规模城市用地结构特征

6.2.2.1　城市用地结构与《标准》(GBJ 137—1990)、《规范》(GB 50442—2008)的比较

《城市公共设施规划规范》(GB 50442—2008)(以下简称《规范》)中公共设施用地与《标准》中的公共设施用地内涵相同,《规范》对不同规模城市公共设施用地的人均标准和用地比例进行了规划,是城市中合理配置和布局各项公共设施用地,提高城市公共设施规划科学性的重要依据[154]。因此,将不同规模城市的居住用地比例、工业用地比例、道路广场用地比例和绿地比例与《标准》中相应的用地结构标准进行对照分析,将公共设施用地比例与《规范》中规划比例相比较,判别不同规模城市土地利用结构特征及合理性。

分析结果显示如表 6-16 和图 6-5 所示。

表 6-16 不同规模城市各功能性用地比例与《标准》《规范》的比较

土地类型	城市规模	平均值/(%)	最大值/(%)	最小值/(%)	标准差	《标准》要求/(%)	合标城市比例/(%)	超标城市比例/(%)	低标城市比例/(%)
居住用地	超大城市	29.21	50.22	20.78	0.06	20～32	83.33	16.67	0.00
	特大城市	28.06	35.86	19.05	0.04		71.88	25.00	3.13
	大城市	32.24	60.33	18.60	0.08		55.84	42.86	1.30
	中等城市	32.54	67.30	8.07	0.09		47.57	48.54	3.88
	小城市	31.52	50.05	15.09	0.09		36.00	56.00	8.00
公共设施用地	超大城市	14.08	26.50	4.40	0.05	13.0～17.5	20.83	29.07	50.00
	特大城市	12.13	19.33	6.61	0.04	11.6～15.4	31.25	18.75	50.00
	大城市	12.21	25.43	2.34	0.05	10.3～13.8	35.06	35.06	29.87
	中等城市	13.31	27.69	4.00	0.05	9.2～12.3	27.18	54.37	18.45
	小城市	14.76	24.82	7.93	0.05	8.6～11.4	12.00	76.00	12.00

续表

土地 类型	城市规模	平均值 /（％）	最大值 /（％）	最小值 /（％）	标准差	《标准》要求 /（％）	合标城 市比例 /（％）	超标城 市比例 /（％）	低标城 市比例 /（％）
工业 用地	超大城市	21.79	35.08	13.02	0.05	15～25	75.00	20.83	4.17
	特大城市	25.06	46.68	12.23	0.07		50.00	43.75	6.25
	大城市	22.75	38.45	6.90	0.06		63.63	27.27	9.09
	中等城市	18.94	38.26	1.13	0.07		49.51	20.39	30.10
	小城市	14.12	36.09	2.00	0.09		36.00	8.00	56.00
道路 广场 用地	超大城市	11.00	18.81	3.10	0.04	8～15	83.33	8.33	8.33
	特大城市	11.38	16.63	5.35	0.03		75.00	12.50	12.50
	大城市	9.86	17.06	0.25	0.03		67.53	6.49	25.97
	中等城市	10.36	21.47	3.57	0.04		70.87	8.74	20.39
	小城市	11.55	19.14	1.71	0.04		48.00	24.00	28.00
绿地	超大城市	9.33	17.60	2.57	0.04	8～15	58.33	4.17	37.50
	特大城市	10.16	19.14	1.73	0.05		53.13	12.50	34.38
	大城市	9.12	35.15	1.82	0.06		40.26	10.39	49.35
	中等城市	10.97	46.26	0.20	0.08		33.98	22.33	43.69
	小城市	13.54	41.06	4.27	0.09		36.00	32.00	32.00

（1）不同规模城市的居住用地比例（28.06％～32.54％）、公共设施用地比例（12.13％～14.76％）、工业用地比例（14.12％～25.06％）、道路广场用地比例（9.86％～11.55％）和绿地比例（9.33％～13.54％）差异明显，这 5 类用地比例在不同规模城市间差距的最大值分别为 4.48％，2.63％，10.94％，1.69％，4.21％；而仓储用地（3.09％～3.86％）、对外交通用地（4.17％～4.97％）、市政公用设施用地（3.03％～3.99％）所占比例的差距均小于一个百分点，差距不大；特殊用地比例介于 1.69％～3.13％之间。

（2）随城市规模增大，居住用地比例、公共设施用地比例、工业用地比例、道路广场用地比例和绿地比例符合《标准》的城市比重呈上升趋势。

（3）居住用地比例不符合《标准》的城市主要表现为超出《标准》上限城市较多，且城市规模越小，超标比例越严重。这源于中小城市的土地价格相对低廉，且住宅建设多以中低层为主。

（4）超大城市和特大城市的公共设施用地比例偏低，50％特大规模以上城市的公共设施用地比例不足《规范》下限；大城市公共设施用地比例处于《规范》范围之内、超过《规范》上限、低于《规范》下限的城市各占 1/3 左右；中小城市公共设施用地比例以超出《规范》上限为主，尤其是小城市符合《规范》的城市比例仅为 12.00％。一方面一些中小城市不切实际的建设大型游乐广场、行政办公用地等是公共设施用地比例偏高的主要原因；另一方面随着城市功能的逐步完善，新的用地类型出现，因此有必要对现行的《城市公共设施规划规范》进行修订。

（5）特大城市工业用地比例超标城市比例最高（43.75％），中小城市工业用地比例低于《标准》下限城市较多,由于中小城市经济基础薄弱,吸引外来资金和外来企业的能力有限,工业发展条件不足,相应地,其工业用地比例远低于中等以上规模城市工业用地比例。

(6)随城市规模增大,道路广场用地比例低于《标准》下限的城市所占比例越低,即城市规模越大,其道路广场用地比例相对越高,说明大城市的基础设施水平优于中小城市。

(7)保持一定数量的绿地是城市生态良性发展的基础和保障。总体上,我国城市的绿地比例水平偏低,地级以上城市中至少有 1/3 的城市绿地比例不足《标准》下限 8%。

(8)中小城市各功能性用地比例的内部差异较大,超大城市和特大城市的内部差异相对较小。

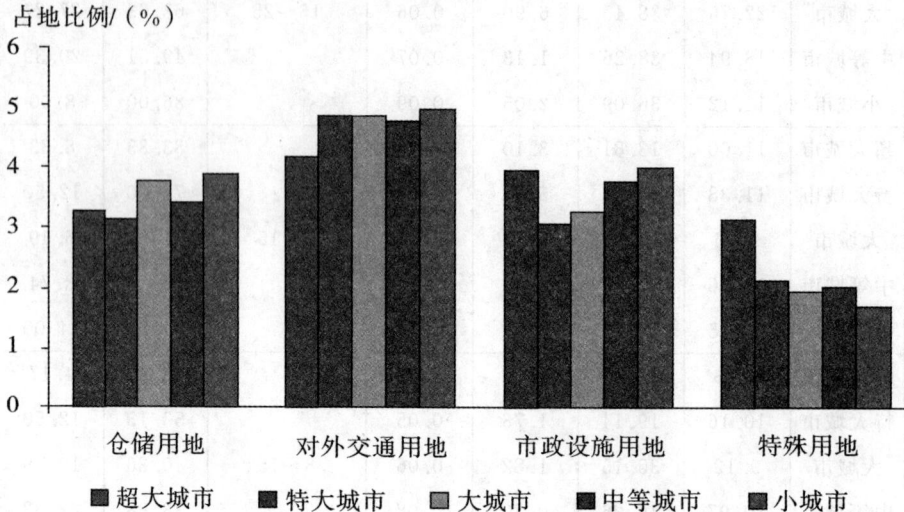

图 6-5　2007 年不同规模城市各功能用地比例

6.2.2.2　城市用地结构多样性、均衡度、优势度分异

对不同规模城市用地结构多样性指数、均衡度和优势度的分析结果显示见表 6-17。

(1)土地利用结构多样性指数最大的是大城市(2.06),中等城市多样性指数最小(1.12);从内部差异看,大中城市内部差异较大,超大城市、特大城市和小城市内部差异偏小。

(2)超大城市土地利用结构多样性指数属于高级的城市比例最高(45.83%);特大城市、大城市和小城市多样性指数处于高级的城市比例分别为 21.88%,20.78%,20.88%;中等城市多样性指数属于高级的城市比例最小(18.45%);总体上,城市规模越大,土地利用的多样化程度越高,土地利用类型越齐全。

(3)不同规模城市土地利用多样性指数以属于中级水平为主,超大城市、特大城市、大城市、中等城市和小城市中土地利用多样性处于中级水平的城市比例分别为 50.00%,71.88%,58.44%,61.17%,60.00%,说明目前我国地级以上城市土地利用类型多样性还有很大的提升空间。

(4)超大城市和特大城市的土地利用多样化程度属于低级的城市较少,所占比例分别为 4.17%,6.25%;大、中、小城市中仍有 1/5 的城市土地利用多样化程度不高,土地利用多样性指数均小于 1.70。

表 6-17　不同规模城市土地利用结构多样性指数差异

城市规模	取值范围	高(G≥1.90)		中(1.70≤G<1.90)		低(G<1.70)	
		城市数量	所占比例/(%)	城市数量	所占比例/(%)	城市数量	所占比例/(%)
超大城市	1.59~1.98	11	45.83	12	50.00	1	4.17
特大城市	1.59~1.99	7	21.88	23	71.88	2	6.25
大城市	1.36~2.06	16	20.78	45	58.44	16	20.78
中等城市	1.12~2.04	19	18.45	63	61.17	21	20.39
小城市	1.50~1.96	5	20.00	15	60.00	5	20.01

　　图6-6是地级以上城市土地利用结构多样性指数分布情况,图中空白区域是地级以上城市以外的区域和研究中剔除的一些地级城市。从图中可以看出,土地利用结构多样性指数高的城市呈集聚状态,呈现"群"状特点。多样性指数高的城市主要集中在成渝经济区、中原、京津冀、辽中半岛、珠三角、长三角、山东半岛。其余则分布较为零散,包括新疆的乌鲁木齐;甘肃的酒泉;四川的乐山、达州、广元;贵州的贵阳,湖南的西南部城市等。

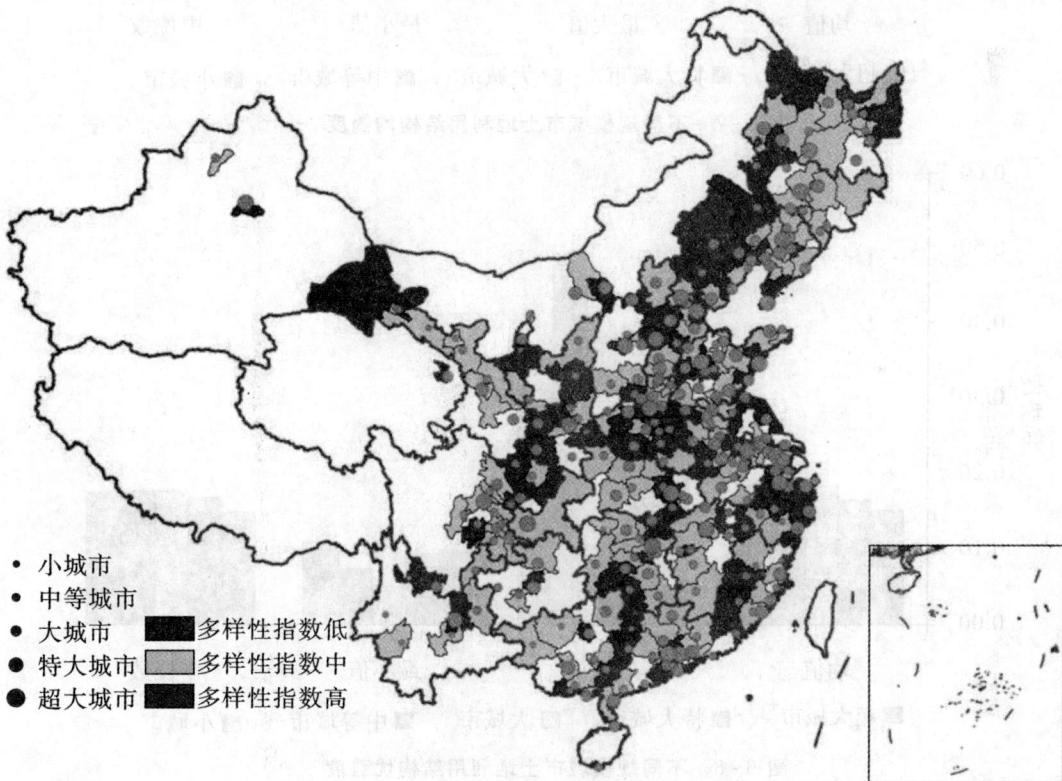

图 6-6　不同规模城市土地利用结构多样性指数分布

　　由图6-7和图6-8可以看出:①随城市规模增大,城市土地利用结构的均衡度(均值)呈递增趋势,但差距不大,说明土地在不同功能类型间的分布越均衡,土地功能越完善;但不同规模城市不同城市土地利用结构均衡度的极差较大。②从优势度看,与均衡度相反,随城市规模增大,土地利用结构的优势度越低,尤其是中小城市,由于受自身发展条件和外在因素的影响,城市土地利用功能不尽完善,体现在某一类或几类土地利用类型凸出。

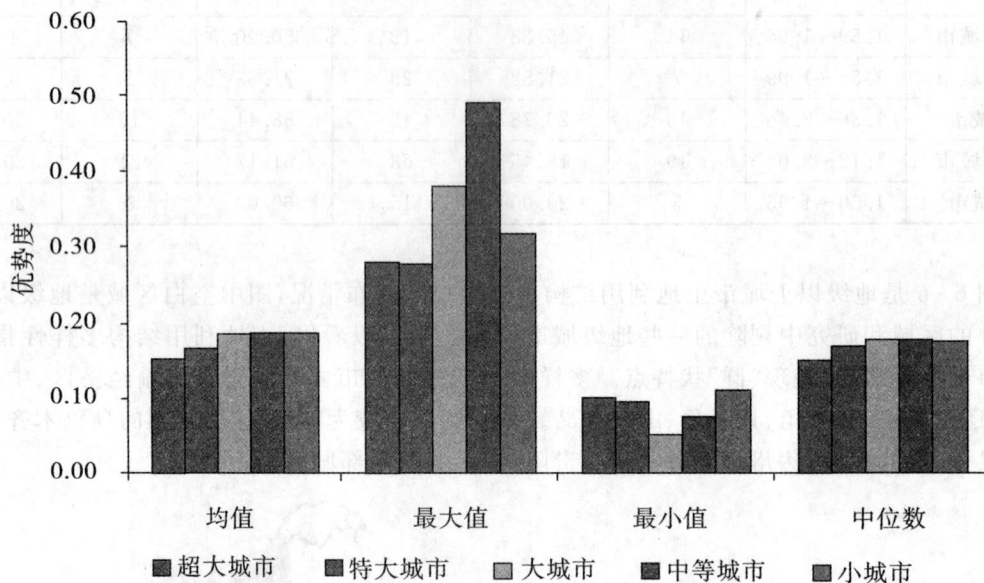

图 6-7 不同规模城市土地利用结构均衡度

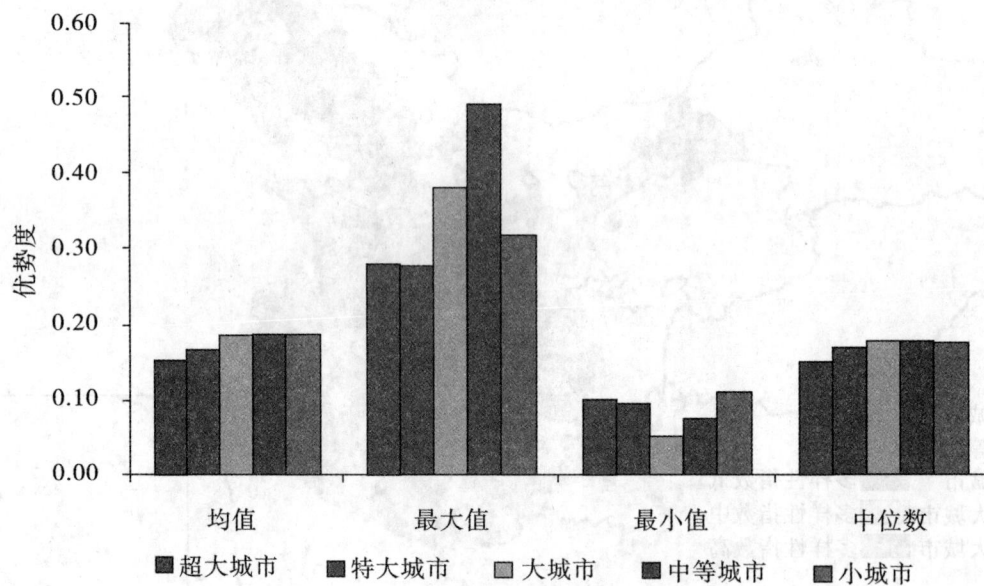

图 6-8 不同规模城市土地利用结构优势度

6.2.3 不同规模城市产业结构特征

6.2.3.1 不同规模城市三次产业产值结构分析

由表 6-18 可知,超大城市产业产值结构呈"三、二、一"排序格局,超大规模以下城市产值结构呈"二、三、一"型排序特征。总体上,随城市规模增大,第一产业产值比重呈下降趋势。超大城市、特大城市、大城市、中等城市和小城市的第一产业产值比重分别为 1.98%,2.32%,5.15%,8.66%,12.29%。

超大城市第二产业产值比重最低,比超大规模以下城市低 10 个百分点左右。随城市规模增大(除超大城市),第二产业产值比重呈上升趋势,这说明工业经济依然是我国大部分城市发展的主力,在国民经济中占主导地位。一般地,随城市规模增大,城市基础设施水平和投资环境越好,其吸引工业企业发展的能力更强,而小城市的投资环境和基础设施水平较弱,工业发展的基础不足,第二产值在国民经济中的贡献率小于中等以上规模城市。

随城市规模增大,第三产业产值比重呈上升趋势。其中超大城市第三产业产值比重远远大于超大规模以下城市,超大城市主要是一些经济较为发达的省会及直辖市,第三产业较为发达,已成为区域国民经济增长的主导力量。而超大规模以下城市第三产业产值在国民经济增长中的贡献率不高,尤其是中小城市第三产业大多仍以传统服务业为主,现代化水平不高。因此,未来我国超大规模以下城市应发展一些现代水平高、高附加值的第三产业,提升产业的发展品质和档次。

表 6-18　2007 年不同规模城市产值结构差异

城市规模	GDP/万元	第一产业产值比重/(%)	第二产业产值比重/(%)	第三产业产值比重/(%)
超大城市	223 034 868	1.98	44.11	53.91
特大城市	311 113 588	2.32	57.40	40.28
大城市	227 046 180	5.15	55.92	38.93
中等城市	167 781 867	8.66	55.09	36.24
小城市	19 277 979	12.29	54.01	33.71

不同规模城市内部的产业产值结构差异较大。按照产业结构阶段划分的标准,以城市第一产业产值比重为例,由表 6-19 可知,总体上,超大城市和特大城市处于工业化的中后期阶段;大城市处于工业化中期及中期向后期过渡阶段;中等城市中 12.62% 的城市处于工业化中期的初级阶段,32.04% 的城市处于工业化中期快速发展阶段,55.34% 的城市处于工业化中后期阶段;小城市中 28.00% 城市处于工业化初期发展阶段,40.00% 城市处于工业化中期快速发展阶段,32.00% 城市处于工业化中后期阶段。综上得知,随城市规模增大,城市工业化水平越高,工业化发展水平不高的城市主要集中在中小城市。

表 6-19　2007 年不同规模城市第一产业产值比重差异

第一产业产值比重	特征	超大城市	特大城市	大城市	中等城市	小城市
>20%	城市数量/个	0	0	0	13	7
	所占比重/(%)	0.00	0.00	0.00	12.62	28.00
10%~20%	城市数量/个	0	0	16	33	10
	所占比重/(%)	0.00	0.00	20.78	32.04	40.00
<10%	城市数量/个	24	32	61	57	8
	所占比重/(%)	100.00	100.00	79.22	55.34	32.00

从不同规模城市三次产业产值结构比重的比较可以看出(见表 6-20)：①总体上，随城市规模增大，城市间的差异呈下降趋势。②就不同规模城市内部三次产业产值排序格局而言，超大城市中 58.33％城市产值结构呈现"三、三、一"产业排序，而特大城市、大城市和中等城市呈现这一排序特征的城市比例分别为 28.13％，24.68％，28.16％，不及超大城市的一半；小城市中呈现"三、三、一"产业排序特征的城市比例为 44.00％，远高于中等以上规模城市(超大城市除外)，这主要源于小城市第二产业发展薄弱，第二产业产值在 GDP 中的贡献率有限，相比之下，其第三产业产值比重偏高，并非是第三产业发达的结果。

表 6-20 2007 年不同规模城市内部产值结构差异

类型		超大城市	特大城市	大城市	中等城市	小城市
第一产业产值比重	最大值/(％)	7.53	8.63	19.67	53.66	30.57
	最小值/(％)	0.38	0.37	0.59	0.45	1.02
	标准差	1.82	1.95	4.88	8.69	9.18
第二产业产值比重	最大值/(％)	57.84	87.97	82.46	89.59	90.38
	最小值/(％)	26.68	29.64	28.23	9.9	17.8
	标准差	8.14	10.58	10.46	13.05	18.08
第三产业产值比重	最大值/(％)	72.43	68.4	66.87	66.93	69.24
	最小值/(％)	40.45	11.27	16.58	9.92	8.6
	标准差	8.31	10.48	9.48	9.42	14.43
"二、三、一"排序	城市数量/个	10	23	58	74	14
	所占比重/(％)	41.67	71.88	36.36	71.84	56.00
"三、二、一"排序	城市数量/个	14	9	19	29	11
	所占比重/(％)	58.33	28.13	24.68	28.16	44.00

6.2.3.2 不同规模城市三次产业就业结构分析

由表 6-21 可知，我国不同规模城市的三次产业就业结构的排序特征存在差异。总体上，超大城市和小城市三次产业就业结构呈现"三、二、一"的排序格局，特大城市、大城市和中等城市呈现"二、三、一"排序格局，这说明，超大城市和小城市中第三产业是吸纳劳动力就业的主渠道，且小城市中第三产业就业比重超过超大城市，这一现象实为产业结构"虚高级化"的表现，而特大城市、大城市和中等城市中 50％以上的劳动力在第二产业就业。与产值结构相比，小城市与中等以上规模城市间存在较大经济效益上的差异，随城市规模增大，产业效益呈上升的趋势，即超大城市产值效益最高，小城市最低。

表 6-21 2007 年不同规模城市就业结构差异

城市规模	就业人数/万人	第一产业就业比重/(％)	第二产业就业比重/(％)	第三产业就业比重/(％)
超大城市	269 3.25	0.63	43.02	56.36
特大城市	124 1.5	0.47	57.57	41.95
大城市	128 4.15	1.83	52.99	45.18

续表

城市规模	就业人数/万人	第一产业就业比重/(%)	第二产业就业比重/(%)	第三产业就业比重/(%)
中等城市	943.82	1.38	50.55	48.07
小城市	93.91	3.51	32.64	63.80

但不同规模城市内部就业结构的差异明显。见表 6-22,从不同产业就业比重的标准差看,超大城市内部差异最小,中小城市内部差异较大,特大城市和大城市居中。从三次产业就业结构的排序特征看,中小城市分别有 61.17%,92.00% 的城市以"三、二、一"型就业格局为主,这也验证了上述关于中小城市产业结构"虚高级化"的特征,其工业化水平低于中等以上规模城市;超大城市、特大城市和大城市中就业格局呈现"二、三、一"型的城市比例分别为66.67%,78.13%,57.14%。按照工业化进程的一般规律,中小城市应加大第二产业的发展力度,使工业经济成为国民经济的主体,加快工业化发展进程,增强其吸纳就业的能力,为第三产业的发展创造条件。

表 6-22　2007 年不同规模城市内部就业结构差异

类　型		超大城市	特大城市	大城市	中等城市	小城市
第一产业产值比重	最大值/(%)	3.58	3.05	49.72	19.33	13.15
	最小值/(%)	0.08	0.03	0.02	0.04	0.21
	标准差	0.87	0.58	6.02	2.77	4.01
第二产业就业比重	最大值/(%)	61.10	81.61	77.33	75.86	73.00
	最小值/(%)	26.08	26.03	29.44	12.75	10.51
	标准差	7.26	11.74	11.72	14.78	15.39
第三产业就业比重	最大值/(%)	73.45	73.33	69.79	85.06	88.71
	最小值/(%)	38.65	18.35	18.47	20.62	26.77
	标准差	7.17	11.46	11.64	14.07	15.09
"二、三、一"排序	城市数量/个	16	25	44	40	2
	所占比重/(%)	66.67	78.13	57.14	38.83	8.00
"三、二、一"排序	城市数量/个	8	7	33	63	23
	所占比重/(%)	33.33	21.88	42.86	61.17	92.00

6.2.3.3　不同规模城市产业结构效益分析

对不同规模城市产业的比较劳动生产率计算结果显示(见表 6-23):中等城市第一产业的比较劳动生产率最高(6.28),其次是特大城市(4.92)、小城市(3.50)、超大城市(3.17)、大城市(2.81);中等以上规模城市的第二产业、第三产业比较劳动生产率差距不大,分别介于 1.00~1.09 之间和 0.75~0.96 之间,而小城市的第二产业比较劳动生产率最高(1.65),第三产业比较劳动生产率最低(0.53)。

从内部差异看,第一产业比较劳动生产率内部差距最大,尤其以大城市之间的差距最为显著(标准差为 25.76),超大城市差距最小(标准差为 8.81);第二、三产业比较劳动生产率的内部差距不大,标准差均小于1,远远小于第一产业比较劳动生产率的内部差距。这说明不同规模城市二、三产业比较劳动生产率的差距相对较小,但第一产业的差距较大,由于不同规模城市的农业现代化水平差距不同,导致农业产出效益水平地域差距明显。

从第一、二、三产业产业比较劳动生产率之间的差距看,中等城市差距最大,其次是特大城市、小城市、超大城市、大城市,说明我国城市产业结构的二元性特征在城市规模级上呈由大城市→超大城市→小城市→特大城市→中等城市依次显著的趋势,规模性特征并不明显。

表6-23 2007年不同规模城市比较劳动生产率差异

类 型		超大城市	特大城市	大城市	中等城市	小城市
第一产业	均值	3.17	4.92	2.81	6.28	3.50
	最大值	32.13	77.00	126.67	110.70	39.19
	最小值	0.25	1.06	0.15	0.36	0.61
	标准差	8.81	14.56	25.76	23.24	9.98
第二产业	均值	1.03	1.00	1.06	1.09	1.65
	最大值	1.48	1.72	1.67	3.11	2.97
	最小值	0.71	0.74	0.56	0.41	0.68
	标准差	0.17	0.21	0.19	0.39	0.56
第三产业	均值	0.96	0.96	0.86	0.75	0.53
	最大值	1.23	1.84	2.22	1.91	0.95
	最小值	0.70	0.28	0.49	0.35	0.31
	标准差	0.13	0.31	0.32	0.22	0.16

对不同规模城市产业结构偏离度的计算结果显示(见表6-24):整体上,随城市规模增大,产业结构偏离度呈增大趋势(除特大城市略小于超大城市),这说明城市规模越小其劳动力与产值结构不对称就越为显著,但总体上,我国中等以上规模城市的劳动力与产值结构基本处于同步的状态。总体上,第一、二产业偏离度均接近于0,且均为负值,说明不同规模城市第一产业都存在略微的隐形失业。第三产业偏离度中小城市远高于中等以上规模城市,说明中小城市第三产业未能实现"充分就业",其劳动力结构与产业结构存在着不对称,匹配程度不高,而中等以上规模城市的第三产业结构偏离度均接近0,说明其劳动力与产值结构基本协调。

表6-24 2007年不同规模城市产业结构偏离度差异

类 型		超大城市	特大城市	大城市	中等城市	小城市
第一产业偏离度	均值/(%)	−0.01	−0.02	−0.03	−0.07	−0.09
	最大值/(%)	2.68	−0.02	31.80	4.31	0.65
	最小值/(%)	−7.09	−7.17	−19.12	−50.16	−29.79
	标准差	1.93	1.61	6.38	8.32	8.15

续表

类　型		超大城市	特大城市	大城市	中等城市	小城市
第二产业偏离度	均值/(%)	−0.01	0.00	−0.03	−0.05	−0.21
	最大值/(%)	13.19	18.82	31.39	25.45	12.72
	最小值/(%)	−18.35	−28.53	−22.94	−41.20	−38.23
	标准差	7.32	10.75	6.38	12.02	11.95
第三产业偏离度	均值/(%)	0.02	0.02	0.06	0.12	0.30
	最大值/(%)	18.50	32.81	31.57	42.53	45.50
	最小值/(%)	−12.59	−17.82	−25.93	−24.58	2.89
	标准差	6.97	11.14	11.69	13.02	11.42
结构偏离度	均值/(%)	0.05	0.04	0.12	0.24	0.60
	最大值/(%)	37.00	65.62	63.60	100.32	91.00
	最小值/(%)	1.00	3.16	2.50	1.48	19.20
	标准差	8.80	14.81	15.17	20.59	20.70

6.2.4　不同规模城市用地结构与产业结构关系的通经分析

利用 SPSS 软件对对因变量—不同规模城市土地利用结构的信息熵进行正态性检验。输出结果见表 6-25。由计算结果可知,不同规模城市土地利用信息熵的显著性水平均大于 0.05,城市土地利用信息熵服从正态分布特征。

表 6-25　不同规模城市土地利用信息熵正态性检验

规模划分	Kolmogorov - Smirnov			Shapiro - Wilk		
	Statistic	df	Sig.	Statistic	df	Sig.
超大城市	0.146	24	0.200	0.906	24	0.291
特大城市	0.007	32	0.200	0.959	32	0.264
大城市	0.010	77	0.560	0.948	77	0.340
中等城市	0.092	103	0.308	0.914	103	0.101
小城市	0.131	25	0.200	0.916	25	0.408

根据通径分析原理,对不同规模城市土地利用信息熵与产业结构进行通径分析,分析结果见表 6-26 至表 6-30。总体上,就业结构和产值结构对超大城市土地利用信息熵的直接作用系数分别为 −0.521 7,−1.053 3,0.661 2,1.222 2,两者的作用方向和作用强度不同,就业结构与超大城市土地利用信息熵呈负向相关关系,产值结构呈正向相关关系,且从作用强度看,产值结构直接作用大于就业结构。由于超大城市整体上处于工业化的中后期,工业化水平较高,城市经济发展以第三产业为主。而第三产业发展需要相应配套的基础设施,对城市土地利用类型和城市功能的需求更高,因此,第三产业越发达,说明城市土地利用的整体功能越完善,

越能促进城市土地功能,增加土地利用熵值。在间接通径系数中,第三产业就业比重通过 x_4 和第三产业产值比重通过 x_2,x_3 的间接通径系数较大,分别为 0.737 7,−0.635 7,−0.645 0,但两者的作用方向相反,因此,超大城市应进一步提升第三产业的发展水平,同时注重第二产业产值效益的提高,从发展劳动密集型第二产业向资本密集型和技术密集型产业转化。

特大城市就业结构与产值结构对城市土地利用信息熵的直接通径系数分别为 1.593 6,1.837 8,0.507 9,0.476 0,就业结构与产值结构与城市土地利用信息熵均呈正向相关关系。显然,特大城市的就业结构对土地利用信息熵的直接作用强度大于产值结构。这说明在特大城市中通过改善就业结构来优化土地利用结构的效果更为显著。当前,我国劳动力过度向一些超大城市集中,造成超大城市中劳动力相对过剩与一些特大城市和大城市"用工荒"同时存在的现象。因此,特大城市可以发展一些对劳动力吸纳能力强的二、三产业,调整产业用地结构,优化城市发展空间。

大城市的就业结构和产值结构对城市土地利用信息熵的直接作用系数分别为 −0.190 9,0.260 7,0.395 7,0.161 9,其中第二产业就业比重与土地利用信息熵呈负相关关系,其他产业结构指标呈正相关关系。从作用强度看,产值结构的作用相对大于就业结构。

中小城市的就业结构和产值结构与城市土地利用信息熵的直接通径系数均为负值,说明目前中小城市的土地利用产值结构和就业结构与城市土地利用并不协调。由于中小城市产值效益相对偏低,且产业结构存在"虚高级化"现象,体现在土地利用上,不仅影响城市土地利用的效益提升和功能完善,在一定程度上,也导致土地利用无序化的加重。因此,中小城市第二产业和第三产业吸纳劳动力就业和产值提升的空间还比较大,根据城市发展实际,适当发展一些劳动密集型第二产业和附加值水平高的第三产业。

表 6-26　超大城市土地利用信息熵与产业结构通径系数

变量名	直接通径系数	通过 x_1	通过 x_2	通过 x_3	通过 x_4
第二产业就业比重(x_1)	−0.521 7	—	1.045 7	0.365 5	−0.730 4
第三产业就业比重(x_2)	−1.053 3	0.517 9	—	−0.366 9	0.737 7
第二产业产值比重(x_3)	0.661 2	−0.288 4	0.584 5		−1.192 4
第三产业产值比重(x_4)	1.222 2	0.311 8	−0.635 7	−0.645 0	—

表 6-27　特大城市土地利用信息熵与产业结构通径系数

变量名	直接通径系数	通过 x_1	通过 x_2	通过 x_3	通过 x_4
第二产业就业比重(x_1)	1.593 6		−1.836 0	0.277 3	−0.234 9
第三产业就业比重(x_2)	1.837 8	−1.592 1	—	−0.274 9	0.235 2
第二产业产值比重(x_3)	0.507 9	0.870 2	−0.994 9		−0.467 9
第三产业产值比重(x_4)	0.476 0	−0.786 5	0.908 0	−0.499 2	—

表 6-28　大城市土地利用信息熵与产业结构通径系数

变量名	直接通径系数	通过 x_1	通过 x_2	通过 x_3	通过 x_4
第二产业就业比重(x_1)	−0.190 9	—	−0.226 9	0.243 3	−0.068 8
第三产业就业比重(x_2)	0.260 7	0.166 1	—	−0.209 8	0.067 7
第二产业产值比重(x_3)	0.395 7	−0.117 4	−0.138 2	—	−0.143 3
第三产业产值比重(x_4)	0.161 9	0.081 1	0.108 9	−0.350 1	—

表 6-29　中等城市土地利用信息熵与产业结构通径系数

变量名	直接通径系数	通过 x_1	通过 x_2	通过 x_3	通过 x_4
第二产业就业比重(x_1)	−0.476 1	—	0.606 5	−0.116 4	0.058 8
第三产业就业比重(x_2)	−0.616 9	0.468 1	—	0.113 9	−0.060 8
第二产业产值比重(x_3)	−0.181 0	−0.306 1	0.388 1	—	0.101 2
第三产业产值比重(x_4)	−0.135 6	0.206 3	−0.276 6	0.135 1	—

表 6-30　小城市土地利用信息熵与产业结构通径系数

变量名	直接通径系数	通过 x_1	通过 x_2	通过 x_3	通过 x_4
第二产业就业比重(x_1)	−0.332 8	—	2.236 4	−0.092 6	0.102 4
第三产业就业比重(x_2)	−0.431 9	0.321 4	—	0.089 5	−0.107 6
第二产业产值比重(x_3)	−0.120 8	−0.255 0	0.246 6	—	0.130 3
第三产业产值比重(x_4)	−0.150 9	0.225 9	−0.308 1	0.104 4	—

6.3　不同职能城市用地结构与产业结构关系分析

6.3.1　城市职能划分

6.3.1.1　城市职能分类指标选取

城市职能是指城市在国家或区域中所起的作用和承担的分工[155]。关于城市职能的研究一直以来都是西方城市地理学的经典研究领域之一,并积累了大量的理论与实践成果。西方关于城市职能分类的研究主要涉及以下三个方面[156]:一是应用区位熵等方法,根据城市的区位和职能专门化等特征进行城市职能类型的命名与划分;二是从城市职能要素的视角,将城市职能体系划分为主导职能、优势职能、交通职能、中心地职能等;三是采用数学和多元统计分析手段构建多样化的城市职能定量的分类方法与模型。我国学者在参考和借鉴国外相关研究的基础上,也开展了城市职能的相关研究。其中学者孙盘寿[157]、张文奎[158]、周一星[159]、田文祝[160]等从不同角度进行了许多实证研究。由于城市职能的影响因素复杂多样,且大部分城市又兼有几种城市职能,因此,目前对城市职能的划分尚无统一的标准。本文从经济、社会、从业结构、交通、环境 5 个方面选择指标划分城市职能。其中从业结构根据《中国城市统计年鉴》(2007 年)给出的劳动力从业构成统计数据,对统计资料中的 19 个行业进行剔除和归并,以重新划分后的 7 个行业反映从业结构。从业结构划分和城市职能类型指标分别见表 6 - 31、表 6 - 32。

表 6 - 31 从业结构划分

中国城市统计年鉴		城市职能分类		中国城市统计年鉴		城市职能分类	
序号	从业结构	序号	从业结构	序号	从业结构	序号	从业结构
1	农林牧渔业			11	批发和零售业		
2	水利、环境和公共设施管理业			12	住宿、餐饮业		
3	居民服务和其他服务业			13	金融业	6	商贸餐饮业
4	建筑业	1	建筑业	14	租赁和商务服务业		
5	交通运输、仓储和邮政业	2	交通运输、仓储和邮政业	15	信息传输、计算机服务和软件业		
6	房地产业	3	房地产业	16	科学研究技术服务和地质勘查业		
7	公共管理和社会组织	4	公共管理和社会组织	17	教育	7	科教文卫业
8	采矿业			18	卫生、社会保障和社会福利业		
9	制造业	5	工业	19	文化、体育和娱乐业		
10	电力、燃气及水的生产和供应业						

表 6 - 32 城市职能分类指标

评价内容	评价指标
经济因子	人均 GDP(A_1)、人均工业总产值(A_2)、固定资产投资额(A_3)、房地产投资额(A_4)、社会消费品零售额(A_5)、限额以上批发零售贸易业商品销售总额(A_6)、第二产业产值比重(A_7)、第三产业产值比重(A_8)
社会因子	城市人口(A_9)、城市化率(A_{10})、每百人公共图书馆藏书量(A_{11})
从业因子	工业从业人员比重(A_{12})、建筑业从业人员比重(A_{13})、交通运输、仓储和邮政业从业人员比重(A_{14})、商贸餐饮业从业人员比重(A_{15})、房地产从业人员比重(A_{16})、科教文卫从业人员比重(A_{17})、公共管理和社会组织业从业人员比重(A_{18})、第二产业从业人员比重(A_{19})、第三产业从业人员比重(A_{20})
交通因子	客运总量(A_{21})、货运总量(A_{22})、公路客运量(A_{23})、公路货运量(A_{24})、人均城市道路面积(A_{25})
环境因子	人均绿地面积(A_{26})、建成区绿化覆盖率(A_{27})

6.3.1.2　城市职能分类的方法

城市职能分类采用主成分法和聚类分析法[161],通过主成分法确定影响城市职能的主要因子,并计算主因子得分值,并利用聚类分析法对主因子得分值进行分类,判断城市的主导职能。

主成分分析法是把原来多个变量化为少数几个综合指标的一种统计分析方法。从数学角度来看,这是一种降维的处理技术。假设有 n 个城市样本,选择影响职能的 p 个变量,这样构成一个 $n\times p$ 的数据矩阵。

$$X=\begin{bmatrix} x_{11},x_{12},\cdots,x_{1p} \\ x_{21},x_{22},\cdots,x_{2p} \\ \vdots \quad \vdots \quad \vdots \\ x_{n1},x_{n2},\cdots,x_{np} \end{bmatrix} \tag{6-2}$$

利用 SPSS 软件进行主成分分析,当 p 较大时,就需要进行降维处理,即用较少的几个综合指标代替原来较多的变量指标,综合指标等别记为 $Z_1,Z_2,\cdots,Z_m(m\leqslant p)$,则

$$\begin{cases} Z_1=l_{11}x_1+l_{12}x_2+\cdots+l_{1p}x_p \\ Z_2=l_{21}x_1+l_{22}x_2+\cdots+l_{2p}x_p \\ \cdots \\ Z_m=l_{m1}x_1+l_{m2}x_2+\cdots+l_{mp}x_p \end{cases} \tag{6-3}$$

$Z_1,Z_2,\cdots,Z_m(m\leqslant p)$ 就是原变量 $x_1,x_2,\cdots,x_p$ 的主成分。其计算过程为

1.计算相关系数矩阵

公式为
$$R=\begin{bmatrix} r_{11},r_{12},\cdots,r_{1p} \\ r_{21},r_{22},\cdots,r_{2p} \\ \vdots \quad \vdots \\ r_{p1},r_{p2},\cdots,r_{pp} \end{bmatrix} \tag{6-4}$$

$r_{ij}(i,j=1,2,\cdots,p)$ 为原变量 x_i 与 x_j 的相关系数,其计算公式为

$$r_{ij}=\frac{\sum\limits_{k=1}^{n}(x_{ki}-\overline{x}_i)(x_{kj}-\overline{x}_j)}{\sqrt{\sum\limits_{k=1}^{n}(x_{ki}-\overline{x}_i)^2\sum\limits_{k=1}^{n}(x_{kj}-\overline{x}_j)^2}} \tag{6-5}$$

因为 R 是实对称矩阵(即 $r_{ij}=r_{ji}$),所以只需计算上三角或下三角元素即可。

2.计算特征值与特征向量

首先解特征方程 $|\lambda I-R|=0$,通常用雅可比法求出特征值 $\lambda_i(i=1,2,\cdots,p)$,并使其按大小顺序排列,然后分别求出对应于特征值 λ_i 的特征向量 $e_i(i=1,2,\cdots p)$。

3.计算主成分贡献率及累计贡献率

主成分 Z_i 的贡献率为

$$\frac{\lambda_i}{\sum\limits_{k=1}^{p}\lambda k}\quad(i=1,2,\cdots,p) \tag{6-6}$$

累计贡献率为

$$\frac{\sum\limits_{k=1}^{i}\lambda k}{\sum\limits_{k=1}^{p}\lambda k}\quad(i=1,2,\cdots,p) \tag{6-7}$$

一般累计贡献率达 $85\% \sim 95\%$ 的特征值 $\lambda_1, \lambda_2, \cdots, \lambda_m$ 所对应的第一、第二、……、第 m ($m \leqslant p$) 个主成分。

4. 计算主成分载荷

$$l_{ij} = p(Z_i, Z_j) = \sqrt{\lambda_i e_{ij}} \ (i, j = 1, 2, \cdots, p) \quad (6-8)$$

得到各主成分的载荷以后,进一步计算各主成分的得分:

$$Z = \begin{bmatrix} Z_{11}, Z_{12}, \cdots, Z_{1m} \\ Z_{21}, Z_{22}, \cdots, Z_{2m} \\ \cdots \quad \cdots \quad \cdots \\ Z_{n1}, Z_{n2}, \cdots, Z_{nm} \end{bmatrix} \quad (6-9)$$

利用主因子的得分值,采用聚类分析法对样本城市进行归纳、分类。由于本书采用聚类分析方法的目的是将具有共同特点的样本聚齐在一起,因此,在分析时采用 Q 型聚类,利用欧氏距离测量样本之间的距离。

6.3.1.3 城市职能分类结果

借助 SPSS 软件中的因子分析和聚类分析功能,提取城市职能的主因子,根据因子得分值,采用欧式距离测度 261 个样本城市间的距离,选用组平均法计算类之间的距离,对样本城市进行归类。结果如表 6-33、表 6-34、表 6-35 所示。

表 6-33　特征值及主成分贡献率

主成分	特征值	贡献率在/(%)	累计贡献率/(%)
1	11.12	41.20	41.20
2	3.40	12.60	53.80
3	3.28	12.15	65.95
4	2.38	8.80	74.75
5	1.52	5.63	80.38

结合表 6-33、表 6-34,影响城市职能的主因子有五个:①第一个主因子贡献率为 41.20%,反映的信息较为全面,主要和城市人口、交通运输、仓储和邮政业从业人员比重、商贸餐饮业从业人员比重、房地产从业人员比重、科教文卫业从业人员比重、公共管理和社会组织业从业人员比重、社会消费品零售额、限额以上批发零售贸易业商品销售总额、房地产投资额等指标密切相关,其载荷系数均在 0.9 以上,这类城市可表达为区域综合性城市。②第二个主因子贡献率为 12.60%,在第二产业从业人员比重和第二产业产值比重上的载荷系数较高,分别为 0.889,0.873,代表以第二产业为主的城市。③第三个主因子贡献率为 12.1%,与公路客运量、客运总量、货运总量直接相关,反映了以交通运输职能为主的城市。④第四个主因子与人均城市道路面积、每百人公共图书馆藏书量、建成区绿化覆盖率相关,反映城市的文化和生态环境特征,表示以文化旅游职能为主的城市。⑤第五个主因子在城市化率和人均工业总产值上的载荷相对较高,在其他指标上的载荷相对较小,且差距不大,反映了正处于工业化和城市化加速发展的城市,主要是地方中心城市。

表 6-34　旋转后的因子载荷矩阵

指标	主成分1	主成分2	主成分3	主成分4	主成分5	指标	主成分1	主成分2	主成分3	主成分4	主成分5
A_1	0.407	0.710	−0.006	0.205	0.072	A_{15}	0.915	−0.181	−0.291	−0.048	0.019
A_2	0.357	0.696	0.098	0.258	0.357	A_{16}	0.884	−0.199	−0.305	−0.048	0.017
A_3	0.937	0.107	0.060	−0.021	0.034	A_{17}	0.966	−0.149	−0.164	−0.059	−0.008
A_4	0.964	−0.040	−0.050	−0.026	0.046	A_{18}	0.973	−0.085	−0.063	−0.054	0.004
A_5	0.973	0.012	0.004	0.006	0.044	A_{19}	0.043	0.820	−0.190	−0.262	−0.234
A_6	0.928	−0.098	−0.182	−0.025	0.061	A_{20}	−0.009	−0.801	0.218	0.277	0.224
A_7	−0.106	0.790	−0.292	−0.280	−0.020	A_{21}	0.550	0.129	0.759	−0.197	−0.056
A_8	0.336	−0.532	0.267	0.462	−0.116	A_{22}	0.506	0.070	0.665	−0.255	−0.006
A_9	0.945	0.008	0.022	0.034	−0.085	A_{23}	0.460	0.154	0.802	−0.205	−0.043
A_{10}	0.085	0.238	0.037	0.111	0.793	A_{24}	0.775	−0.249	−0.416	0.000	0.025
A_{11}	0.483	0.142	0.071	0.543	−0.127	A_{25}	0.185	0.577	0.103	0.587	−0.005
A_{12}	0.873	0.253	−0.004	−0.111	0.018	A_{26}	0.084	0.108	0.026	0.334	−0.346
A_{13}	0.809	−0.055	0.077	−0.162	−0.145	A_{27}	0.136	0.348	−0.019	0.450	−0.265
A_{14}	0.942	−0.160	−0.177	−0.031	−0.037						

　　根据主成分得分值,进行聚类分析,同时结合各城市规划和发展实际,将 261 个地级城市分为五类(见表 6-35):区域综合性城市(39 个),主要是省会城市和副省级城市;第二产业城市(90 个);交通运输城市(18 个);文化旅游城市(34 个);地方中心城市(80 个)。

表 6-35　城市职能分类结果

职能	城市
区域综合性城市	北京　广州　天津　重庆　武汉　沈阳　杭州　西安　成都　南京　济南　昆明　长春　厦门　太原　大连　郑州　长沙　福州　兰州　合肥　青岛　佛山　南昌　贵阳　南宁　宁波　唐山　惠州　烟台　大庆　大同　淄博　无锡　徐州　鞍山　乌鲁木齐　哈尔滨　石家庄

续表

职能	城市
第二产业城市	盘锦 濮阳 苏州 东营 铜陵 白银 莱芜 双鸭山 鹤壁 安阳 乌海 威海 鹤岗 漯河 本溪 宜宾 淮北 泉州 中山 邯郸 乐山 绍兴 阳泉 芜湖 枣庄 抚顺 娄底 江门 湘潭 辽阳 河源 嘉兴 淮南 柳州 德阳 鄂州 宝鸡 泰州 龙岩 潍坊 焦作 许昌 温州 宜昌 新余 三门峡 湖州 常州 德州 岳阳 汕尾 泸州 清远 玉溪 自贡 通化 扬州 邢台 咸阳 鸡西 日照 曲靖 十堰 三明 内江 临沂 南平 白山 镇江 台州 张家口 资阳 韶关 洛阳 绵阳 孝感 遵义 克拉玛依 铜川 辽源 金昌 嘉峪关 松原 平顶山 马鞍山 七台河 葫芦岛 攀枝花 包头 东莞
交通运输城市	信阳 达州 南阳 沧州 邵阳 郴州 保定 衡阳 盐城 舟山 六安 晋城 襄樊 宿州 永州 阜阳 益阳 定西
文化旅游城市	西宁 泰安 银川 聊城 黄山 北海 桂林 菏泽 梧州 临汾 九江 黄冈 廊坊 长治 漳州 丹东 潮州 丽江 赣州 晋中 鹰潭 荆门 怀化 延安 呼和浩特 呼伦贝尔 齐齐哈尔 连云港 佳木斯 张家界 牡丹江 秦皇岛 海口 肇庆
地方中心城市	珠海 三亚 榆林 庆阳 防城港 黑河 酒泉 商洛 贺州 衡水 固原 巴彦淖尔 吴忠 乌兰察布 丽水 绥化 张掖 吉安 梅州 临沧 钦州 营口 贵港 承德 铁岭 四平 通辽 吕梁 雅安 安顺 昭通 玉林 抚州 蚌埠 白城 阳江 湛江 武威 来宾 开封 中卫 商丘 亳州 宿迁 百色 平凉 眉山 河池 上饶 茂名 池州 驻马店 广安 汉中 朝阳 崇左 巢湖 锦州 广元 淮安 吉林 赤峰 咸宁 周口 衢州 宁德 安庆 随州 渭南 遂宁 宜春 新乡 巴中 滁州 伊春 荆州 阜新 金华 南充 常德

6.3.2 不同职能城市用地结构特征

6.3.2.1 城市土地利用结构与《标准》(GBJ 137—1990)的差异

从表 6-36 和图 6-9 可知:

(1)不同职能城市的居住用地比例(28.55%~32.92%)、公共设施用地比例(11.37%~14.25%)、工业用地比例(17.32%~23.87%)、道路广场用地比例(9.26%~11.30%)和绿地比例(9.94%~10.88%)的均值差距明显;而仓储用地(3.31%~3.91%)、对外交通用地(4.31%~5.30%)、市政公用设施用地(3.32%~4.15%)、特殊用地(1.81%~2.67%)所占比例均值差距不大。

(2)从居住用地比例均值看,区域综合性城市<第二产业城市<交通运输城市<文化旅游城市<地方中心城市。但同一职能城市内部居住用地比例差异明显,如第二产业城市——孝感市,居住用地比例仅为 8.07%,远低于同职能类型的鸡西市(60.33%)。

(3)区域综合性城市居住用地比例达标率最高(79.49%),地方中心城市达标率不足 50%,其他类型城市达标率介于 50%~56%之间。由于区域综合性城市土地资源紧张,人地矛盾异常突出,其房屋以高层建筑为主,容积率较高,因此居住用地比例低于其他职能城市。而地方中心城市,其土地资源相对宽裕,房屋多以中低层建筑为主,地价整体水平不高,其居住用地比例偏高。居住用地比例不符合《标准》的城市主要表现为超出《标准》上限城市较多,以文化旅游城市和地方中心城市居多。

(4)第二产业城市公共设施用地比例最低(11.37%),交通运输城市和文化旅游城市公共设施用地比例相近,分别为14.25%,14.23%,区域综合性城市和地方中心城市公共设施用地比例均值相近,分别为13.84%,13.77%。文化旅游城市内部公共设施用地比例差异最大,西宁市公共设施用地比例仅为2.34%,这与西宁作为文化旅游城市的职能明显不相称,因此西宁应加大公共设施建设的力度,增加公共设施用地的供给。

(5)从工业用地比例均值看,第二产业城市工业用地比例最高(23.87%),其次是区域综合性城市(22.63%),交通运输城市和文化旅游城市工业用地比例水平相近(19%左右),地方中心城市最小(17.32%)。与《标准》对比,总体上,50%城市的工业用地比例符合《标准》,但第二产业城市中有40%城市工业用地比例超过《标准》上限;文化旅游城市和地方中心城市中工业用地比例不足《标准》下限的城市分别占29.41%,37.50%。文化旅游城市以良好的生态环境和文化产业为发展基础,作为一种"绿色工业",对工业用地的需求不高,其工业用地比例不高;而地方中心城市以中小城市为主,经济基础薄弱,吸引外来资金和外来企业的能力有限,工业发展条件不足,相应地,其工业用地比例不高。

(6)区域综合性城市道路广场比例最高(11.30%),其次是地方中心城市(11.06%),第二产业城市、交通运输城市、文化旅游城市分别为10.35%,9.44%,9.26%。60%以上的城市道路广场用地比例符合《标准》,以区域综合性城市达标比例最高(79.49%)。超出《标准》上限城市主要是区域综合性城市和地方中心城市;低于《标准》下限的城市以第二产业城市、交通运输城市和文化旅游城市为主。

(7)总体上,我国城市绿地比例偏低。超过1/3城市绿地比例不足《标准》下限,其中交通运输城市、第二产业城市和地方中心城市中低于《标准》下限的城市较多。56.41%区域综合性城市绿地比例符合《标准》,其他职能类型城市符合《标准》的城市比例在33%~44%之间。

表 6-36　不同职能城市各功能性用地比例及与《标准》的差异

土地类型	城市职能	平均值/(%)	最大值/(%)	最小值/(%)	标准差	《标准》比例/(%)	合标城市比例/(%)	超标城市比例/(%)	低标城市比例/(%)
居住用地	综合性城市	28.55	50.22	19.05	0.05	20~32	79.49	17.95	2.56
	第二产业城市	31.03	60.33	8.07	0.08		56.67	38.89	4.44
	交通运输城市	32.25	53.44	22.45	0.08		55.56	44.44	0.00
	文化旅游城市	32.37	56.96	20.76	0.08		50.00	50.00	0.00
	地方中心城市	32.92	67.30	14.14	0.08		43.75	52.50	3.75
工业用地	综合性城市	22.63	46.68	12.23	0.07	15~25	66.67	25.64	7.69
	第二产业城市	23.87	38.45	2.00	0.07		46.67	42.22	11.11
	交通运输城市	19.32	27.47	10.11	0.04		77.78	5.56	16.67
	文化旅游城市	18.21	35.25	6.36	0.07		55.88	14.71	29.41
	地方中心城市	17.32	36.70	1.13	0.07		50.00	12.50	37.50

续表

土地类型	城市职能	平均值/（%）	最大值/（%）	最小值/（%）	标准差	《标准》比例/（%）	合标城市比例/（%）	超标城市比例/（%）	低标城市比例/（%）
道路广场用地	综合性城市	11.30	18.81	3.10	0.03		79.49	12.82	7.69
	第二产业城市	10.35	18.68	3.92	0.03		70.00	7.78	22.22
	交通运输城市	9.44	16.08	1.71	0.04	8～15	61.11	5.56	33.33
	文化旅游城市	9.26	18.01	0.25	0.04		61.76	5.88	32.35
	地方中心城市	11.06	21.47	3.78	0.04		67.50	15.00	17.50
绿地	综合性城市	9.94	19.14	2.57	0.04		56.41	7.69	35.90
	第二产业城市	10.10	35.15	2.48	0.06		40.00	15.56	44.44
	交通运输城市	10.56	41.09	3.99	0.08	8～15	44.44	5.56	50.00
	文化旅游城市	10.68	30.14	1.39	0.07		35.29	26.47	38.24
	地方中心城市	10.88	46.26	0.20	0.08		33.75	22.50	43.75

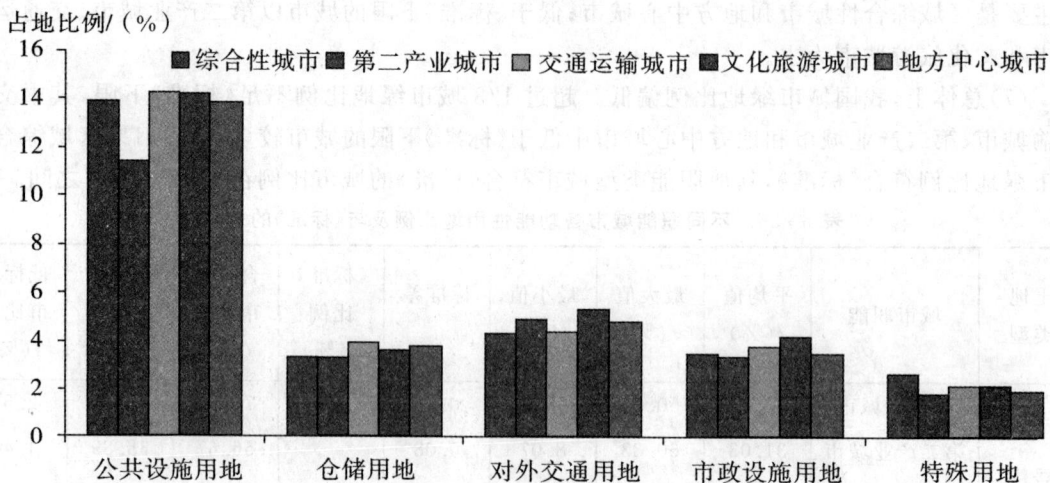

图 6-9　2007 年不同职能城市各功能用地比例

6.3.2.2　城市用地结构多样性、均衡度、优势度差异

对不同职能城市土地利用结构多样性的分析结果显示（见表 6-37）：①土地利用结构多样性指数最大的是文化旅游城市秦皇岛市（2.06）；地方中心城市上饶市多样性指数最小（1.12）；从多样性指数内部差异看，地方中心城市内部差异较大，区域综合性城市差异最小。②区域综合性城市土地利用结构多样性指数属于高级的城市比例最高，为 35.90%，说明区域综合性城市的土地利用类型齐全程度最高，城市功能较为完善；其次是交通运输城市（33.33%）、地方中心城市（23.75%）、第二产业城市（16.67%）；文化旅游城市多样性指数属于高级的城市比例最小，仅为 11.76%。③不同职能城市土地利用多样性指数以处于中等水平为主，区域综合性城市、第二产业城市、交通运输城市、文化旅游城市、地方中心城市中土地利用多样性处于中级水

平的城市比例分别为 58.97％,65.56％,50.00％,64.71％,56.25％,说明我国地级以上城市土地利用类型多样性还有很大的提升空间。④区域综合性城市中土地利用多样化指数属于低级的城市较少,仅占 5.13％;其他职能城市中近 1/5 的城市土地利用多样化程度不高,土地利用多样性指数均小于 1.70。

表 6-37　不同职能城市土地利用结构多样性指数差异

城市职能类型	取值范围	高(G≥1.90)		中(1.70≤G<1.90)		低(G<1.70)		标准差	均值
		城市数量	所占比例/(％)	城市数量	所占比例/(％)	城市数量	所占比例/(％)		
综合性城市	1.59~1.98	14	35.90	23	58.97	2	5.13	0.10	1.85
第二产业城市	1.36~2.04	15	16.67	59	65.56	16	17.78	0.12	1.79
交通运输城市	1.48~1.99	6	33.33	9	50.00	3	16.67	0.12	1.82
文化旅游城市	1.44~2.06	4	11.76	22	64.71	8	23.53	0.12	1.79
地方中心城市	1.12~2.01	19	23.75	45	56.25	16	20.00	0.15	1.79

从图 6-10、图 6-11 可知:①不同职能城市土地利用结构的均衡度(均值)差距不大,说明土地在不同职能城市间的分布均衡,土地功能较为完善;但不同城市均衡度的最大值与最小值差距明显。②从优势度看,与均衡度相反,交通运输城市土地利用结构的优势度较低,说明交通运输城市土地利用功能不尽完善,体现在某一类或几类土地利用类型凸出。

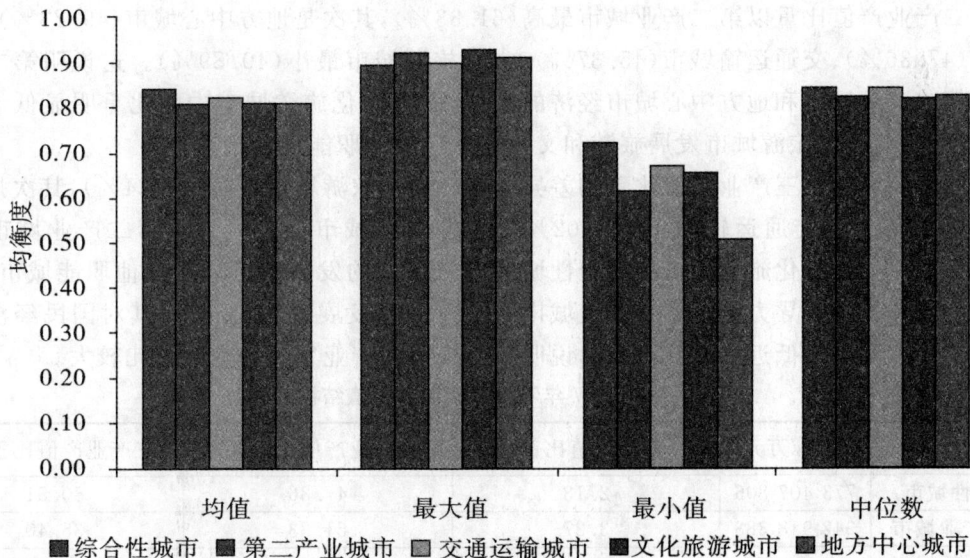

图 6-10　不同职能城市土地利用结构均衡度

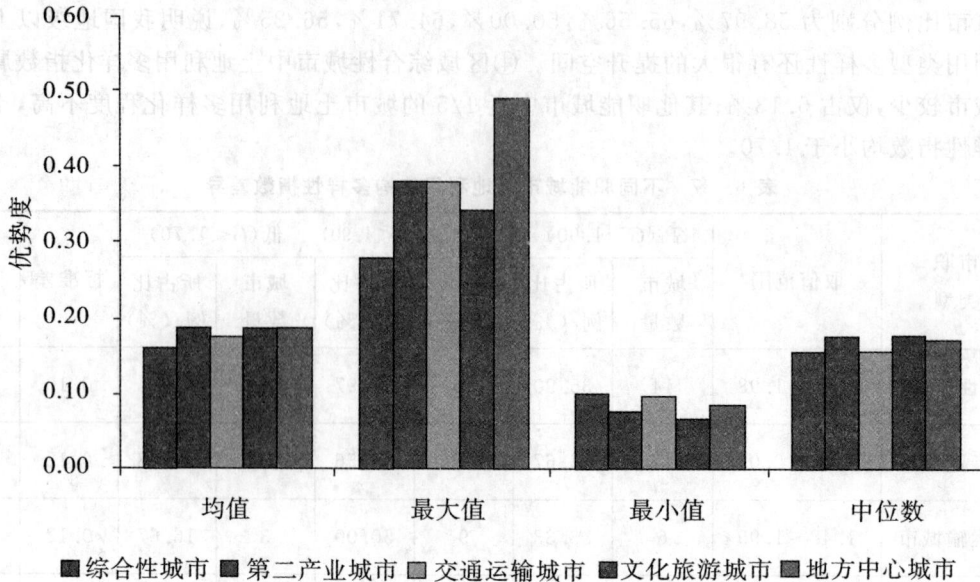

图 6-11　不同职能城市土地利用结构优势度

图例：■综合性城市　■第二产业城市　□交通运输城市　■文化旅游城市　■地方中心城市

6.3.3　不同职能城市产业结构特征分析

6.3.3.1　不同职能城市三次产业产值结构分析

由表 6-38 可知,综合性城市和文化旅游城市产值结构呈"三、二、一"排序格局,第二产业城市、交通运输城市和地方中心城市产值结构呈"二、三、一"型排序特质。就第一产业产值比重看,交通运输城市和地方中心城市第一产业产值比重远大于综合性城市、第二产业城市和文化旅游城市,分别为 10.61%,11.40%,2.13%,3.27%,4.88%。

第二产业产值比重以第二产业城市最高(61.33%),其次是地方中心城市(49.23%)、综合性城市(47.36%)、交通运输城市(45.37%)、文化旅游城市最小(40.89%)。这说明第二产业产值是第二产业城市和地方中心城市经济的主体,而在文化旅游城市中的比重明显低于其他职能城市,这与文化旅游城市发展旅游和文化创意产业的职能特色相吻合。

不同职能城市第三产业产值比重的差异显著。文化旅游城市最高(54.24%),其次是综合性城市(50.51%)、交通运输城市(44.02%)、地方中心城市(39.37%)、第二产业城市最小(35.40%)。显然,文化旅游城市和综合性城市第三产业的发展水平高于其他职能城市,是区域国民经济增长的主导力量。第二产业城市的第三产业发展还相对滞后,其对国民经济的贡献率比文化旅游城市低近 20 个百分点,说明其未来第三产业发展的空间还比较大。

表 6-38　2007 年不同职能城市产值结构差异

城市职能	GDP/万元	第一产业产值比重/(%)	第二产业产值比重/(%)	第三产业产值比重/(%)
综合性城市	773 407 806	2.13	47.36	50.51
第二产业城市	342 948 383	3.27	61.33	35.40
交通运输城市	34 882 292	10.61	45.37	44.02
文化旅游城市	66 043 711	4.88	40.89	54.24
地方中心城市	116 659 996	11.40	49.23	39.37

　　从内部差异看,不同职能城市内部产业的产值结构差异也较大。按照产业结构阶段划分的标准,以城市第一产业产值比重为例,由表 6-39 可知,总体上,综合性城市处于工业化的中后期阶段;第二产业城市和文化旅游城市处于工业化中期及中期向后期过渡阶段;交通运输城市中 22.22% 的城市处于工业化中期的初级阶段,33.33% 的城市处于工业化中期快速发展阶段,44.45% 的城市处于工业化中后期阶段;地方中心城市中 20.00% 城市处于工业化初期发展阶段,43.75% 城市处于工业化中期快速发展阶段,36.25% 城市处于工业化中后期阶段。综上得知,工业化发展水平不高的城市主要集中在交通运输城市和地方中心城市,综合性城市的工业化水平最高。

表 6-39　2007 年不同职能城市第一产业产值比重差异

第一产业产值比重	特　征	综合性城市	第二产业城市	交通运输城市	文化旅游城市	地方中心城市
>20%	城市数量/个	0	0	4	0	16
	所占比重/(%)	0.00	0.00	22.22	0.00	20.00
10%~20%	城市数量/个	0	12	6	6	35
	所占比重/(%)	0.00	13.33	33.33	17.65	43.75
<10%	城市数量/个	39	78	8	28	29
	所占比重/(%)	100.00	86.67	44.45	82.35	36.25

　　从不同职能城市三次产业产值结构比重的比较可知(见表 6-40):①综合性城市的第一产业产值比重内部差异最小(标准差 1.80),地方中心城市内部差异最大(标准差 9.10);第二、三产业产值比重综合性城市内部差异最大,交通运输城市内部差异最小。②就不同职能城市内部三次产业产值排序格局看,交通运输城市、文化旅游城市和地方中心城市中 60% 以上的城市产值结构呈现"三、二、一"产业排序,综合性城市、第二产业城市呈现这一排序特征的城市比例分别为 48.72%%,3.33%。可见第二产业城市产业排序格局基本上呈现以"二、三、一"产业排序特征为主,这与城市的主导职能是相吻合的,但综合性城市中产值排序呈现"三、三、一"的城市比例远低于地方中心城市,但这并不能说明综合性城市产业结构高级化水平偏低,反而是地方中心城市中一些城市产业结构"虚高级化"的结果,由于地方中心城市大多是一些中小规模的城市,其第二产业发展水平不高,相比之下,显得其第三产业比重偏高。

表 6-40　2007 年不同职能城市内部产值结构差异

类　型		综合性城市	第二产业城市	交通运输城市	文化旅游城市	地方中心城市
第一产业产值比重	最大值/(%)	7.53	18.41	30.57	17.03	53.66
	最小值/(%)	0.37	0.38	0.95	0.82	1.66
	标准差	1.80	4.06	8.39	4.05	9.10
第二产业产值比重	最大值/(%)	87.97	90.38	54.31	73.68	64.6
	最小值/(%)	26.68	40.20	25.01	20.08	9.90
	标准差	11.12	8.77	8.22	9.83	10.25

续表

类 型		综合性城市	第二产业城市	交通运输城市	文化旅游城市	地方中心城市
第三产业产值比重	最大值/(%)	72.43	53.81	58.19	69.24	61.04
	最小值/(%)	11.27	8.60	34.38	22.45	25.56
	标准差	11.11	7.89	5.78	10.04	7.30
"二、三、一"排序	城市数量/个	20	87	7	11	26
	所占比重/(%)	51.28	96.67	38.89	32.35	32.50
"三、二、一"排序	城市数量/个	19	3	11	23	54
	所占比重/(%)	48.72	3.33	61.11	67.65	67.50

6.3.3.2 不同职能城市三次产业就业结构分析

由表 6-41 可知,我国不同职能城市三次产业就业结构的排序特征存在差异。除第二产业城市就业结构呈现"二、三、一"排序格局外,其他职能城市就业结构呈现"三、二、一"的排序格局。可见,第二产业城市的劳动力主要集中在工业部门,其他职能城市的劳动力主要集中在第三产业。从不同产业的劳动力承载量看,交通运输城市、文化旅游城市和地方中心城市第三产业就业比重超过综合性城市,且以文化旅游城市的第三产业比重最高。与产值结构相比,地方中心城市和交通运输城市与其他职能城市间存在较大经济效益上的差异,总体上,地方中心城市的产值效益最低,综合性城市和第二产业城市的产值效益较高。

表 6-41 2007 年不同职能城市就业结构差异

城市职能	就业人数/万人	第一产业就业比重/(%)	第二产业就业比重/(%)	第三产业就业比重/(%)
综合性城市	3 471.44	0.59	46.47	52.93
第二产业城市	1 499.05	0.66	60.78	38.56
交通运输城市	233.61	1.21	45.47	53.32
文化旅游城市	1 776.36	1.07	40.98	57.95
地方中心城市	657.37	3.80	40.92	55.28

但不同职能城市内部就业结构的差异明显。见表 6-42,从不同产业就业比重的标准差看,综合性城市的第一产业就业比重内部差异最小,交通运输城市内部差异最大;第二产业城市的第二产业就业比重内部差异最小,其他职能城市内部差异水平相近;交通运输城市的第三产业就业比重内部差异最大,远大于其他职能城市内部差异。从三次产业就业结构的排序特征看,综合性城市和第二产业城市就业格局呈现"二、三、一"型的城市比例分别为 51.28%,87.78%,而交通运输城市、文化旅游城市、地方中心城市的比例分别为 33.33%,23.53%,7.50%,说明第二产业在大多数综合性城市和第二产业城市中仍是就业的主渠道。而地方中心城市、文化旅游城市和交通运输城市中分别有 92.50%,76.47%,66.37%的城市"三、二、一"型就业格局为主,这也验证了上述关于地方中心城市产业结构"虚高级化"的特征,其工业化水平远低于综合性城市和第二产业城市。因此,交通运输城市和地方中心城市应加大第二产业的发展力度,使工业经济成为国民经济的主体,加快工业化发展进程,增强其吸纳就业的能力;第二产业城市应加快城市产业的转型,增强其第三产业的发展能力。

表 6-42　2007 年不同职能城市内部就业结构差异

类　型		综合性城市	第二产业城市	交通运输城市	文化旅游城市	地方中心城市
第一产业 产值比重	最大值/(%)	3.58	7.23	66.31	5.43	49.72
	最小值/(%)	0.04	0.02	10.51	0.08	0.05
	标准差	0.82	1.19	11.15	1.25	6.54
第二产业 就业比重	最大值/(%)	81.61	77.33	88.71	60.64	70.46
	最小值/(%)	26.08	38.1	33.61	11.9	12.45
	标准差	10.87	8.93	11.07	11.63	10.64
第三产业 就业比重	最大值/(%)	73.45	61.42	78.2	85.72	85.06
	最小值/(%)	18.35	20.62	−32.7	39.21	18.47
	标准差	10.58	8.91	22.19	11.28	11.17
"二、三、一" 排序	城市数量/个	20	79	6	8	6
	所占比重/(%)	51.28	87.78	33.33	23.53	7.50
"三、二、一" 排序	城市数量/个	19	11	12	26	74
	所占比重/(%)	48.72	12.22	66.67	76.47	92.50

6.3.3.3　不同职能城市产业结构效益分析

对不同职能城市产业的比较劳动生产率计算结果显示(见表 6-43):交通运输城市第一产业的比较劳动生产率最高(8.76),其次是文化旅游城市(4.57)、第二产业城市(4.29)、综合性城市(3.58)、地方中心城市(3.00);不同职能城市的第二产业、第三产业比较劳动生产率差距不大,分别介于 1.00~1.20 之间和 0.71~0.95 之间,而地方中心城市的第二产业比较劳动生产率最高(1.20),第三产业比较劳动生产率最低(0.71)。

从内部差异看,第一产业比较劳动生产率内部差距最大,尤其以第二产业城市之间的差距最为显著(标准差为 41.08),综合性城市差距最小(标准差为 13.89);第二、三产业比较劳动生产率的内部差距不大,标准差均小于 1,远远小于第一产业比较劳动生产率的内部差距。这说明不同职能城市二、三产业比较劳动生产率的差距相对较小,但第一产业的差距较大。

从第一、二、三产业产业比较劳动生产率之间的差距看,交通运输城市差距最大,其次是文化旅游城市、第二产业城市、综合性城市和地方中心城市,这说明我国城市产业结构的二元性特征在不同职能城市中呈由地方中心城市→综合性城市→第二产业城市→文化旅游城市→交通运输城市依次显著的趋势。

表 6-43　2007 年不同职能城市比较劳动生产率差异

类 型		综合性城市	第二产业城市	交通运输城市	文化旅游城市	地方中心城市
第一产业	均 值	3.58	4.29	8.76	4.57	3
	最大值	77	324.5	82.4	126.67	192.4
	最小值	0.25	0.15	0.31	0.65	0.36
	标准差	13.89	41.08	24.32	22.41	25.41
第二产业	均 值	1.02	1.01	1	1	1.2
	最大值	1.48	2	2.38	2.27	3.11
	最小值	0.71	0.56	0.62	0.7	0.41
	标准差	0.16	0.21	0.39	0.33	0.47
第三产业	均 值	0.95	0.92	0.83	0.94	0.71
	最大值	1.84	2.03	1.73	1.35	2.22
	最小值	0.28	0.31	0.5	0.35	0.37
	标准差	0.24	0.32	0.27	0.19	0.25

　　对不同职能城市产业结构偏离度的计算结果显示(见表 6-44):交通运输城市和地方中心城市的产业结构结构偏离度略大于其他职能城市,但总体上不同职能城市的劳动力与产值结构基本处于同步的状态。第一、二产业偏离度均接近于 0,且均为负值,说明不同职能城市第一产业都存在略微的隐形失业。地方中心城市第三产业结构偏离度最大,这说明地方中心城市第三产业未能实现"充分就业",其劳动力结构与产业结构存在着不对称,匹配程度不高,而其他职能城市的第三产业结构偏离度均接近 0,说明其劳动力与产值结构基本协调。

表 6-44　2007 年不同职能城市产业结构偏离度差异

类 型		综合性城市	第二产业城市	交通运输城市	文化旅游城市	地方中心城市
第一产业偏离度	均值/(%)	−0.02	−0.03	−0.09	−0.04	−0.08
	最大值/(%)	2.68	5.40	3.87	1.76	31.80
	最小值/(%)	−7.09	−17.68	−29.79	−15.84	−50.16
	标准差	1.73	4.02	8.66	3.94	10.02
第二产业偏离度	均值/(%)	−0.01	−0.01	0.00	0.00	−0.08
	最大值/(%)	18.82	31.39	25.45	18.20	19.79
	最小值/(%)	−28.53	−38.23	−21.01	−41.20	−34.40
	标准差	8.73	11.36	11.00	10.38	11.11
第三产业偏离度	均值/(%)	0.02	0.03	0.09	0.04	0.16
	最大值/(%)	29.14	39.92	44.29	42.52	45.50
	最小值/(%)	−17.82	−25.93	−24.58	−13.68	−22.48
	标准差	8.54	11.51	14.34	11.79	12.39

续表

类　型		综合性城市	第二产业城市	交通运输城市	文化旅游城市	地方中心城市
结构偏离度	均值/(%)	0.05	0.06	0.19	0.08	0.32
	最大值/(%)	58.58	79.84	88.58	85.04	100.32
	最小值/(%)	1.00	1.48	8.28	3.02	3.04
	标准差	11.38	15.25	18.56	18.09	20.42

6.3.4　不同职能城市用地结构与产业结构关系的通经分析

利用 SPSS 软件对对因变量—不同职能城市土地利用结构的信息熵进行正态性检验。输出结果见表 6-45。由计算结果可知,不同职能城市土地利用信息熵的显著性水平均大于 0.05,城市土地利用信息熵服从正态分布特征。

表 6-45　不同职能城市土地利用信息熵正态性检验

规模划分	Kolmogorov - Smirnov			Shapiro - Wilk		
	Statistic	df	Sig.	Statistic	df	Sig.
综合性城市	0.103 7	39	0.0	0.921 2	39	0.009 5
第二产业城市	0.089 6	90	0.071 6	0.949	90	0.001 4
交通运输城市	0.154 5	18	0.200 0	0.913 5	18	0.099
文化旅游城市	0.132 2	34	0.139 8	0.955 3	34	0.176 7
地方中心城市	0.121 3	80	0.005 4	0.898 3	80	0.000 0

根据通径分析原理,对不同职能城市土地利用信息熵与产业结构进行通径分析,分析结果见表 6-46 至表 6-50。总体上,就业结构和产值结构对综合性城市土地利用信息熵的直接作用系数分别为-0.945 8,-0.993 5,0.867 5,1.059 8,两者的作用方向和作用强度不同,就业结构与综合性超大城市土地利用信息熵呈负向相关关系,产值结构呈正向相关关系,且从作用强度看,产值结构直接作用大于就业结构。由于综合性城市整体上处于工业化的中后期,工业化水平较高,城市经济发展以第三产业为主。而第三产业发展需要相应配套的基础设施,对城市土地利用类型和城市功能的需求更高,因此,第三产业较为越发达,说明综合性城市的土地利用功能越完善,土地利用类型越复杂。在间接通径系数中,第二产业就业比重通过 x_2 和第三产业就业比重通过 x_1 的间接通径系数较大,分别为 0.990 9,0.943 3,因此,超大城市应转换城市土地发展空间布局,进一步加快二产用地置换为三产用地的力度,同时,适度发展一些与三产产业链条箱关联的第二产业,促进城市用地结构的优化。

第二产业城市就业结构与产值结构对城市土地利用信息熵的直接通径系数分别为-0.017 1,0.210 8,-0.169 2,-0.309 0,除第三产业就业比重与城市土地利用信息熵均呈正向相关关系,其他产业结构指标均呈负向相关关系。这说明第二产业城市如果只注重第二产业的发展,而忽视第三产业的培育和发展,则不利于城市土地利用功能的多样化和城市功能的完善。因此,第二产业城市应发展与第二产业相关联的第三产业,使劳动力从第二产业逐步向第三产业转移,同时调整城市用地格局,为第三产业发展提供用地保障。

就业结构和产值结构对交通运输城市土地利用信息熵的直接通径系数分别为 1.600 9,1.370 2,0.299 1,−0.144 0,其就业结构对土地利用信息熵的直接作用强度大于产值结构,这说明在交通运输城市中通过改善就业结构来优化土地利用结构的效果更为显著。由于交通运输城市主要为流通领域服务,第三产业也较为发达,但从第三产业产值比重与土地利用信息熵呈负向相关关系看,目前,交通运输城市的第三产业发展水平还不高,对土地利用的需求更多体现在对外交通用地的需求上,城市内部基础设施用地水平还有待提升。

文化旅游城市的就业结构和产值结构对城市土地利用信息熵的直接作用系数分别为1.440 2,1.022 8,−0.934 3,−0.380 5,从作用强度看,就业结构作用力度大于产值结构。由于文化旅游城市对城市土地利用的公共服务功能、生态功能等用途的需求明显高于其他职能城市,因此,文化旅游城市增强二、三产吸纳劳动力的能力可以直接引起对居民对城市土地利用类型多样化需求的增加,促进城市土地在不同用地类型间的均衡化配置。

地方中心城市的就业结构和产值结构与城市土地利用信息熵的直接通径系数分别为0.021 2,−0.013 8,−0.015 8,−0.091 9,除第二产业就业比重为正值外,其他均为负值,说明目前地方中心城市的土地利用产值结构和就业结构与城市土地利用并不协调。由于地方中心城市产值效益相对偏低,且产业结构存在"虚高级化"现象,其城市土地利用的效益和功能尚有提升的空间。因此,地方中心城市应根据城市发展实际,适当发展一些劳动密集型第二产业和附加值水平高的第三产业。

表 6-46　综合性城市土地利用信息熵与产业结构通径系数

变量名	直接通径系数	通过 x_1	通过 x_2	通过 x_3	通过 x_4
第二产业就业比重(x_1)	−0.945 8	—	0.990 9	0.594 3	−0.729 5
第三产业就业比重(x_2)	−0.993 5	0.943 3	—	−0.593 2	0.732 3
第二产业产值比重(x_3)	0.867 5	−0.647 9	0.679 3	—	−1.045 8
第三产业产值比重(x_4)	1.059 8	0.651 0	−0.686 5	−0.856 1	—

表 6-47　第二产业城市土地利用信息熵与产业结构通径系数

变量名	直接通径系数	通过 x_1	通过 x_2	通过 x_3	通过 x_4
第二产业就业比重(x_1)	−0.017 1	—	−0.209 0	−0.029 7	0.014 5
第三产业就业比重(x_2)	0.210 8	0.016 9	—	0.030 7	−0.020 2
第二产业产值比重(x_3)	−0.169 2	−0.003 0	−0.038 3		0.273 9
第三产业产值比重(x_4)	−0.309 0	0.000 8	0.013 8	0.150 0	—

表 6-48　交通运输城市土地利用信息熵与产业结构通径系数

变量名	直接通径系数	通过 x_1	通过 x_2	通过 x_3	通过 x_4
第二产业就业比重(x_1)	1.600 9	—	−1.359 7	0.115 8	−0.057 7
第三产业就业比重(x_2)	1.370 2	−1.588 6	—	−0.124 3	0.055 9
第二产业产值比重(x_3)	0.299 1	0.619 7	−0.569 5	—	0.046 3
第三产业产值比重(x_4)	−0.144 0	0.641 3	−0.531 4	−0.096 2	—

表 6-49　文化旅游城市土地利用信息熵与产业结构通径系数

变量名	直接通径系数	通过 x_1	通过 x_2	通过 x_3	通过 x_4
第二产业就业比重(x_1)	1.440 2	—	−1.017 2	−0.507 1	0.147 4
第三产业就业比重(x_2)	1.022 8	−1.432 2	—	0.505 8	−0.149 3
第二产业产值比重(x_3)	−0.934 3	0.781 6	−0.553 7	—	0.348 9
第三产业产值比重(x_4)	−0.380 5	−0.558 0	0.401 3	0.856 9	—

表 6-50　地方中心城市土地利用信息熵与产业结构通径系数

变量名	直接通径系数	通过 x_1	通过 x_2	通过 x_3	通过 x_4
第二产业就业比重(x_1)	0.021 2	—	0.011 3	−0.006 9	0.011 6
第三产业就业比重(x_2)	−0.013 8	−0.017 4	—	0.005 2	−0.013 9
第二产业产值比重(x_3)	−0.015 8	0.009 2	0.004 5	—	0.046 5
第三产业产值比重(x_4)	−0.091 9	−0.002 7	−0.002 1	0.008 0	—

6.4　小　　结

　　本章从横向维度对我国地级以上不同地域、不同规模、不同职能城市的用地结构、产业结构及两者的关系进行了定量分析。研究结果显示如下：

　　(1)从城市地域的视角看,东部地区由于经济较为发达,工业用地比例和道路广场用地比例最高;东北地区由于受日照影响及历史上老工业基地的原因,居住用地比例、工业用地比例及仓储用地比例偏高;西部地区较为多元,无论是经济发展水平还是城市职能及文化差异等均呈现多元化,体现在其公共设施用地比例、工业用地比例、道路广场用地比例、对外交通用地比例、绿地比例等用地类型的内部差异性均较大。而总体上,中部地区的特点并不是很突出,介于东部和西部之间。东部地区第一产业的比较劳动生产率最高,西部、中部地区次之,东北地区最低。不同地域城市的第二产业和第三产业比较劳动生产率差距不大。整体上,东部地区产业结构偏离度最大,中部、西部和东北地区的产业结构偏离度远远小于东部地区,说明东部地区劳动与产值结构不对称较为显著,而其他区域劳动力与产值结构基本处于同步的状态。借助通径分析的方法,对不同地域产业结构各指标对城市用地结构的直接与间接作用系数,发现产业结构各指标对不同地域城市用地结构的作用方向与作用强度存在差异,如产业结构各指标对东部地区城市用地结构的直接影响系数远远大于其他区域,且与城市用地结构信息熵呈正向相关关系;同时就业结构对信息熵的直接作用强度也远大于产值结构。

(2)从城市规模的视角看,随城市规模增大,居住用地、公共设施用地、工业用地比例、道路广场用地的比例符合《标准》《规范》的程度呈上升趋势;居住用地比例不符合《标准》的城市主要表现为超出《标准》上限城市较多,且城市规模越小,超标比例越高;中等规模以上城市的公共设施用地比例偏低,而中小城市公共设施用地比例偏高;工业用地比例特大城市超标城市较多,而中小城市工业用地比例低于《标准》下限的城市较多;随城市规模增大,道路广场用地比例低于《标准》下限的城市所占比例越低;地级以上城市中至少有 1/3 城市绿地比例不及《标准》下限;土地利用结构多样性指数高的城市呈集聚状,呈现"群"状特点。中等城市第一产业的比较劳动生产率最高,其次是特大城市、小城市、超大城市、大城市;中等以上规模城市的第二产业、第三产业比较劳动生产率差距不大,分别介于 1.00~1.09 之间和 0.75~0.96 之间,而小城市的第二产业比较劳动生产率最高,第三产业比较劳动生产率最低。整体上,随城市规模增大,产业结构偏离度呈增大趋势(除特大城市略小于超大城市),这说明城市规模越小其劳动与产值结构不对称就越为显著,但总体上,我国中等以上规模城市的劳动力与产值结构基本处于同步的状态。对不同规模城市产业结构各指标对城市用地结构的直接与间接作用系数,发现就业结构和产值结构与超大城市、大城市城市土地利用信息熵呈负向和正向相关关系,且从作用强度看,产值结构直接作用大于就业结构;就业结构与产值结构与特大城市土地利用信息熵均呈正向相关关系。且就业结构对土地利用信息熵的直接作用大于产值结构;中小城市的就业结构和产值结构与城市土地利用信息熵的直接通径系数均为负值。

(3)从城市职能的视角看,从居住用地比例看,区域综合性城市、第二产业城市、交通运输城市、文化旅游城市、地方中心城市依次升高;第二产业城市公共设施用地比例最低,其他职能城市差距不大;第二产业城市工业用地比例最高,地方中心城市最小,与《标准》相比,50%城市的工业用地比例符合《标准》,但第二产业城市中有 40% 城市工业用地比例超过《标准》上限;文化旅游城市和地方中心城市中工业用地比例不足《标准》下限的城市分别占 29.41%,37.50%;区域综合性城市道路广场用地比例符合《标准》的城市比例最高(79.49%),低于《标准》下限的城市以第二产业城市、交通运输城市和文化旅游城市为主。整体上,区域综合性城市用地结构合标程度高于其他职能城市。对不同职能城市产业结构各指标对城市用地结构的直接与间接作用系数,发现就业结构和产值结构对综合性城市土地利用信息熵呈负向、正向相关关系,且从作用强度看,产值结构直接作用大于就业结构;除第三产业就业比重与第二产业城市土地利用信息熵均呈正向相关关系,其他产业结构指标均呈负向相关关系;就业结构对交通运输城市、文化旅游城市土地利用信息熵的直接作用强度大于产值结构;除第二产业就业比重与地方中心城市土地利用信息熵的直接作用系数为正值外,其他均为负值,说明目前地方中心城市的土地利用产值结构和就业结构与城市土地利用并不协调。

第7章　典型城市用地结构与
产业结构关系分析

对社会经济现象的分析和判断需要从不同尺度进行,其中最基本的宏观和微观两个尺度。由于城市用地结构演变与产业结构演变之间关系的复杂性,宏观尺度分析的结果主要是从总体上把握城市用地结构与产业结构的相互演变历程,及两者之间的关系。微观尺度,即具体到某一城市,受城市发展的自然环境条件及历史等因素的影响,城市用地结构与产业结构之间的相关影响程度及作用路径等存在特殊性,需要分类选择具体城市进行案例分析,以增强研究成果对现实的指导意义。本书第3～6章主要系统地从理论上和宏观尺度上对城市用地结构与产业结构之间的作用机理、作用强度等方面进行了定性分析与定量刻画。本章以山地城市——重庆市为例,对其城市用地结构与产业结构之间的关系进行典型案例分析。

7.1　重庆市城市用地和产业发展的自然
条件和社会经济发展状况

7.1.1　城市用地的自然条件

重庆市位于东经 $105°17'～110°11'$、北纬 $28°10'～32°13'$ 之间的青藏高原与长江中下游平原的过渡地带,四川盆地东南缘,地貌组合差异大。地域内江河众多,长江干流自西向东横贯全境,汇集起上百条大小支流。地势沿河流、山脉起伏,形成南北高、中间低,从南北向长江河谷倾斜的地貌,构成以山地、丘陵为主的地形状态。城市发展特别是主城区由于受江河的分割,城市用地呈多中心、多组团的格局,是一个典型的山地城市。

重庆是中国著名的历史文化名城,具有 3 000 多年的悠久历史和光荣的革命传统,以重庆为中心的古巴渝地区是巴渝文化的发祥地,孕育了重庆悠久的历史。距今 2～3 万年的旧石器时代末期,已有人类生活在重庆地区。公元前 11 世纪商周时期,巴人以重庆为首府,建立了巴国。后秦灭巴国,分天下为三十六郡,巴郡为其一。极盛时期巴国疆域以原重庆市为行政中心,管辖川东、陕南、鄂西、湘西北和黔北等区域。自秦汉以来的历朝历代,这一区域多数时期为一个统一的行政辖区,其行政中心设在原重庆市。重庆古称江州,以后又称巴郡、楚州、渝州、恭州。南北朝时,巴郡改为楚州。公元 581 年隋文帝改楚州为渝州,重庆始简称"渝"。1189 年,宋光宗先封恭王,后即帝位,自诩"双重喜庆",升恭州为重庆府,重庆由此得名,距今已有 800 余年。1891 年重庆成为中国最早对外开埠的内陆通商口岸。1929 年重庆正式建市。1937 年至 1946 年,日本向中国发动侵略战争,国民政府移驻重庆,重庆成为中华民国战时陪都,是当时全国抗日战争和反法西斯的最高指挥部,中国大后方的政治、经济、文化中心,故重庆又有"三都之地"之称。国民政府还都南京后,重庆仍为直辖市。

新中国建立初期,重庆作为中共中央西南局和西南军政委员会驻地,是西南地区政治、经济、文化中心,为中央直辖市。1954 年西南大区撤销后改为四川省辖市。1983 年率先成为全国经济体制综合改革试点城市,实行计划单列,赋予省级经济管理权限,永川地区并入重庆市。1992 年辟为沿江开放城市。1996 年 9 月中央批准重庆代管万县市、涪陵市和黔江地区。1997 年 3 月 14 日,经第八届全国人民代表大会第五次会议审议批准,重庆正式成为中国第四个直辖市,也是西部地区唯一的直辖市。随着行政区划的调整,重庆市行政建制、幅员面积和建制镇个数相应变化。面积由解放初辖 18 个区 294.33 km²,扩大到成立直辖市后辖 40 个区县(自治县、市)82 403 km²,面积扩大了近 280 倍(见表 7-1)。

表 7-1 1950—2007 年重庆市行政建制、建制镇及面积变化表

年份/年	辖区/个	辖县/个	建制镇/个	面积/km²	年份/年	辖区/个	辖市/个	辖县/个	建制镇/个	面积/km²
1950	8	—	26	459	1976	9		4	35	
1951	7	1	26	2 861.37	1977	9		4	37	
1952	5	4	26		1978	9		4	37	9 848.43
1953	6		31		1981	9		4	39	
1956	7		35	1 496	1983	9		12	44	23 113.95
1958	7		22		1984	9		12	49	
1959	7	3	23	7 692	1985	9		12	79	
1961	7	3	26		1990	11		12	103	
1962	7	3	31		1995	11	3	7	374	
1964	7	3	32		1998	13	4	23	648	82 403
1965	8	3	34		2000	14	4	22	—	82 403
1974	9	3	35		2005	15	4	21	608	82 403
1975	9	3	35		2007	19		21	598	82 403

注:1.1983 年前建制镇为重庆市和永川地区的总计。

2.资料来源:《重庆国土资源》(2000)、《重庆建制沿革》(2000)、《重庆市统计年鉴》(2008)。

根据《重庆市城市总体规划》(2005—2020),到 2020 年,重庆市将形成由 1 个特大城市、6 个大城市、25 个中等城市和小城市、495 个左右小城镇组成的复合型城市。其中主城区是重庆市发展历史最悠久、城市化水平最高、城市人口最集中、城市用地类型最复杂的地区。重庆是中国西部地区唯一集铁路、公路、水路、民航、管道五种运输方式为一体的综合交通枢纽城市,立体交通运输网络已初步形成,并在重庆市的经济建设中起到了极其重要的作用。重庆在全国交通网络中占据重要的地位,具有良好的交通区位条件。成渝铁路、川黔铁路、襄渝铁路三条铁路干线在重庆交汇,全国"八纵八横"铁路通道中的包柳通道、沿江通道、沪昆(成)通道经过重庆;全国公路"五纵七横"国道主干线中的渝湛线和沪蓉线经过重庆;穿越重庆境内的长江、嘉陵江、乌江形成的水运主通道属全国"两纵三横"5 条水运主通道之一;重庆江北国际机场是国家干线机场。

7.1.2　城市社会经济发展状况

重庆市是长江上游最大经济中心、西南工商业重镇和水陆交通枢纽。直辖以来,经济快速发展,城市化与工业化水平显著提升,为提高城市土地利用效益,改善资源配置格局提供了重要基础。据《中国城市统计年鉴》(2008 年)显示,2007 年,重庆市城市人口 1 526.02 万人,城镇化率为 48.30%。全年重庆城市实现地区生产总值 2 940.99 亿元,比上年增长 18.40%。其中,第一产业实现增加值 197.23 亿元,增长 12.28%;第二产业实现增加值 1 390.79 亿元,增长 25.88%;第三产业实现增加值 1 328.74 亿元,增长 12.42%。三次产业增加值比例为 7.53：47.29：45.18。按城市人口计算,全年城市人均地区生产总值达到 20 041 元,比上年增长17.34%。同期,城市固定资产投资额达 2 337.10 亿元,比上年增长 26.38%;社会消费品零售额 1 254.22 亿元,比上年增长 20.89%;年末城市就业人数 174.57 万人,其中第一产业就业 0.44 万人,比上年减少 22.81%;第二产业就业 51.11 万人,减少增 1.14%;第三产业就业 48.45 万人,增长 1.51%,年末城市登记失业率 4.86%,比上年下降 1.75 个百分点。

《重庆市城市总体规划》(2005—2020)对重庆市的性质定位:重庆是我国重要的中心城市,国家历史文化名城,长江上游地区的经济中心,国家重要的现代制造业基地,西南地区综合交通枢纽。对城市的目标定位:全面落实科学发展观,紧紧抓住国家实施西部大开发战略和老工业基地振兴战略等机遇,把重庆加快建成西部地区的重要增长极、长江上游地区的经济中心、城乡统筹发展的直辖市,现代制造业基地和生态功能区,在西部地区率先实现建设全面小康社会的目标。规划至 2020 年,重庆市城镇人口达到 2 160 万人,城镇化水平达到 70%左右。

重庆是我国西部地区重要的工业城市,相对于第一、二产业来讲,工业依然是重庆城市经济增长的支柱。但由于工业中传统产业、技术含量不高产业和低附加值产业仍占有一定比重,导致城市产业结构优化升级的动力不足,经济增长还没有完全走出高消耗、高投入的粗放型模式,解决产业结构优化问题对促进重庆城市经济增长刻不容缓。

7.2　重庆市城市用地结构形成与演变分析

7.2.1　城市用地结构与空间形态演变分析

重庆作为典型的山城、江城,两江环抱、一叶半岛的自然山水格局使得重庆一开始就选择了顺应自然山水环境特征的进行城市空间形态的布局。其城市用地空间结构形成过程经历了以下阶段。

7.2.1.1　古代城市空间形态

古代时期的城市发展呈现在两江交汇一带形成了原始自然状态的以分散为主的城市布局

形态(见图 7-1)。

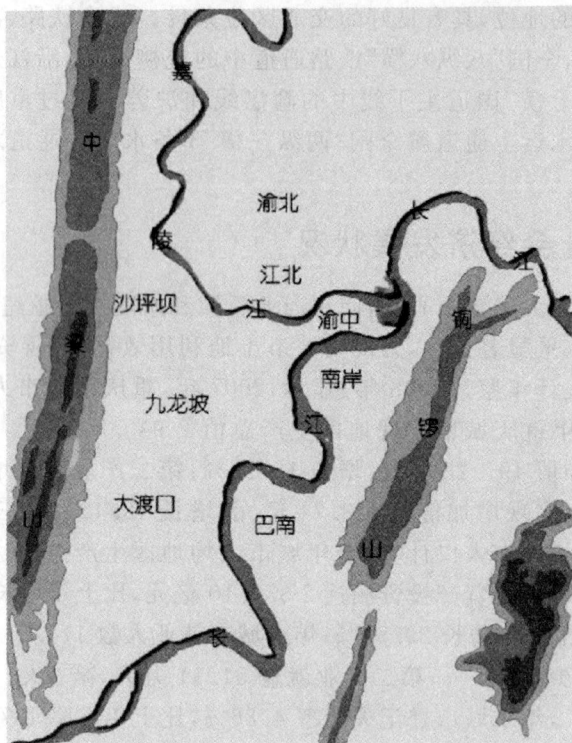

图 7-1 古代城市空间结构示意图
资料来源:《重庆市城市总体规划》(2005—2020)

7.2.1.2 近代城市空间形态

1929 年,重庆建市,将原城市辖区扩大到 12 km² 左右,使重庆城市跨出了两江半岛范围,初步形成了半岛中心城、江北、南岸三足鼎立的空间格局,构成了近代重庆城市空间形态的雏形。近代的城市空间形态初步形成了半岛中心城、江北、南岸三足鼎立的空间格局(见图 7-2)。

7.2.1.3 现代重庆城市空间结构形态

现代重庆城市空间形态呈现从"大分散、小集中、梅花点状"的布局形态发展成为"多中心、组团式"城市空间格局的特征。

1. 解放后到十一届三中全会以前城市用地结构

20 世纪 50 年代初,重庆城市用地发展以城市道路和工业建设为先导,按照"大分散、小集中、梅花点状"和"向西发展"的原则,在城市用地布局上避免了遍地开花现象,促进西部新区的发展。到 60 年代,国家开展三线建设,使城市主要沿两江三线(长江、嘉陵江及成渝、襄渝、川黔铁路线)展开,促进了大批工业型中小城市迅速成长,同时也带动了中心城区的发展,至 70 年代,城市发展形成"有机松散、分片集中"的"组团式"的结构形态(见图 7-3)。

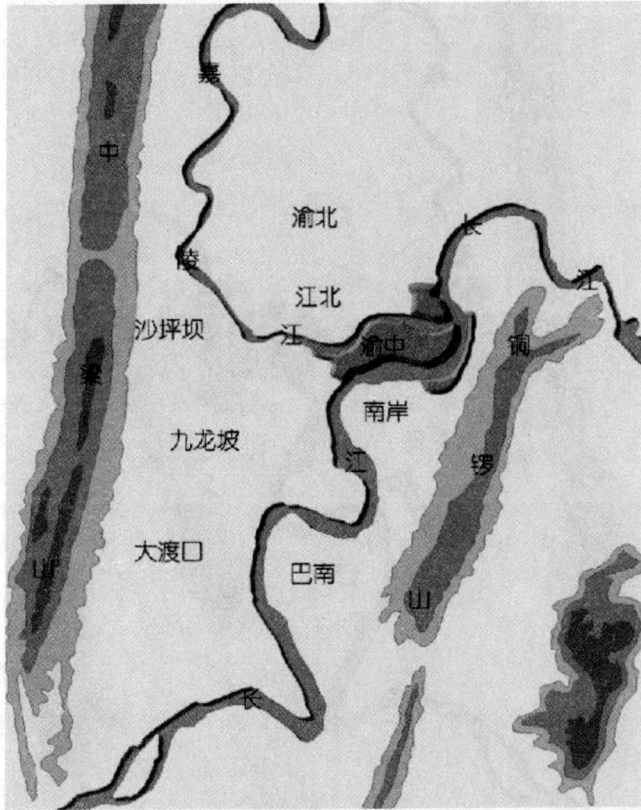

图 7 - 2　近代城市空间结构示意图

(来源同图 7 - 1)

2. 改革开放至直辖前(1978—1994 年)城市用地结构

重庆于 1983 年完成城市总体规划编制,83 版总体规划规划 2000 年城市人口达到 200 万人,主城建成区面积达到 175 km² ,人均面积提高到 85 m² 。报经国务院审批后,成为重庆第一个经中央批准的总体规划。在总体规划指导下,因地制宜地确定城市发展方向,合理调整用地布局,"多中心"的城市用地结构初步形成,用地布局趋于合理,城市建设走上了按规划进行的道路。

在城市用地形态结构上,重庆主城区划分为 14 个相对独立又相互联系的片区。每个片区的建设尽量都集中紧凑,形成能体现城市面貌的片区中心,每个片区的职能既不过分单一,又突出重点;各片区之间用江河、绿化、荒坡、农地、山脉隔离,并与旧城中心区保持一定距离,使绿地楔入城市,改善了城市环境,形成"多中心、组团式"形态结构(见图 7 - 4)。

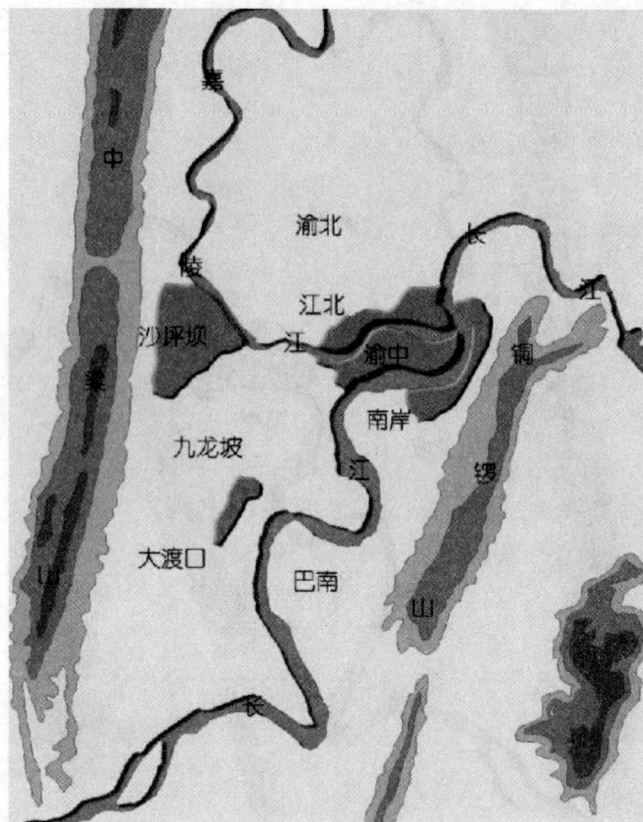

图 7-3 60 年代城市空间结构示意图
（来源同图 7-1）

3. 1994 年以来城市用地结构发展

98 版城市总体规划在都市区范围内确定了两个空间发展层次。一层是主城：东起铜锣山，西至中梁山，北起井口、人和、唐家沱，南至小南海、钓鱼咀、道角，面积约 600 km²，是城市化水平较高、城市人口相对集中的地区。另一层是都市圈：东起迎龙、南彭，西至缙云山、白市驿，北起北碚、两路、鱼嘴，南至西彭、一品，面积约 2 500 km²。

主城的用地结构分为三片区，十二组团。嘉陵江以北为北部片区，包括大石坝、观音桥、唐家沱三个组团；长江以东为南部片区，包括弹子石、南坪、李家沱三个组团，嘉陵江以南、长江以西为西部片区，包括渝中、大杨石、大渡口、中梁山、沙坪坝、双碑六个组团。十二个组团继续保持"多中心、组团式"的布局结构，组团与组团之间以河流、绿化和山体相分隔，既相对独立，又彼此联系，使每个组团内的工作、生活大体做到就地平衡，十二个组团共同组成城市空间布局的有机整体。

主城以外的都市区范围规划外围组团十一个，包括铜锣山以东的鱼嘴、茶园、界石、一品四个组团，中梁山以西的北碚、西永、白市驿、西彭四个组团，主城以北的两路、蔡家两个组团和主城以南的渔洞组团，构成与主城密切联系的独立新城，是主城用地结构的延伸和发展。其中，北碚组团、渔洞组团、两路组团分别为北碚区、巴南区、渝北区政府所在地，是主城区中具有综合功能的城市新区。

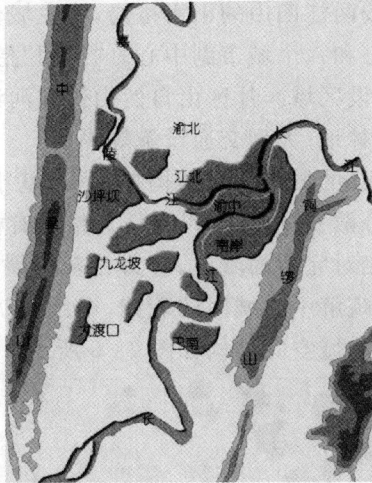

图 7-4　1983 年城市空间结构示意图
(来源同图 7-1)

4. 2005 年版规划城市用地结构发展

根据重庆空间结构的历史演变过程及发展条件,基于区域因素及自身条件因素,未来各区域将处于发展的相对不均衡状态,近期北部新区将保持快速发展态势,成为城市发展的龙头,远期西部谷地与东部茶园鱼嘴等地区,将形成发展的两个增长极;最终形成"一城五片"的空间发展总体格局,城市的空间形态仍将继续保持多中心组团式模式。同时,结合"两江四山"的自然山水格局特征,将主城区的城市空间结构确定为"一城五片、多中心组团式"(见图 7-5)。

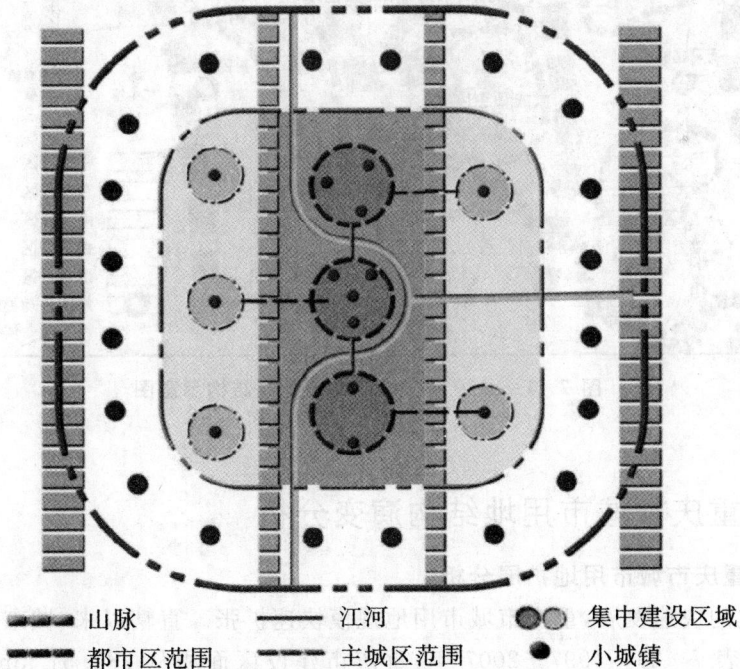

山脉　　　江河　　　集中建设区域
都市区范围　　主城区范围　　小城镇

图 7-5　城市空间结构示意图
(来源同图 7-1)

"一城"即主城。"五片"指按两江四山的山水格局,将主城分为五大片区,各片区在空间上相对独立。"多中心"指城市中心和六个城市副中心。"组团"指片区内由于地形地貌条件或其他因素分割,相对独立的城市建设区域。片区由自然山体和河流分隔,组团及功能区之间由公园绿地、郊野公园、生态农业区、林地、大型交通设施等隔离。

在"一城五片、多中心组团式"的城市空间结构控制下,基于有机疏散的原理,将不同功能用地进行有组织的分别集中和分散安排,强调以片区为格局有机地组织城市人口和功能,在都市区形成多个规模不等但功能相对完善的城市,着力在新拓展地区构筑改变现状城市空间结构的"反磁力"体系,有机分散和疏解中心城区的职能,容纳经济社会发展的新增职能,新拓展区将形成相对集约的发展态势,主城空间结构如图 7-6 所示。

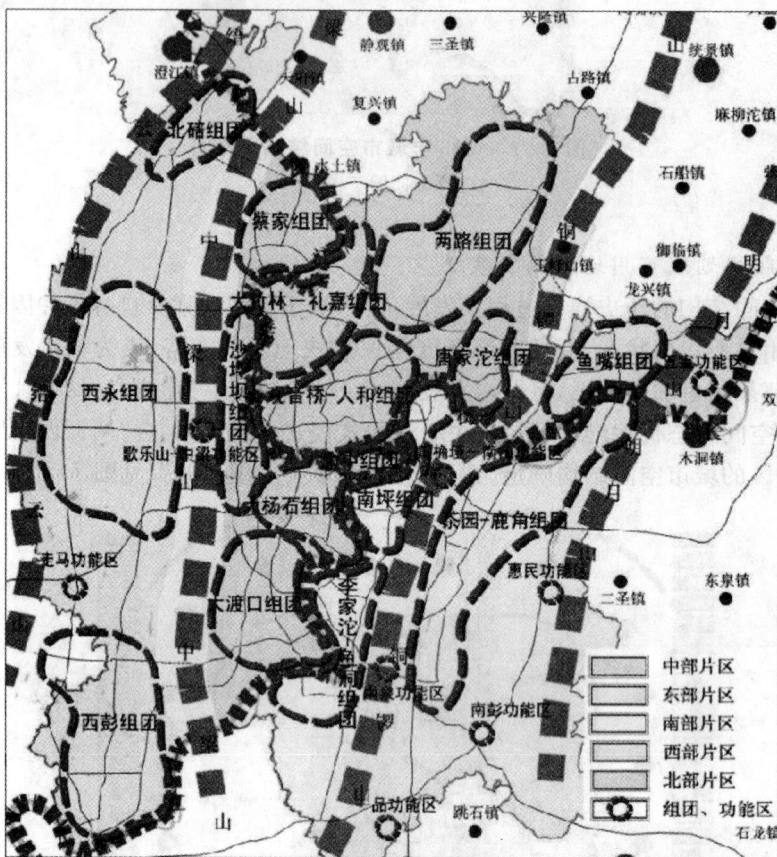

图 7-6 2020 年主城区城市空间结构示意图
(来源同图 7-1)

7.2.2 重庆市城市用地结构演变分析

7.2.2.1 重庆市城市用地扩展分析

随着城市化的快速发展,重庆市城市用地规模快速扩张。直辖以来,城市建成区面积一直呈增长趋势(见表 7-2)。1997—2007 年,重庆市建设区面积从 282.51 km² 增加到667.45 km²。1997—2000,2000—2003,2003—2007 年城市建设区用地年均增长率分别为 3.45%,22.66%,6.86%。显然,2000—2003 年城市用地规模扩张最快,对研究时段内城市用地增量的贡献率达 55.06%。这与国家的宏观政策有关,1997—2000 年是重庆市直辖的初期,由于政策效应的滞后性,社会经济发展对城市用地的需求还没有得以体现;2000 年国家实施西部大开发战略,受直辖和西部大开发双重政策的叠加影响,社会经济发展城市用地的需求快速增加,导致 2000—2003 年城市土地规模迅猛扩张;2003—2007 年城市用地规模扩张的速度有所减缓,由于重庆以山地、丘陵为主,可供城市发展的大面积平坦区域有限,再加上从 2004 年开始,国务院下发《关于深化改革严格土地管理的决定》,明确将强化节约和集约用地政策作为健全土地节约利用和收益分配机制的一项重要手段;2005 年,国土资源部出台了《工业项目用地建设控制指标(试行)》,这些政策的实施在促进城市土地利用效率提高的同时,也促使城市充分利用存量土地,走内涵挖潜的理性增长之路。

表 7-2 重庆市 1997,2000,2003,2007 年建成区面积变化

项 目	1997	2000	2003	2007
建成区面积/km²	282.51	311.78	523.71	667.45
年均增长用地/km²	—	9.76	70.64	35.94
年均增长率/(%)	—	3.45	22.66	6.86

资料来源:《中国城市建设统计年鉴》(1997—2007 年).

　　主城区是重庆市城市人口最集中、城市用地类型最复杂的区域,它包括渝中区、大渡口区、江北区、九龙坡区、南岸区、沙坪坝区、渝北区、巴南区和北碚区 9 个行政辖区(见图 7-7),是重庆市的都市核心区。由于渝中区已全域城市化,没有农用地,未利用地和城市建设用地规模稳定,因此,主城区城市用地拓展主要发生在其他 8 个行政区域。主城区受山地和两江(长江、嘉陵江)的自然阻隔,城市用地格局呈多中心组团式布局,城市用地扩展特征和形态在我国具有典型性。2007 年主城区总面积 5 479 km²,占重庆市土地总面积的 6.65%;总人口 590.51 万人,其中非农业人口 381.69 万人,分别占重庆市总人口和非农业人口的 18.25%,43.52%;地区生产总值为 1 812.42 亿元,占重庆市地区生产总值的 43.96%;全社会固定资产投资额 1 590.28 亿元,占重庆市固定资产投资额的 50.30%;社会消费品零售额 867.72 亿元,占重庆市社会消费品零售额的 52.23%;一、二、三产业产值比重为 3.41∶48.50∶48.10;人均 GDP 30 962 元,是重庆市人均 GDP 均值的 2.09 倍。因此,主城区城市用地规模扩展特征一定程度上能够反映全市城市用地扩展的基本特质。本书以主城区的土地利用现状图和城市规划图为基准,参考 Google earth 影像等相关图件,按照《城市用地分类与规划建设用地标准》(GBJ 137—1990)进行地类判别解译,获得主城区 1995 年、2000 年、2007 年三个时期的城市土地数据。

　　1. 城市用地扩展数量特征

　　以城市用地扩展速度和扩展强度两个指标来反映城市用地扩展的数量特征。城市用地扩展速度 V 表示研究期内单位时间城市用地扩展面积[162],公式为

$$V = (UA_{(t+i)} - UA_i)/t$$

　　式中,V 表示城市用地扩展速度;$UA_{(t+i)}$ 和 UA_i 分别表示 $t+i$ 和 i 年的城市土地面积;t 表示以年为单位的时间。

城市用地特征强度采用城市年均增长面积与基期年面积之比来表示扩展强度[163]，公式为

$$Q = [(UA_{(t+i)} - UA_i)/tUA_i] \times 100\%$$

式中，Q 表示城市用地扩展强度；其他同上。

计算结果显示（见表 7-3）：随着经济快速发展，重庆市主城区城市用地规模呈快速增长趋势。1995—2007 年，主城区城市用地共增加了 307.59 km²，扩展为原来的 3.95 倍，扩展速度为 21.97 km²/y，扩展强度指数为 21.05%。其中，1995—2000 年，城市用地增加了 72.66 km²，占城市用地总增量的 23.62%，扩展速度为 12.11 km²/y，扩张强度为 11.61%；2001—2007 年，城市用地增加了 234.93 km²，占城市用地总增量的 76.38%，扩展速度为 26.10 km²/y，扩展强度为 14.75%。可见，2001—2007 年主城区城市用地扩展规模和速度均远大于 1995—2000 年。

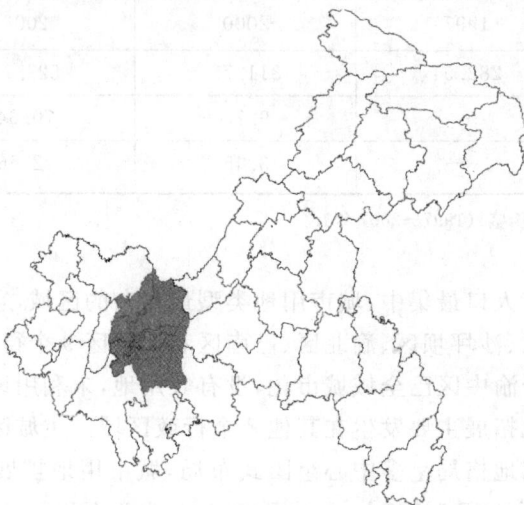

图 7-7　主城区在重庆市的地理位置

不同时段城市用地扩展是单一或多个主要城市扩展的驱动因子在不同阶段对不同城市区位作用在空间上综合表现的结果[163]。从表 7-3 的数据可以看出，主城各区城市用地扩展在不同时段表现出不均衡性、异质性，各区的扩展规模、扩展速度和扩展强度指数空间分异性较大。1995—2000（简称"前一阶段"），渝北区、江北区、南岸区和九龙坡坡区扩展面积均在 10 km² 以上，北碚区最小为 1.80 km²；从扩展速度看，渝北区和江北区表现出较快的扩展趋势，扩展速度分别为 2.73 km²/a 和 2.07 km²/a，北碚区、大渡口区、巴南区和渝中区扩展速度相对较小，均不足 1 km²/a；从扩展强度看，北碚区最大（31.28%），主要由于城市发展基础较弱，较少量的扩展表现在较大扩展强度，其次是渝北区（23.08%），南岸区、巴南区、江北区、沙坪坝区扩展强度指数介于 10%～18% 之间，九龙坡区、大渡口区和渝中区扩展强度不足 10%。

2001—2007 年（简称"后一阶段"），除渝中区城市用地规模较为稳定外，其他 8 个区域城市用地拓展规模均大于前一阶段。渝北区、九龙坡区和沙坪坝区扩展量较大，其他各区介于 10～26 km² 之间；在扩展速度方面，江北区的扩展速度有所下降，其他各区扩展速度明显大于前一阶段；江北区和南岸区的扩展强度指数较前一阶段趋缓。

表 7-3　1995—2000，2000—2007 主城各区城市建设用地扩展速度和扩展强度

区　域	扩展面积/km²		扩展速度 km²/y		扩展强度/(%)	
	1995—2000 年	2001—2007 年	1995—2000 年	2001—2007 年	1995—2000 年	2001—2007 年
九龙坡区	10.82	44.27	1.80	5.53	9.00	17.93
北碚区	1.80	14.51	0.30	1.81	31.28	65.66
南岸区	10.86	21.42	1.81	2.68	12.34	10.49
大渡口区	2.89	20.94	0.48	2.62	5.30	21.89
巴南区	5.14	26.91	0.86	3.36	11.70	26.97
江北区	12.45	15.44	2.07	1.93	17.51	7.95
沙坪坝区	9.41	36.69	1.57	4.59	10.12	18.42
渝中区	2.93	0.00	0.49	0.00	3.74	0.00
渝北区	16.36	54.75	2.73	6.84	23.08	24.28
合　计	72.66	234.93	12.11	26.10	11.61	14.75

2. 城市用地扩展方位特征

本书以城市扩展方向指标和城市扩展方位比重指标来表述城市在不同空间方位上的差异与城市在不同空间方位上发展的可能性以及分析城市扩展趋势。城市扩展方向指标反映了城市扩展方向，侧重于从线的方面反映城市向某一方向发展的趋势；城市扩展方位比重指标侧重于从面的方面反映城市扩展向某一方位的可能性的大小[164]。其计算公式为

$$DMI_t = (L_t - L_i)/L_i$$

式中，DMI_t 是 t 时刻某方向方位指标；L_t 是 t 时刻某方向方位轴长；L_i 为 i 时刻城市平面形态最长方位轴。

此计算方法的不足之处在于只考虑城市历史成长因素对城市扩展方向的影响，而没有综合思考社会、经济、人口等因素的影响，从而得出的城市未来发展趋势有失偏颇，因此本书只用此方法分析城市历史成长特征，而不作为对城市成长方向的预测方法。空间扩展方位比重指的是向某个方位扩展的城市用地面积与城市用地在某个时间段内扩展总面积的比，反映了城市扩展在某一方位上发生的概率，即城市用地在某一方位增长的可能性大小。结合方向指标能较直观简明地勾画出城市扩展的空间形态变化总体趋势。公式为

$$Ne = (S_t - S_i)/(UA_t - UA_i)$$

式中，Ne 为方位比重指数；S_t 为某方位 t 时刻面积；S_i 为 i 时刻面积；UA_t 为 t 时刻城市用地面积；UA_i 为 i 时刻城市用地面积。

以 1995 年重庆市主城区几何中心为原点，东西方向为横轴，南北方向为纵轴，按 4 个象限 8 个方位将研究区划分为 8 个象限区域或 8 个象限方位(以 E，NE 方位所夹区域为第 1 象限区域，逆时针依次排列 8 个象限区域)，与不同时期城市空间分布图叠加(见图 7-9、图 7-10)，统计出不同方向城市区扩展面积(见表 7-4)。不同时段，城市扩展数量在不同方位存在一定差异，呈现出不均衡的特点。

1995—2000 年，扩展面积最大的方位为第 2 象限方位，其次是第 3 象限和第 6 象限方位，

扩展面积分别为 16.04 km², 10.75 km², 10.38 km²; 第 4 象限方位是扩展面积最小的方位, 扩展面积为 5.22 km², 占同期城市用地增量的 7.19%; 第 5, 7, 8 方位的扩展面积分别为 6.26 km², 8.14 km², 8.49 km²。分析图 7-8 可知, 直辖初期, 重庆市主城区城市拓展以北部—西南走向为主要轴向, 尤其是北部新区建设的加快, 主城北部城市扩展较快。南部的南岸区由于茶园新区的建设, 城市用地拓展较快, 但其拓展以蔓延式为主。

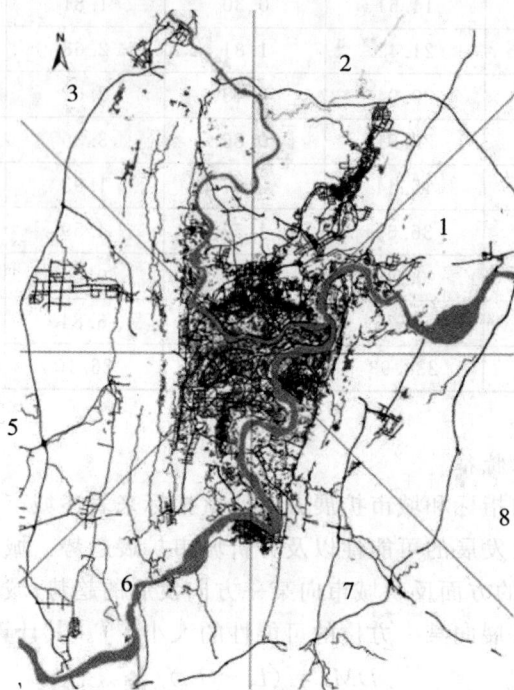

图 7-8 1995—2000 年重庆主城区不同方位城市用地拓展

2001—2007 年, 扩展面积最大的方位是第 6 方位, 扩展面积为 55.43 km², 占同期主城区城市用地增量的 23.59%, 扩展速度为 6.16 km²/y。第 1, 2 和 7 方位城市用地扩展面积分别为 35.03 km², 37.40 km² 和 31.24 km²。第 3, 4, 5 方位扩展面积分别为 24.47 km², 21.70 km², 20.16 km², 扩展速度介于 2.24～2.72 km²/y 之间, 差距不大。第 8 方位扩展面积最小, 为 9.50 km², 扩展速度为 1.06 km²/y, 不及第 6 方位扩展速度的 1/5。

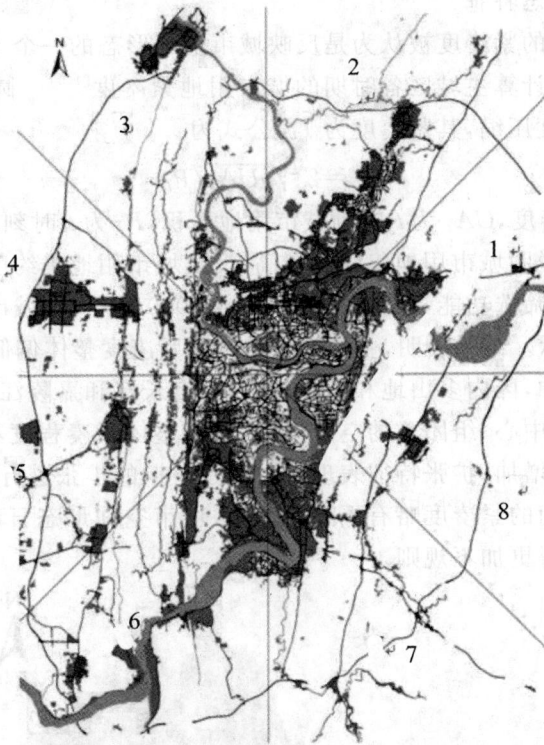

图 7 - 9　2001—2007 年重庆主城区不同方位城市用地扩展

整体上,1995—2007 年,扩展面积最大的方位区域为第 6 和第 2 两个方位,占同期城市用地扩展的 21.39%,17.38%。其次是第 1,7,3 三个方位,年均扩展面积在 2.5~3.0 km² 之间。扩展面积较小的是第 4,5,8 三个方位。从不同时段不同方位城市用地拓展可见,主城区城市用地扩展总体上呈现西南—东北轴向扩展的格局。北部新区建设、重庆空港工业园区及寸滩两路保税港区的设立,使得主城北部区域的城市用地拓展明显加快。沙坪坝的大学城建设、西永微电子园区及南岸茶园新区的建设凸显了主城西部和南部的城市用地快速拓展。

表 7 - 4　不同时段重庆市主城区 8 个方位城市用地扩展面积

方位	1995—2000 年		2001—2007 年		1995—2007 年	
	扩展面积 /km²	扩展速度 km²/y	扩展面积 /km²	扩展速度 km²/y	扩展面积 /km²	扩展速度 km²/y
1	7.37	1.23	35.03	3.89	42.40	3.03
2	16.04	2.67	37.40	4.16	53.45	3.82
3	10.75	1.79	24.47	2.72	35.22	2.52
4	5.22	0.87	21.70	2.41	26.92	1.92
5	6.26	1.04	20.16	2.24	26.43	1.89
6	10.38	1.73	55.43	6.16	65.81	4.70
7	8.14	1.36	31.24	3.47	39.38	2.81
8	8.49	1.42	9.50	1.06	17.99	1.29
总体	72.66	12.11	234.93	26.10	307.60	21.97

3.城市用地扩展形态特征

城市外围轮廓形态的紧凑度被认为是反映城市空间形态的一个十分重要的概念。本书采用基于周长的圆形率法计算主城区各时期的城市用地紧凑度[165]。圆是一种形状最紧凑的图形,圆内各部分空间高度压缩,其紧凑度为1。公式为

$$C=2\sqrt{\pi UA_t}/P_t$$

式中,C 为城市紧凑度,UA_t 为 t 时刻城市用地面积,P_t 为 t 时刻城市用地的轮廓周长。

紧凑度数值越大,说明城市用地集约度越高,反之城市用地集约度越低。通过 ArcGIS9.3 基本数据属性表的分类筛选功能,对主城各区 1995,2000,2007 年城市用地紧凑度的计算结果如表 7-5、图 7-10 所示。结果表明,主城区城市用地紧凑度整体偏低,由于主城区位于"三山夹二槽"的地貌格局之中,区内多山地和丘陵,加之又有长江和嘉陵江对城市发展的阻隔,使主城区城市用地形态呈多中心、组团式的空间格局,城市整体紧凑程度不高。1995—2000 年,主城 9 区城市紧凑度略微增加,扩张特征表现了对前一时期的扩张进行了归并填实;2001—2007 年,沙坪坝、九龙坡、巴南的紧凑度略有下降,显示了城市空间形态日趋复杂,向着趋于不稳定状态发展,城市形态变得更加不规则。

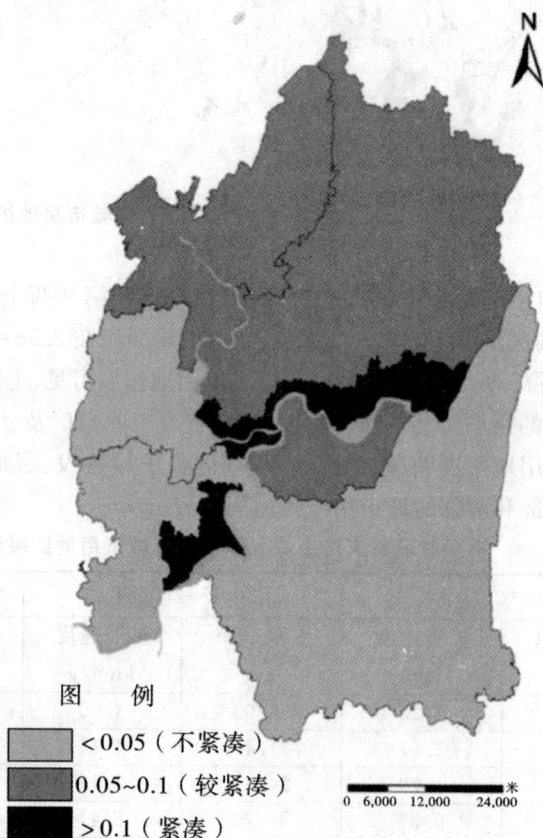

图 7-10　2007 年主要城市紧凑度

主城区紧凑度具有明显的地理分异规律。嘉陵江北部用地多呈现较紧凑的态势,而嘉陵江以南用地紧凑度则相对降低,利用相对不紧凑,这主要因为重庆北部地形起伏较南部缓和,加之行政区域数量较少,边界也比较规整。另外,嘉陵江和长江沿岸走向的渝中区、江北区和

大渡口区的紧凑度显著高于其他区域。这也与其有利的地形条件密不可分,同时这些区域原本就属于重庆老城区范围,基础设施用地已经到达了一定规模或基础设施已经比较完善,土地利用较为集约。但不同区域城市扩张过程中紧凑度呈上升趋势,说明城市用地的集约度有所提高。

表 7-5 不同时期重庆市主城各区城市紧凑度

区 域	1995 年	2000 年	2008 年
渝中区	0.07	0.13	0.46
大渡口区	0.04	0.05	0.09
江北区	0.04	0.06	0.08
沙坪坝区	0.03	0.05	0.04
九龙坡区	0.03	0.05	0.04
南岸区	0.03	0.05	0.07
北碚区	0.06	0.07	0.05
渝北区	0.02	0.04	0.06
巴南区	0.03	0.04	0.03

7.2.2.2 重庆城市用地结构变化分析

由图 7-11 可知,重庆主城区居住用地所占的比例最高,并呈现在波动中上升的趋势;道路广场用地、绿地所占比例呈上升趋势;工业用地、仓储用地、对外交通用地、公共设施用地和特殊用地所占的比例呈下降趋势;市政公用设施用地占的比例基本没有变化。总体上看,重庆市城市土地利用结构呈现以下特征:①工业用地比例偏高。直辖以来,重庆市通过实施"退二进三""腾笼换鸟""退城进园"等产业结构调整政策,工业用地比例由 1997 年的 25.23% 下降为 2007 年的 20.52%,工业用地比例呈逐年下降的趋势,由超出《城市用地分类与规划建设用地标准》(GBJ 137—90)最高限 25% 转变为在国标控制范围内。由于重庆是我国重要的重工业城市,工业用地比例高于一般的交通枢纽城市和旅游城市,如同期郑州市、杭州市、海口市、南宁市的工业用地比例分别为 17.55%,16.91%,6.90%,12.12%。②居住用地比例超过《标准》上限。2007 年重庆市居住用地比例为 36.82%,超出《标准》上限 4.82 个百分点。近年来,重庆市加大城市居住环境改善的力度,居住用地面积大幅增加,但居住类型仍以该密度住宅为主,廉租房和保障性住房用地面积不足。③道路广场用地比例偏低。根据《标准》要求,道路广场用地占城市用地面积的 8%~15% 较为合适,而 2007 年重庆市道路广场占地比例为 14.72%,偏低。④绿地严重缺乏。根据《标准》,绿地面积一般占城市面积的 8%~15%,重庆市 2007 年的比例仅为 7.19%,还没有达到《标准》标的下限,差距十分明显。

多样性指数、优势度指数和均匀度指数可以反映土地利用结构的合理性。本书对重庆市土地利用结构合理性的计算结果见表 7-6。显然,1997—2007 年间,重庆市城市土地利用的多样性指数、优势度指数、均匀度指数变化幅度都很小,与 1997 年相比,2007 年重庆市多样性指数和均匀度指数呈下降趋势,而优势度指数略微上升。

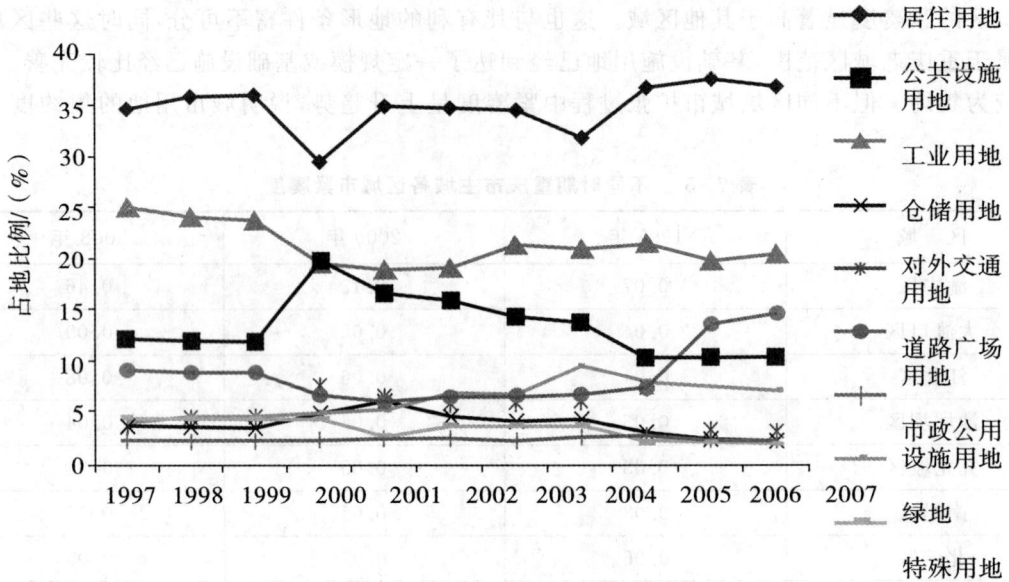

图 7-11 1997—2007 年重庆市城市土地利用结构变化
资料来源:《中国城市建设统计年鉴》(1997—2007).

表 7-6 重庆市城市土地利用结构指标表

年 份	1997	1998	1999	2000	2001	2002	2003	2004	2005	2006	2007
多样性	1.797	1.800	1.800	1.904	1.852	1.863	1.849	1.904	1.821	1.779	1.775
优势度	0.400	0.397	0.397	0.293	0.345	0.335	0.348	0.294	0.376	0.419	0.192
均匀度	0.818	0.819	0.819	0.867	0.843	0.848	0.842	0.866	0.829	0.809	0.808

资料来源:《中国城市建设统计年鉴》(1997—2007).

为了对主城各区城市用地结构的合理性进行判别,分别计算主城 9 区城市用地结构的信息熵、均衡度和优势度指数,结果见表 7-7。总体上,不同区域的城市用地结构信息熵呈增加的趋势,说明城市用地结构的多样性增强,城市土地职能类型增多,城市功能逐步完善,城市用地结构的合理度增强。从不同时期城市用地结构信息熵增量看,北碚区增量最大,为 0.758,九龙坡区最小为 0.047。其他区域信息熵变化量在 0.3 左右。从均衡度指数变化看,北碚区和江北区均衡度指数略有增加,其它区域均衡度指数均下降,相应其优势度指数有所增加。综上可见,主城区土地利用结构呈现出比较稳定的形态,但各地类分布的复杂程度却相对较高,这与重庆自然地形有很大关联性,起伏多变的地貌特征是城市用地零散和复杂的原因之一。

表 7-7 主城各区城市用地结构信息熵、均衡度和优势度

年份/年	类型	九龙坡区	北碚区	南岸区	大渡口区	巴南区	江北区	沙坪坝区	渝中区	渝北区	主城区
1995	信息熵	1.640	0.971	1.442	1.437	1.366	1.355	1.522	1.604	1.496	1.591
	均衡度	0.843	0.472	0.741	0.738	0.702	0.696	0.782	0.824	0.769	0.817
	优势度	0.157	0.528	0.259	0.262	0.298	0.304	0.218	0.176	0.231	0.183
2000	信息熵	1.635	0.866	1.379	1.478	1.356	1.405	1.499	1.662	1.476	1.549
	均衡度	0.840	0.445	0.709	0.760	0.697	0.722	0.770	0.854	0.759	0.796
	优势度	0.160	0.555	0.291	0.240	0.303	0.278	0.230	0.146	0.241	0.204
2007	信息熵	1.687	1.676	1.716	1.588	1.638	1.771	1.813	1.804	1.819	1.852
	均衡度	0.703	0.699	0.716	0.662	0.683	0.739	0.756	0.752	0.759	0.745
	优势度	0.297	0.301	0.284	0.388	0.317	0.261	0.244	0.248	0.241	0.255

7.2.3 重庆市城市用地结构存在的问题

7.2.3.1 城市用地结构不合理，未能体现城市职能

国务院批复的《重庆市城乡总体规划（2007—2020 年）》，对重庆城市的职能定位：我国重要的中心城市之一、国家历史文化名城、长江上游经济中心、国家重要的现代制造业基地、西南地区综合交通枢纽。近年来，重庆市在城市发展中，非常注重城市基础设施的建设和城市人居环境的改善，取得了很大的进步。由于城市建设的历史欠账较多，再加上城市建设中存在投资大、效益低等问题，城市用地在不同区域间的配置差距较大。城市用地结构合理与否，直接关系到城市功能的发挥和城市用地效益的提升。目前重庆城市土地利用的现状是工业用地比例偏大，而道路广场、绿地、市政设施等用地比例偏低，尤其是与一些发达国家的城市相比，差距还很明显。城市土地利用的一个重要经济特性就是需要有相应配套的城市基础设施，否则会影响到土地利用系统的运行效果。特别是重庆主城区内不同程度地存在交通拥挤。对外交通不畅等问题，也影响城市整体功能的提升。

根据《标准》，合理的城市用地结构是居住用地 28%～32%，工业用地 15%～25%，街巷用地比例 8%～15%，绿地比例 8%～15%。显然，重庆市城市用地中工业仓储用地比例偏高，生活用地偏低，街巷用地和绿地比例偏低。城市用地街巷用地比例和绿地比例偏低，这与重庆建设"畅通重庆""森林重庆""宜居重庆"的目标差距还较大，还不能适应城市建设对相应功能性用地的需求。在城市产业结构调整前提下，城市工业用地的边际效益要小于生活用地和商业用地的边际效益。减少工业用地，增加商业用地和生活用地可以使城市土地利用总体效益上升。

7.2.3.2 城市用地结构与产业结构脱节，制约城市空间结构优化

土地利用是将产业结构与空间结构联系起来的基本纽带。按照国际发达国际城市发展的基本规律，城市产业结构的调整必然引起城市用地结构的相应变化，而城市用地结构的调整也会引起城市空间结构的重组，促进其空间结构得到优化。当前，重庆城市用地的空间布局不尽合理，造成城市土地不能地尽其用，土地价值得不到充分利用。较为明显地表现在行政办公用

地、教育科研用地及部分工业用地占据城市黄金地段,使得土地的区位优势不能充分发挥作用。中心商务区被侵占,住宅用地混杂于其他用地之中,教育用地占据城市中心城区位置,如沙坪坝区的三峡广场附近,布局有重庆大学、重庆师范大学等一些学校。而且部分区域工业用地与居住用地犬牙交错,造成对居住区多次的交叉污染。

7.3 重庆市城市产业结构演变分析

根据美国经济学家西蒙·库慈涅茨等人的研究成果,工业化往往是产业结构变动最为迅速的时期,其演进阶段也通过产业结构的变动过程表现出来。即随着工业化的推进,第一产业比重持续下降,第二产业和第三产业比重不断下降并超过第一产业。第二产业比重达到40%~60%时,工业化进入中期。其中还有两个重要的转折点,当第一产业比重降到20%以下时,工业化进入中期阶段;当第一产业比重在10%左右时,工业化进入后期阶段。2007年重庆市城市三次产业产值结构比例为7.53:47.29:45.18,产值结构呈现"二、三、一"排序特征,按照西蒙、库兹涅茨的城市工业化发展阶段看,重庆目前正处在于工业化中期快速发展阶段。

7.3.1 城市三次产业产值比重变化分析

见表7-8,随着城市经济的快速发展,重庆城市三次产业产值比重也发生了很大的变化。从1997到2007年,第一产业比重由8.64%下降到7.53%,年均下降0.11个百分点,第二产业比重由55.16%下降到47.29%,年均下降0.79个百分点,第三产业比重由36.20%上升到45.18%,年均上升0.91个百分点。从年均变化率来看,第三产业的变化速度最快,这样说明直辖以来,重庆城市第三产业的发展较快,对国民经济的贡献率不断上升。产值结构变化的趋势是第一、二产业产值比重下降,第三产业产值比重逐年上升。到2007年,城市三次产业的产值结构呈现"二、三、一"的排序特征,第二产业在国民经济中依然占主导地位,这也佐证了重庆工业经济的特点。

表7-8 1997—2007年重庆城市三次产业产值比重变化.

年 份/年	第一产业产值比重/(%)	第二产业产值比重/(%)	第三产业产值比重/(%)
1997	8.64	55.16	36.20
1998	9.70	49.30	41.00
1999	8.90	49.00	42.10
2000	8.40	48.90	42.70
2001	7.68	48.29	44.03
2002	7.97	48.13	43.90
2003	7.78	52.08	40.14
2004	7.77	52.80	39.43
2005	6.43	46.15	47.42
2006	7.94	44.48	47.58
2007	7.53	47.29	45.18

资料来源:《中国城市统计年鉴》(1997—2007).

　　与同期我国城市三次产业产值比重变化相比,重庆城市三次产业产值比重变化呈现以下特点。

　　第一,重庆和全国城市第一产业产值比重均呈下降趋势,但前者下降的速度慢于后者,且前者第一产业产值比重高于后者(见图 7‐12)。2007 年,重庆城市第一产业产值比重为7.53%,高出同期我国城市第一产业产值比重 1.95 个百分点。

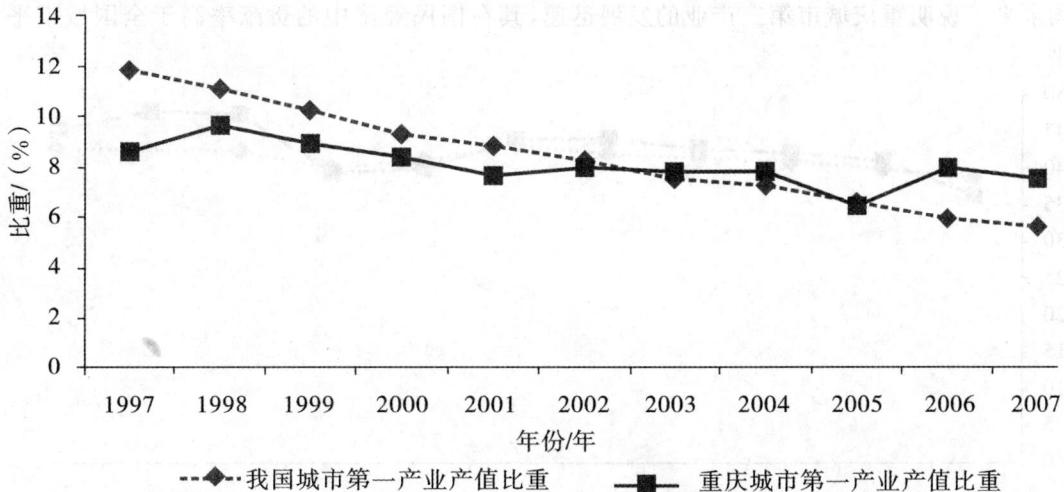

图 7‐12　1997—2007 年重庆和全国城市经济中第一产业产值比重变化比较

资料来源:《中国统计年鉴》(1997—2007)、《中国城市统计年鉴》(1997—2007).

　　第二,总体上,重庆城市第二产业产值比重呈现下降趋势,但我国城市第二产业产值比重呈上升趋势,且 2007 年重庆城市第二产业产值比重低于我国城市 GDP 中第二产业产值比重(见图7‐13)。1997 年,重庆城市中第二产业产值比重高于全国城市平均水平第二产业产值比重 5.59个百分点。到 2007 年,重庆城市中第二产业比重为 47.29%,比全国城市平均水平低 4.38 个百分点。这说明随着经济的发展,重庆城市产业结构不断优化,第二产业比重不断下降。

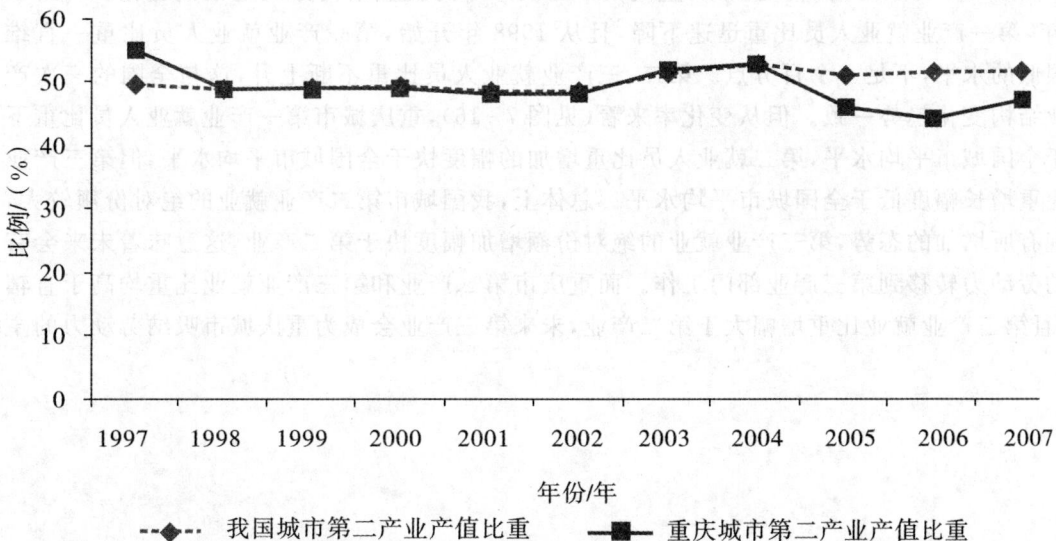

图 7‐13　1997—2007 年重庆和全国城市经济中第二产业产值比重变化比较

资料来源:《中国统计年鉴》(1997—2007)、《中国城市统计年鉴》(1997—2007).

第三,重庆城市和我国城市 GDP 中的第三产业产值比重均呈上升趋势,但前者上升幅度明显快于后者(见图 7 - 14)。1997—2007 年,重庆城市第三产业产值比重由 36.20％上升到 45.18％,年均增加 0.90 个百分点;我国城市 GDP 中第三产业产值比重由 38.56％增加到 42.75％,年均增加到 0.42 个百分点。到 2007 年,重庆城市第三产业产值比重已高于全国城市平均水平。说明重庆城市第三产业的发展迅速,其在国民经济中的贡献率高于全国城市平均水平。

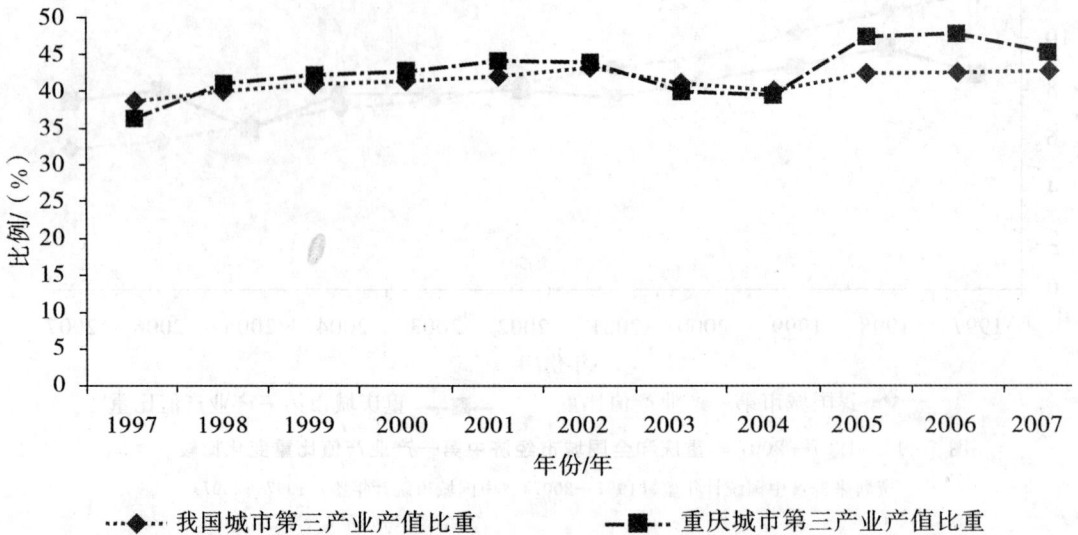

图 7 - 14　1991—2007 年重庆和全国城市经济中第三产业产值比重变化比较
资料来源:《中国统计年鉴》(1997—2007)、《中国城市统计年鉴》(1997—2007).

7.3.2　城市三次产业就业比重变化分析

从图 7 - 15 可以看出,直辖以来,重庆城市三次产业的就业结构亦发生很大变化。1997—2007 年,第一产业就业人员比重迅速下降,且从 1998 年开始,第一产业就业人员比重一直维持在很低的水平,不足一个百分点。第二、三产业就业人员比重不断上升,这与全国的三次产业就业结构变化趋势一致。但从变化率来看(见图 7 - 16),重庆城市第一产业就业人员比重下降快于全国城市平均水平,第二就业人员比重增加的幅度快于全国城市平均水平,但第三产业就业比重增长幅度低于全国城市平均水平。总体上,我国城市第二产业就业的绝对份额较大,并呈现有所增加的态势,第三产业就业的绝对份额增加幅度快于第二产业,这意味着未来会有更多的劳动力转移到第三产业部门工作。而重庆市第二产业和第三产业就业比重均高于直辖初期,且第三产业就业比重增幅大于第二产业,未来第三产业会成为重庆城市吸纳劳动力的主渠道。

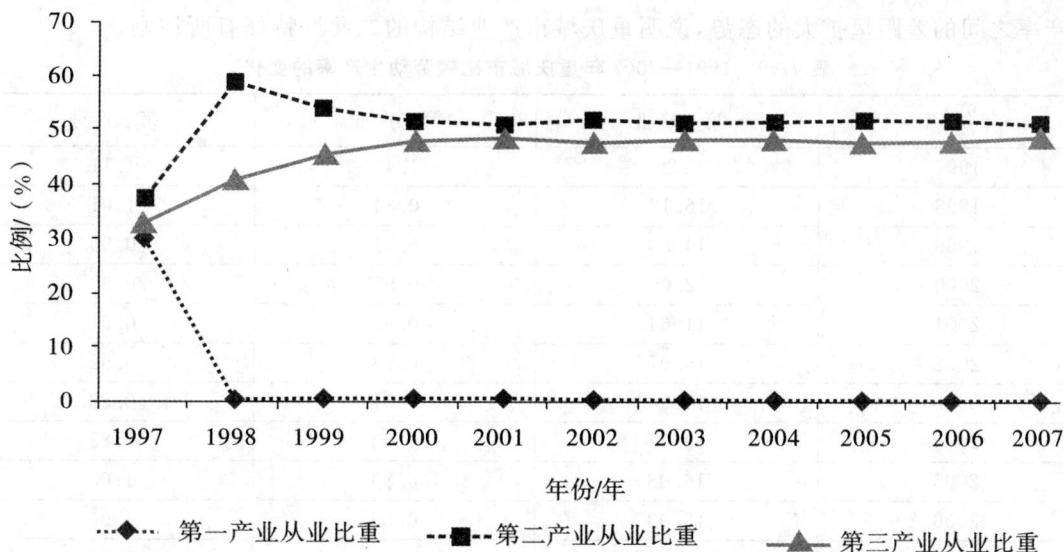

图 7-15　1997—2007 年重庆城市三次产业从业人员比重变化曲线

资料来源：《中国统计年鉴》(1997—2007)、《中国城市统计年鉴》(1997—2007).

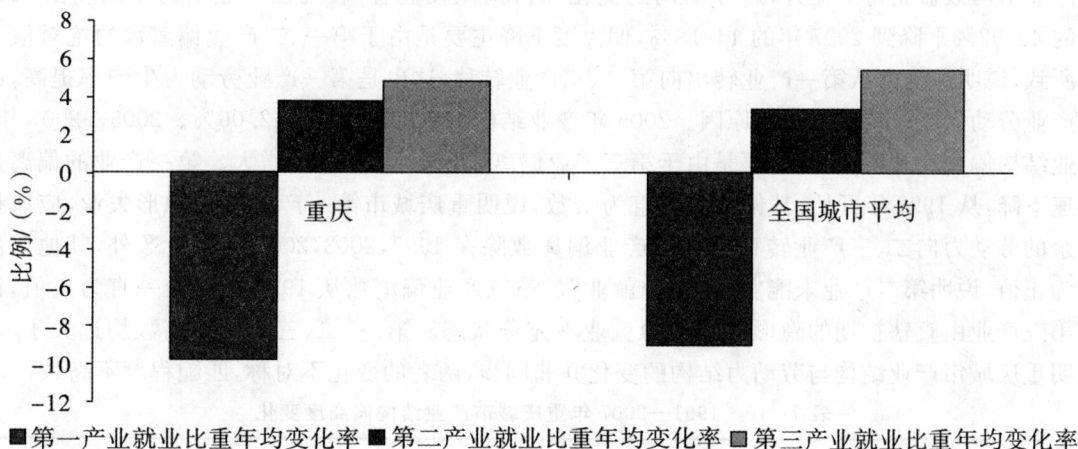

图 7-16　1997—2007 年重庆和全国城市三次产业就业比重变化率比较

资料来源：《中国统计年鉴》(1997—2007)、《中国城市统计年鉴》(1997—2007).

7.3.3　城市产业结构效益变化分析

根据重庆市直辖以来城市产业结构的相关数据,采用比较劳动生产率和产业结构偏离度两个指标反映其产业结构效益。结果显示(见表 7-9):重庆城市第一产业的比较劳动生产率呈快速增长态势,说明城市中的农业效率不断提高,由于重庆的城市用地主要集中在主城 9 区,主城区周边的第一产业主要以观光农业、休闲农业和生态农业为主,农业现代化水平和科技含量不断提升,致使其比较劳动生产率不断增加。但第二、三产业比较劳动生产率呈下降趋势,说明城市二、三产业单位劳动力创造的产值有所降低。同时第一、二、三产业产业比较劳动生产率之间的差距呈扩大的态势,说明重庆城市产业结构的二元性特征有所加剧。

表 7 - 9   1991—2007 年重庆城市比较劳动生产率的变化

年份/年	第一产业	第二产业	第三产业
1997	0.29	1.48	1.11
1998	16.17	0.84	1.01
1999	14.83	0.91	0.93
2000	12.00	0.95	0.90
2001	11.64	0.95	0.91
2002	13.07	0.93	0.92
2003	14.96	1.01	0.83
2004	13.17	1.03	0.82
2005	16.08	0.89	1.00
2006	13.93	0.86	1.00
2007	17.11	0.93	0.93

对重庆市城市产业结构偏离度计算结果显示(见表 7 - 10):总体上,1997—2007 年间,重庆城市产业结构效益获得了提升,产业结构的优化和协调比较显著,表现在产业结构偏离度由 1997 年的 42.92% 下降到 2007 年的 14.18%,偏离度下降主要是由于第一、二产业偏离数的绝对值下降所致,说明劳动力从第一产业转出向第二、三产业转移,这也是第一产业劳动力生产率提高,第二产业劳动生产率有所下降的原因。2005 年产业结构偏离度最低,为 12.06%。2005—2007 年,产业结构偏离度有所反弹,主要是由于第三产业偏离数在 2007 年快速增大。第一产业的偏离数快速下降,从 1998 年开始,其偏离数一直为负数,说明重庆城市第一产业存在隐形失业,应该把剩余的劳动力向二、三产业转移。第二产业偏离数除在 1997,2003,2004 年为负数外,其他年份均为正值,说明第二产业未能实现"充分就业"。第三产业偏离数从 1999 年开始一直为正值,说明第三产业由直辖初期的隐形失业变为就业不充分状态。第一、二、三产业偏离数均远大于零,说明重庆城市产业结构与劳动力结构的变化并非同步,两者的变化不对称,匹配程度不高。

表 7 - 10   1991—2007 年重庆城市产业结构偏离度变化

年份/年	第一产业结构偏离数/(%)	第二产业结构偏离数/(%)	第三产业结构偏离数/(%)	结构偏离度/(%)
1997	21.46	—17.86	—3.60	42.92
1998	—9.10	9.40	—0.30	18.80
1999	—8.30	4.90	3.40	16.60
2000	—7.70	2.70	5.00	15.40
2001	—7.02	2.63	4.39	14.04
2002	—7.36	3.78	3.58	14.72
2003	—7.26	—0.71	7.97	15.94
2004	—7.18	—1.36	8.54	17.08
2005	—6.03	5.87	0.16	12.06
2006	—7.37	7.22	0.15	14.74
2007	—7.09	3.82	3.27	14.18

7.4　重庆市城市用地结构与产业结构关系的定量分析

城市用地结构与产业结构的关系可以从宏观的数量结构关系和微观上的空间结构关系进行研究，但由于空间数据获取的困难性，本文仅对两者数量关系进行研究。

7.4.1　结构关系分析

利用本书 5.2.1 中的结构变化率计算公式，分析重庆市城市用地结构与产业结构之间的结构关系。计算结果显示（见表 7-11）：重庆市城市用地结构变化率波动较大，呈"M"型变化趋势。1999 年结构变化率最小，仅为 0.83%；2000 年结构变化率最大，达 26.11%；2007 年城市用地结构变化率仅为 3.20%。与城市用地结构变化率相比，产业结构变化率相对比较平稳，总体上，产业结构变化率呈上升趋势，但中间有波动。1998 年产业结构变化率最大，为 40.16%；2004 年变化率最小，为 1.64%；到 2007 年变化率增大到 6.52%。从用地结构与产业结构偏差系数来看，整体上，用地结构变化率大于产业结构变化率，偏差系数从 1998 年的 35.85 下降到 2002 年的 3.63%，两者的比值由 0.11 变为 2.64；从 2002 年开始，两者的差距波动较大，到 2007 年，产业结构变化率与用地结构变化率偏差系数为 3.32%。整体的变化趋势说明，重庆市城市用地结构变化幅度大、速度快，产业结构变化滞后于用地结构的变化，这主要是由于重庆市城市内部功能分区不明确，引起的产业结构变化滞后。这与张颖研究中国产业结构与用地结构相互关系所得出的中国经济转型期产业结构变化速度快，用地结构变化慢于产业结构的结论相反，这可能是由于选择区域的特殊性及城市用地结构和用地结构与国民经济三次产业发展的不同。

表 7-11　重庆市城市用地结构与产业结构变化率及偏差系数

年份/年	用地结构变化率(1)	产业结构变化率(2)	偏差系数(1)—(2)
1997	—	—	—
1998	4.31	40.16	35.85
1999	0.83	11.00	10.17
2000	26.11	5.20	20.91
2001	13.66	3.34	10.32
2002	5.85	2.22	3.63
2003	5.20	8.88	3.68
2004	7.54	1.64	5.90
2005	15.58	15.61	0.03
2006	14.49	2.30	12.19
2007	3.20	6.52	3.32

7.4.2　城市用地结构与产值的关系

为了探讨产业结构(各产业产值)是怎样影响城市用地结构的,需要对各产业产值与用地结构之间的相关关系进行判别。通过对重庆市直辖以来产值结构分析发现,第一产业在 GDP 中所占的比重相对较小,作为与城市土地密切相关的评价指标,本书选取二、三产业产值两个指标分别作为因变量 y_1、y_2,以城市用地中的居住用地(x_1)、公共设施用地(x_2)、工业用地(x_3)、仓储用地(x_4)、对外交通用地(x_5)、道路广场用地(x_6)、市政公用设施用地(x_7)、绿地(x_8)、特殊用地(x_9)的占地比例作为自变量,分析城市用地结构与产值之间的关系。

为使分析效果更好,在数据分析前,本书首先对自变量和因变量同时取对数,在一定程度上可以消除计算过程中的异方差现象。利用 SPSS 软件的相关分析功能对重庆市二、三产值与用地结构之间的相关关系进行量化。相关分析结果显示(见表 7-12):重庆城市第二产业产值与居住用地比例和对外交通用地比例相关性不强,与特殊用地、仓储用地、公共设施用地和工业用地这 4 类用地所占比例呈负相关关系,与道路广场用地比例和绿地比例呈正相关关系。一般而言,城市第二产业产值与工业用地比例道理上应该呈正相关关系,但重庆市作为重工业城市,一直以来工业用地比例偏高,为了优化城市用地结构,政府通过实施"退二进三""腾笼进鸟"等产业调整政策,大量工业企业从城市中搬离出来,置换为商服业用地、道路广场及城市绿地等,因此,城市第二产业产值与工业用地和仓储用地比例呈负相关关系。由于工业经济依然是重庆市经济增长的主力,工业用地比例虽有所下降,但比例仍高于国内其他发展水平相当的城市,致使城市其他功能性用地不足。

重庆第三产业产值与公共设施用地比例、工业用地比例、仓储用地比例、对外交通用地比例和特殊用地比例呈负相关关系,其中与仓储用地比例和特殊用地比例呈显著性负相关;与居住用地比例、道路广场用地比例、市政公用设施用地比例和绿地比例呈正相关关系,且与绿地比例的相关系数最大。随着第三产业产值的增加,其吸纳劳动力不断增强,引起城市人口数量逐年增加,随着城市居民收入的增加,对改善居住环境的需求日益突出,这些都导致对居住用地、绿地、道路广场用地和公共设施用地需求的增加,势必引起这些用地类型在城市用地中所占比例的增长,但第三产业产值与公共设施用地比例呈负相关关系,说明目前重庆市公共设施用地比例还难以满足城市第三产业发展的需求。

表 7-12　重庆城市二、三产业产值与城市各功能性用地比例间的相关系数

类型	居住用地	公共设施用地	工业用地	仓储用地	对外交通用地	道路广场用地	市政公用设施用地	绿地	特殊用地
城市第二产业产值	0.378	−0.508	−0.446	−0.665*	−0.291	0.528	0.620*	0.814**	−0.867**
城市第三产业产值	0.421	−0.490	−0.516	−0.657*	−0.243	0.521	0.636*	0.780**	−0.916**

注:**表示在 0.01 显著水平下的相关系数;*表示在 0.05 显著水平下的相关系数。

7.4.3　因果关系检验

为了检验重庆市城市用地结构与产业结构之间是否存在因果关系,利用 Eviews3.1 软件的 Granger 分析[7]功能,对重庆市 1998—2007 年城市用地结构变化率(X)和产业结构变化率(Y)两个指标 Granger 检验,检验结果见表 7 - 13。

表 7 - 13　城市用地结构变化率与产业结构变化率 Granger 检验

滞后长度	Granger 因果性	自由度	F 统计量	相伴概率
1	Y does not Granger Cause X	9	0.237 8	0.643 11
	X does not Granger Cause Y	9	0.382 84	0.055 63
2	Y does not Granger Cause X	8	7.639 86	0.066 49
	X does not Granger Cause Y	8	0.060 43	0.942 47

由表 7 - 13 可知,在滞后期为 1 时,城市用地结构不是引起产业结构变化的原假设被拒绝,说明城市用地结构的变化推动着产业结构的变化,接受产业结构不是城市用地结构变化原因的原假设。滞后期为 2 时,城市产业结构是用地结构变化的原因,说明城市产业结构又反作用于城市用地结构;而城市用地结构不是产业结构变化的原假设没有被拒绝。可见,短期内,重庆市城市用地结构与产业结构之间还没有出现互为因果的关系特征,这也说明了重庆市城市用地结构与产业结构间还没有形成良性互动的耦合关系,产业结构的调整滞后于城市用地结构的动态变化。

7.5　小　　结

本章以重庆市为典型案例,对其城市用地结构与产业结构演变特征及两者的关系进行了研究。重庆地处西部,是典型的山地城市,城市发展受山水自然阻隔,城市用地空间布局与产业发展在全国具有一定的典型性。城市土地利用中仍存在工业用地比重偏大,道路广场用地和绿地比例偏低等特征,同时重庆市也是我国重要的重工业城市,工业经济依然是重庆城市经济增长的主力,对其产业结构的判断得知目前重庆正处于工业化快速发展时期,城市发展面临着城市用地结构优化与产业结构调整等矛盾。对重庆市城市用地结构与产业结构关系的分析显示:重庆城市用地结构变化幅度大、速度快,产业结构变化滞后于用地结构的变化,城市用地结构与产业结构变化的差距呈缩小趋势;城市第二产业产值与居住用地比例和对外交通用地比例相关性不强,与特殊用地、仓储用地、公共设施用地和工业用地这 4 类用地所占比例呈负相关关系,与道路广场用地比例和绿地比例呈正相关关系;城市第三产业产值与公共设施用地比例、工业用地比例、仓储用地比例、对外交通用地比例和特殊用地比例呈负相关关系;与居住用地比例、道路广场用地比例、市政公用设施用地比例和绿地比例呈正相关关系,且与绿地比例的相关系数最大,说明城市第三产业的发展能够引起城市居民对居住用地、绿地、道路广场用地和公共设施用地需求的增加;重庆市城市用地结构变化推动产业结构优化,随之,产业结构又反作用于城市用地结构,短期内,重庆市城市用地结构与产业结构之间还没有出现互为因果的关系特征,这说明了重庆市城市用地结构与产业结构互为因果的关系应在长期的调整、协调中才能得以实现。

第8章 促进城市用地结构与产业结构互动协调发展和优化的对策建议

从前面章节的分析中可以看出,城市用地结构与产业结构是相互影响、相互制约的,但在不同产业阶段、不同类型城市间二者的作用程度和侧重点存在显著差异。因此,必须根据我国经济发展的特点和区域差异,因地制宜地制定城市土地利用政策与产业发展政策,协调二者之间的关系,促进城市用地结构和产业结构相互协调、优化。

尤其是当前我国正处于城市化、工业化加速发展时期,处于加快转变经济发展方式的重要时期,有限的城市土地资源面临经济发展、环境保护、生态建设等多方面的需求,供需矛盾日益突出。如何协调城市经济发展对土地的需求,优化土地在不同产业部门间的配置格局,促进集约型土地利用模式和集约型经济发展模式的形成,这对实现我国经济持续快速发展和优化城市功能结构具有重要的意义。因此,本章结合我国城市土地利用和产业发展实际,提出促进城市用地结构与产业结构互动协调发展和优化的对策建议。

8.1 设计促进城市用地结构与产业结构协调发展和优化对策的思路

在城市发展的不同阶段,城市用地结构与产业结构呈现显著的异质性,且二者相互作用程度也存在差异。因此,在制定城市土地利用战略和产业发展战略时,应结合区域土地利用实际和产业发展水平,合理确定土地利用方式和结构、主导产业类型及产业发展导向,积极进行相关制度和机制的创新,引导城市土地利用和经济发展从以粗放型为主向以集约型为主转变,从以速度和规模型为主向以效益型为主转变,从以总量为主向以结构为主转变,从以量的扩张为主向质的提升为主转变,促进城市用地结构优化和产业结构升级,为我国加快建立资源节约型社会和经济发展方式转变提供保障。因此,在设计促进城市用地结构与产业结构协调发展和优化对策的思路时,应考虑以下方面。

8.1.1 土地节约集约利用与经济发展方式转变相结合

当前我国城市用地中工业用地比例偏高,尤其是近年来城市新增建设用地中工业用地增加依然较大,这种状况也进一步加剧了城市用地结构的不合理性。再加上受城市规划本身和规划执行中种种问题的制约,城市用地扩展的速度远远大于结构调整的速度,城市土地利用的经济效益和区位效益得不到充分发挥,土地集约利用水平不高。为了应对经济发展面临的土地瓶颈,从 2003 年开始,国家开始利用土地政策参与宏观调控。并相继于 2006 年颁布了工业用地出让最低价标准统一公布制度,2008 年颁布《国务院关于促进节约集约用地的通知》等一系列政策措施,以充分利用现有建设用地,提高建设用地利用效率,转变土地粗放利用的现状。根据转变经济发展方式的要求,经济结构战略性调整是加快转变经济发展方式的主攻方向,其核心是推动产业结构的优化升级,促进经济发展由主要依靠第二产业带动向依靠第一、第二、第三产业协同带动转变。产业结构的优化升级需要土地作为载体,这必然带动城市用地结构的调整。因此,应根据我国节约集约利用土地资源和转变经济发展方式的战略需求,适时调整城市土地利用和产业发展的目标。在调整城市用地结构和产业结构的过程中,把土地节约集约利用和经济发展方式转变相结合,以土地节约集约利用为手段,调整土地供应结构和供应次序、建立产业用地标准、发挥市场机制和地价杠杆的作用,促进产业结构调整和优化。同时以转变经济发展方式为目标,确定优先发展、限制发展和禁止发展的产业目录,以效益共享为纽带,促进产业集群和形成产业链,统筹产业发展与土地资源利用,提高土地利用效益,进而优化城市用地结构和空间布局。

8.1.2　城市土地利用政策与产业政策相结合

城市土地利用政策与产业政策要很好地结合,一方面,国家在制定城市土地利用政策和供地政策时,要考虑不同产业的用地规模特征和空间布局要求;另一方面,产业政策制定过程中也应考虑城市用地结构的优化和集约水平的提高,只有统筹协调二者之间的关系,才能达到城市用地结构与产业结构协调互动发展和优化的目标,实现城市社会和经济的可持续发展。

为了使土地利用政策和供地政策符合和支持国家产业结构调整和产业政策的要求,2006 年国土资源部和国家发改委联合印发《关于发布实施〈限制用地项目目录(2006 年本)〉和〈禁止用地项目目录(2006 年本)〉的通知》,其主要目的是建立用地政策与产业政策的联动机制,促进节约集约用地和产业结构调整,进一步加强宏观调控。两个《目录》清楚地规定了哪些产业是限制发展的,哪些产业是禁止发展的。对于限制发展的产业,国家要求投资管理部门不予审批、核准或备案,各金融机构不得发放贷款,土地管理、城市规划等部门不得办理有关手续;对于禁止发展的产业,则要求土地管理、城市规划等部门不提供用地支持。这一产业政策的制定,对国土部门来说,就可以确定哪些产业可以供地,哪些产业不能供地,并依据城市产业发展的优先系数,对不同地区和城市确定建设用地的供应顺序。

土地利用政策是国家进行宏观调控手段之一。为贯彻国家抑制部分行业产能过剩和重复建设引导产业的健康发展,2006 年国务院下发《国务院关于加强土地调控有关问题的通知》,要求严把"闸门"抑制投资过热产业发展,推动产业理性发展。例如,国家为了调控房地产业的健康发展,2011 年国务院颁布了《国务院关于坚决遏制部分城市房价过快上涨的通知》。要求严格住房用地供应管理,增加土地有效供应,其中保障性住房、棚户区改造和中小套型普通商品住房用地不低于住房建设用地供应总量的 70%,这一土地政策的实施,对遏制房地产业泡沫、促进房地产业回归理性具有重要作用。可见,城市土地利用政策与产业政策息息相关,协调城市土地利用政策和产业政策是国家实现宏观调控目标的必然要求。

8.2　转变城市发展模式，探索建立"紧凑城市"

当前，我国城市发展模式仍呈现显著的简单扩大规模的粗放型、外延式特征。城市发展战略盲目贪大，片面追求经济增长目标，土地利用总体规划屡屡被突破。如果继续沿用这种模式，我国耕地大幅度减少、环境破坏、资源过度消耗等一系列问题会进一步加剧。如何探寻一种可持续、集约式的城市发展新模式，形成资源节约、环境友好、经济高效、社会和谐的城市发展新格局，是我国当前迫切需要解决的问题。随着可持续利用观念的深入人心，特别是 1990 年，欧共体发布的城市环境绿皮书将"紧凑城市"作为一种解决居住和环境的途径提出以后，这一理念逐渐得到认可，并被认为是一种可持续的城市形态。因此，加快"紧凑城市"建设成为我国控制城市无序蔓延、提高用地效益的有效途径。

紧凑城市是一种集中布局的城市结构。其核心思想是城市采取集中、紧凑的布局模式，减轻对机动车的依赖，提倡公共交通和步行，发展混合的土地利用模式，节约资源消耗，以实现城市可持续发展。建设"紧凑城市"首要的一条就是节地，其次是发展城市公共交通体系，整合城市空间功能。本书主要从城市土地立体化利用和完善城市综合交通体系两方面来探讨如何实现节地和城市空间布局的紧凑化。

8.2.1　合理开发利用城市地下空间

土地利用强度高、有较高的容积率和建筑密度是紧凑城市的基本特征。因此，为了节约集约利用土地，缓解城市用地供给不足的矛盾，应积极开发城市地下空间。

一是制定统一的城市地下空间开发规划。由于城市土地地下空间资源具有不可再生性和不可逆性，因此对城市地下空间的开发利用应该慎重。要尽快开展地下空间资源普查，建立信息管理系统，尽早实施地下空间规划的编制工作，规范地下空间的建设行为。使城市地下空间规划成为城市规划的一部分，使传统的二维规划模式向三维规划转变、由平面规划向空间规划转变。

二是建立和完善城市土地立体开发利用的相关配套制度。首先，要严格控制城市建设用地供应总量，设立城市用地预警制度。在存量土地未充分利用之前，一般不供应新的城市建设用地。其次是明确产权。目前我国尚未出台文件承认地下空间利用权可以成为一项独立的物权，登记部门也不能对空间权利进行登记，这在一定程度上制约了城市地下空间的开发和利用的进行。因此，为规范城市地下空间的合理开发利用，政府部门应对地下空间使用权及地下工程产权归属、地下空间使用权出让价格等问题予以科学界定。同时还要制定地下空间开发环境保护技术规范、内部环境技术规范，防灾、安全技术以及心理对策等技术规范，指导地下空间开发利用。

8.2.2　积极发展城市综合交通体系

根据"纳什姆曲线"，我国城市化进程及对土地需求将迎来快速增长阶段，大量的农村人口涌入城市，使得城市土地更为稀缺。因此，应当采取更加紧凑的模式，以最小的代价获得最大效益。城市土地利用决定了城市的交通源、交通供需特征和交通方式，从宏观上规定了某种相应的交通模式;反过来,某种交通模式也对城市土地利用产生导向或限制作用,继而引起城市经济、文化、商业等活动的分配格局,改变土地利用特征。例如,美国从公共交通模式向私人模式转变过程中,其大多数城市土地利用模式从高密度、集中的开发模式转变为低密度、分散模式。其中轨道交通因具有节约土地、节约能源、保护环境、运量大、安全快速等特征在城市交通建设中越来越受到青睐。根据国内外成熟地区轨道交通沿线各类用地容积率的经验数据,轨道沿线各功能地块的容积率比其他地区同类功能区块高 0.5~1.5(30%~100%)。因此,建立以轨道交通为核心的城市综合交通体系,是未来我国城市扩展中避免土地浪费和城市拥挤,建设紧凑城市的有效途径。

(1)构建城市发展与公共交通规划一体化体系。在城市发展过程中,应该把区域轨道交通的发展需求与宏观层面上的区域发展战略、城市规划以及操作层面上的土地使用紧密地结合起来,统筹协调交通发展规划和土地利用规划,形成政府控制与市场导向并重的发展策略。一是要努力克服行政地域的限制,成立跨地区、跨行业、跨部门的行政规划协调机制,合理布设轨道线网和站点,建立与行政管辖主体、建设投资主体一致的区域轨道交通规划层次;二是通过与小城镇空间发展体系相结合的区域轨道交通网络建设,促进区域内城乡一体化发展格局。

(2)完善城市轨道交通发展的相关配套政策。在城市内部,轨道线网站点的选址应根据城市用地现状和规划情况,选择临近高强度、高密度开发的地段布设站点。在充分考虑到线路走向和站点布设的基础上,对轨道交通沿线的土地进行居住、商贸办公、金融服务等用地类型综合规划,均衡沿线各类用地的建设规模,合理安排社区的密集空间和开敞空间。根据地块的地理区位、地块与车站间的距离,确定地块的用地性质、开发强度。在车站附近尤其是车站上盖,布置活动性较强的写字楼、商贸大厦等,提高地块的开发强度,以扩大轨道交通的直接服务对象范围,增强轨道交通的吸引力。同时城市设计时也应在用地布置、步行设施、街道布置、公交站区设计准则方面进行调整和完善。

(3)构建轨道交通与城市土地利用协调发展模式。通过轨道车站周边土地集约化开发,形成沿轨道线路以各站点枢纽为中心的"珠链状"发展格局。城市的形态也将由"平铺式"改变为沿轨道交通走廊各个主要交通枢纽为中心的"珠链状"格局。轨道交通的建设能促使城市人口、就业中心转移到轨道交通线路和站点周围,保证轨道交通系统能有较大的客流和运营效益,优化城市结构和用地布局,最终确保城市功能的发挥。

8.3 相关机制的建设和完善

8.3.1 建立城市规划和产业规划的统筹协调机制

城市理性发展能够顺利实施的主要保证就是相关的规划体制的合理设置和约束。城市的可持续发展,不仅要体现在产业结构的合理化和高级化,还体现在土地空间发展的均衡化和有序化。城市用地结构与产业结构是相互联系、相互影响的两个范畴,二者必须统筹协调,规划是最好的结合点。城市规划是城市发展的战略、城市建设的纲领和城市管理的依据,城市规划的主要内容是在土地利用总体规划确定的建设用地总量和规模的前提下,统筹安排城市的各项建设,具体侧重城市土地利用的微观方面。产业规划则是国家产业政策的指导下,确定产业发展的战略、产业布局及产业结构调整方向。将城市规划与产业规划统一起来,以城市规划保证产业规划的实施,以产业规划促进城市规划的完善。因此,为保障城市规划与产业规划统筹协调,应建立健全规划的评估监督机制。成立独立于规划编制的专门机构,参与规划实施的全过程监督管理,及时发现和反馈规划实施中存在的问题,以便于相关规划主体进行及时纠正。

8.3.2 完善土地市场机制,发挥市场配置资源的基础性作用

合理的产业结构通过市场特别是竞争来实现,合理的土地结构同样也需要是通过市场来实现。对于淘汰的产业和企业,不仅国家的供地政策和措施减少其供地,而且需要通过市场机制让其已经占用的土地转移出来,供应给需要发展和增长的产业和企业。培育土地市场既是节约集约利用土地、提高土地利用效率的前提,同时也是进行产业结构调整的前提。在社会主义市场经济条件下,发挥市场配置资源的基础性作用,健全土地市场体系是科学配置土地资源的关键。发挥市场机制对土地资源配置的基础性作用,不仅表现在对建设用地的初次配置,如对农地的征收和再配置,还包括对土地资源和已有建设用地的再配置。即在国家政府有效的监督和管理下,充分发挥城市土地二级市场的作用,调整和优化城市建设用地供应结构,完善土地利用转换机制,提高城市用地中保障性住房用地、商服业用地、新型产业用地、基础设施用地等用地的供应比例和供应数量。

在产业结构的大调整中要配合发展土地市场,特别是城市二级土地市场,鼓励用地者特别是用地企业进行直接的、小量的土地使用权交易,加速土地用途转变和产权转换,减少土地因企业倒闭而闲置浪费,提高土地的利用效率,达到产业结构的高级化与土地利用结构的高级化一致。

(1)加大政府扶持土地市场的力度。要加强土地市场政策与产业政策、财政政策及货币政策的协调,不断提高其参与宏观调控的能力。同时做好土地供应计划、供应结构、存量建设用地情况等信息披露工作。

(2)扩大土地资源市场化配置范围。努力建设统一、开放、竞争、有序的现代土地市场体系,土地市场统一运行、土地产权体系完整、法律保障明确、各类交易主体平等竞争,在更大程度上发挥市场对土地资源配置的基础性作用。

(3)加强土地市场动态监测。从土地市场着手进行宏观调控必须加强监测分析工作,并以制度框架、实施细则为保障。加紧制定和完善城市土地经营、储备、土地产权抵押等的相关法律法规,加强法律监督力度,明确土地的经营权和收益权等各种权益,使土地市场运行有法可依。

8.3.3 完善地租地价杠杆机制,推进城市土地置换

城市用地布局和产业布局受多种因素影响,其中一个重要因素就是地租地价。地租地价决定城市土地利用和产业布局特征。地价是提高城市土地利用效率最重要的杠杆,地价决定了企业利用土地的方式、设计和其他因素。例如,土地的覆盖率、容积率等指标,甚至会影响企业的经营方式和经营周期等。根据地租理论,城市土地资源在地租杠杆的作用下将得到优化配置,即当在完全竞争的条件下,将会促使商业用地向市中心集聚,工业用地和居住用地向市郊迁移,最终将使得城市土地利用结构得到优化。土地利用结构的优化可以促进产业结构的优化,即在地租的作用下各产业用地的地价水平随着离市中心距离的不同其支付地租的能力有明显的不同。第三产业可支付很高的地租,在市中心分布,随着距市中心距离的增加,其支付地租的能力急剧下降,依次分布第二产业、第一产业,这样就使得与城市最佳功能布局相违

背的行业与部门,或迁出、或合并,进而促进了城市产业结构优化。由此可见,借助地租杠杆可优化产业结构,进而配置与调整城市土地资源。

(1)要科学确定城市不同地段的级差地租和地价。以地价区位调节土地使用的区位供给、企业的区位布局及城市土地利用类型的空间布局,加速推进城市土地置换。这不仅有利于促进城市土地使用制度改革的深化,而且也有助于盘活企业资产,救活企业;同时,还有助于改善社会经济与生态环境,促进旧城改造和城市社会经济功能的合理重组与战略性结构调整。特别是市区内的第二产业用地,应该逐步置换为第三产业用地,实现市区土地的"退二进三",使土地配置结构优化,空间布局合理化,最终形成土地的优化配置。

(2)强化地价信息披露制度,规范土地估价中介。要加强土地估价行业的监管,提高土地评估从员的素质和业务水平,切实解决土地估价行业中存在的虚假评估、恶性竞争等不规范的操作行为,抓好行业诚信建设,建立以执业技术为基础、职业道德为支撑、社会监督为保障,信息公开、公平竞争、优胜劣汰的诚信体系,提升土地估价行业的社会信用度。建立和完善城市工业、商业、房地产业的价格动态和指数系统,及时、准确、全面地反映城市土地价格水平,稳定市场预期,防止土地市场价格大起大落。

(3)开展对地价的动态监测。目前的地价动态监测工作需要进一步加强和深化,既要分析宏观的地价指标,也要分析重点地区、重点行业、重点类型的土地供应和价格指标既要分析价格变动,也要分析供应情况,特别是以"招拍挂"形式出让土地的用途、规模和价格情况。

8.4 相关制度的建设和完善

8.4.1 建立城市产业用地统计制度

在目前我国的城市用地统计数据中,是按照建设部划分的 9 种用地类型(居住用地、公共设施用地、工业用地、仓储用地、道路广场用地、对外交通用地、市政公用设施用地、绿地和特殊用地)的总量指标,缺乏针对产业的土地面积数据,如第二产业用地面积、第三产业用地面积。在此两类产业用地统计的基础上,再细分用地类别,如第二产业用地细分为轻工业产业用地、重工业产业用地;第三产业用地细分为商服业用地、金融保险业用地等,以及未来出现的行业用地面积。针对当前我国城市产业用地分类缺失的情况,应尽快开展基于产业的城市用地分类体系研究,按照产业结构分类统计土地利用,开展基于产业的城市用地统计制度,统计出不同产业的用地规模、空间布局、利用效益等属性。这样,一方面可以反映产业发展中土地利用存在的问题;另一方面可以为产业政策制定和产业用地规划提供准确的数据支撑。并定期向社会公布产业用地信息,为优化城市用地结构和产业结构提供有力依据。

8.4.2 建立城市土地集约利用评价制度

在我国人多地少的国情约束下,解决"一要吃饭、二要建设、三要环境保护"的必由之路是节约集约利用土地资源,在盘活存量和内涵挖潜上下功夫。按照党的十七大报告对我国产业发展的基本要求:大力推进信息化与工业化融合,促进工业由大变强,振兴装备制造业,淘汰落后生产能力;提升高新技术产业,发展信息、生物、新材料、航空航天、海洋等产业;发展现代服务业,提高服务业比重和水平;加强基础产业基础设施建设,加快发展现代能源产业和综合运输体系。应积极探索建立城市土地集约利用评价制度,科学设定不同产业土地集约利用评价体系、用地标准和评价方法。改变目前仅仅关注调控城市用地总量的现象,根据不同城市的不同产业政策和土地集约评价结果,制定相应结构的用地供应政策,体现城市"精细化"管理的要求。

国土资源管理部门应根据城市土地资源管理动态化和信息化的要求,利用基于产业分类的土地利用统计数据和产业发展信息,一方面可对产业的土地集约利用标准进行不断的评估和修订,另一方面也有利于定期的开展土地集约利用评价工作。按照产业的土地集约利用评价结果,使土地集约利用评价工作制度化和定期化。同时把土地集约利用评估结果与用地供给相挂钩,对土地集约利用水平高的产业优先供给土地,对土地集约利用水平低的产业限制供地或禁止供地,有效避免没有达到集约用地标准或不符合节约集约用地要求的产业落地。实现国家以土地调控政策为手段,加快区域产业结构优化和布局调整的步伐。

8.4.3 建立城市产业用地动态监测制度

至今我国尚未形成一套完整而有效的土地动态监测与管理系统,土地资源管理状况仍难以为政府提供现实性强、可靠程度高的土地资源利用决策依据。为了加强对城市土地利用的后续监管,有必要利用现代科技手段,如卫片、航片等对土地利用动态进行监测,及时反映城市土地利用动态变化及权属变化。一是运用科技手段建立土地市场信息系统,实时、动态反映土地利用变化状况,通过媒体定时发布城市土地市场信息,引导土地利用方向和促进土地集约利用。二是加强房地产用地的跟踪管理。由于居住用地是城市用地结构中占地比例最大的地类,承担着城市居住功能。因此,在居住用地审批之后,应加强对房地产用地的跟踪管理,建立房地产供给信息档案,及时反馈土地开发利用情况,并适时采取相应的措施,以促进土地开发效率的提高。三是完善社会公众参与监督的机制。通过建立专家咨询评议制度、公众参与机制等监督手段调动公众参与城市土地利用监督的意识,赋予土地使用者知晓、参与、决策和监督实施的权利。在城市重大项目建设及城市拆迁改造建设中,公开所有涉及土地使用权、法人权益的政府工作的过程和结果,促使政府部门公正执法,提高政府土地管理的透明度。

8.5 小 结

在城市土地利用与产业发展过程中,要达到用地结构与产业结构互动协调和优化的目标,在设计相关对策时,就要树立把节约集约利用土地与经济发展方式相结合、城市土地利用政策与产业政策相结合的思路。通过相关制度和机制的创新,提高城市土地利用效益,促进产业结构优化升级。要转变城市发展模式,通过合理开发利用城市地下空间和建立综合交通体系,探索建立资源节约、环境友好、经济高效、社会和谐的"紧凑城市"。为此,应不断进行相关制度和机制的完善与创新。在机制创新方面,建立城市规划和产业规划的统筹协调机制、健全土地市场机制、完善地租地价机制;在制度创新方面,建立城市产业用地统计制度、建立城市土地集约利用评价制度、建立城市产业用地动态监测制度,为城市用地结构与产业结构的协调发展和优化提供支撑。

第9章 结论及研究展望

9.1 主 要 结 论

(1)城市用地结构与产业结构间存在相互影响、相互制约的关系。但二者的相互作用机理和路径不同。一方面,土地资源配置结构和土地宏观调控政策在很大程度上影响产业的布局与调整方向。城市土地利用结构一定程度上决定着城市产业布局,进而决定着产业的规模及效益。产业结构优化必须以土地资源的优化配置为前提。土地利用结构的不断调整为产业结构调整提供了条件,是推动产业结构调整的动力。没有土地资源的优化合理配置,产业就不能获得升级。土地资源的优化配置为产业结构的优化提供了物质基础,合理的土地利用将推进城市产业结构优化升级,不合理的土地利用将阻碍产业结构优化进程。另一方面,产业发展水平和产业结构影响土地资源的利用方式、结构与空间布局,影响土地资源的配置和利用效益。产业发展的规模决定了土地利用的规模,产业发展的重点决定了土地利用的重点。产业结构对城市用地结构的影响主要通过主导产区的区位选择和不同产业发展对土地占用比例差异性两个途径实现的。

(2)20世纪90年代以来,我国城市用地结构与产业结构总体上向着优化的方向发展和完善的。工业用地在城市用地中的比例逐渐下降;公共设施用地、道路广场用地和绿地占城市建设用地的比例不断提高,城市基础设施落后的局面得到有效缓解,城市公共服务能力和整体功能不断提升。但目前我国城市用地结构依然呈现工业用地比例偏高,道路广场用地和公共绿地的比例偏低,城市用地结构雷同现象突出等问题。我国城市产业结构整体上处于工业化中期阶段。随着产业结构变化,第一产业劳动生产率呈上升趋势,而第二、三产业比较劳动生产率呈下降趋势,同时第一、二、三产业产业比较劳动生产率之间的差距呈缩小的趋势,城市二元性特征有所缓和;产业结构偏离度不断下降,产业结构的优化和协调比较显著。

(3)我国城市用地结构与产业结构呈同步增减趋势,用地结构变化率指数低于产业结构变化率指数。短期内,我国城市产业结构变化是城市用地结构变化的Granger原因的概率大于城市用地结构变化是产业结构变化的Granger原因;但从长期趋势看,两者之间存在双向的、互为因果的均衡关系。城市用地结构与产业结构耦合协调度在波动中呈上升趋势,二者的耦合关系演变趋势为低耦合低协调——一般耦合中协调—中级耦合高协调。就省会城市而言,其耦合协调度从属于中低耦合协调度,尤其以中协调耦合度为主。这说明省会城市用地结构与产业结构耦合的挖潜空间还比较大。

(4)不同类型城市用地结构与产业结构特征及二者关系的差异明显。从地域差别看,产业结构各指标对不同地域城市用地结构的作用方向与作用强度存在差异,如产业结构各指标对东部地区城市用地结构的直接影响系数远远大于其他区域,且与城市用地结构信息熵呈正向相关关系;同时就业结构对信息熵的直接作用强度也远大于产值结构。从规模差别看,就业结构和产值结构与超大城市、大城市城市土地利用信息熵呈负向和正向相关关系,且从作用强度看,产值结构直接作用大于就业结构;就业结构与产值结构与特大城市土地利用信息熵均呈正向相关关系。且就业结构对土地利用信息熵的直接作用大于产值结构;中小城市的就业结构和产值结构与城市土地利用信息熵的直接通径系数均为负值。从职能差别看,就业结构和产值结构对综合性超大城市土地利用信息熵呈负向、正向相关关系,且从作用强度看,产值结构直接作用大于就业结构;除第三产业就业比重与第二产业城市土地利用信息熵均呈正向相关关系,其他产业结构指标均呈负向相关关系;就业结构对交通运输城市、文化旅游城市土地利用信息熵的直接作用强度大于产值结构;除第二产业就业比重与地方中心城市土地利用信息熵的直接作用系数为正值外,其他均为负值,说明目前地方中心城市的土地利用产值结构和就业结构与城市土地利用并不协调。

(5)目前,重庆正处于工业化中期加速发展时期,城市土地利用存在的主要问题是工业用地比重偏大,道路广场用地和绿地比例偏低等,土地空间布局不合理,功能分区不明确等问题。对重庆市城市用地结构与产业结构关系的分析显示:重庆城市用地结构变化幅度大、速度快,产业结构变化滞后于用地结构的变化,城市用地结构与产业结构变化的差距呈缩小趋势;城市第二产业产值与居住用地比例和对外交通用地比例相关性不强,与特殊用地、仓储用地、公共设施用地和工业用地这4类用地所占比例呈负相关关系,与道路广场用地比例和绿地比例呈正相关关系;城市第三产业产值与公共设施用地比例、工业用地比例、仓储用地比例、对外交通用地比例和特殊用地比例呈负相关关系;与居住用地比例、道路广场用地比例、市政公用设施用地比例和绿地比例呈正相关关系,且与绿地比例的相关系数最大,说明城市第三产业的发展能够引起城市居民对居住用地、绿地、道路广场用地和公共设施用地需求的增加。重庆市城市用地结构变化推动产业结构优化,随之,产业结构又反作用于城市用地结构,短期内,重庆市城市用地结构与产业结构之间还没有出现互为因果的关系特征,这说明了重庆市城市用地结构与产业结构互为因果的关系应在长期的调整、协调中才能得以实现。

(6)鉴于城市土地利用与产业结构关系的复杂性,在设定促进城市用地结构与产业结构互动协调发展和优化的对策时,要树立把节约集约利用土地与经济发展方式相结合、城市土地利用政策与产业政策相结合的思路。通过相关制度和机制的创新,提高城市土地利用效益,促进产业结构优化升级。要转变城市发展模式,通过合理开发利用城市地下空间和建立综合交通体系,探索建立资源节约、环境友好、经济高效、社会和谐的"紧凑城市"。为此,在机制创新方面:建立健全规划的评估监督机制,统筹协调城市规划和产业规划;完善土地市场机制,加大政府扶持土地市场的力度、扩大土地资源市场化配置范围、加强土地市场动态监测,发挥市场配置资源的基础性作用;完善地租地价的杠杆机制,通过科学确定城市不同地段的级差地租和地价、加强地价信息披露制度,规范土地估价中介、开展地价动态监测等手段推进城市土地置换、优化产业结构。在制度创新方面:建立城市产业用地统计制度,开展基于产业的城市用地分类体系研究;建立城市土地集约利用评价制度,设定不同产业土地集约利用评价体系、用地标准和评价方法,把土地集约利用评价结果与土地供应相挂钩;建立城市产业用地动态监测制度,运用科技手段建立土地市场信息系统,加强对房地产用地的跟踪管理,同时完善社会公众参与监督的机制。

9.2　研　究　展　望

本书通过大量的理论分析和实证研究,从宏观和微观两个层面对城市用地结构演变与产业结构演变的关联进行研究。分析城市用地结构和产业结构演变的一般规律和特征,并对两者的相互作用机理、作用过程进行刻画。并结合党的十七大报告和《中共中央关于制定国民经济和社会发展第十二个五年规划的建议》中提出的关于"建设资源节约型和环境友好型社会""转变经济发展方式"的要求,提出促进城市用地结构与产业结构协调发展和优化的思路与对策建议。由于城市土地利用与产业发展是一项复杂的系统工程,涉及到方方面面的研究,但由于受文献资料、时间、精力等各种因素的限制,加上本人研究能力有限,本书所涉及的内容仅是城市土地利用与产业协调发展研究内容的一部分,在本书研究的基础上,可望在以下方面开展进一步的研究。

(1)由于现有城市用地统计数据并非是与城市产业结构相对应的,因此研究二者之间的相互关系仅是从总量层面考虑的,没有深入到城市三次产业内部结构与用地结构之间的关联,限于资料的缺乏,仅对二者的数量关系进行研究,空间关系尚未涉及。因此,未来应开展基于城市产业类型的土地利用分类体系研究,同时开展城市用地结构演变与产业结构演变的空间关联的理论探讨与实证分析。

(2)不同规模、不同职能城市的用地结构与产业结构呈现显著的异质性。但现有的城市用地结构调控标准没有体现城市规模与职能的差异性,在实践中的指导性不强。为此,应基于城市土地利用效益最大化的原则,开展不同规模、不同职能城市用地结构的调控标准研究,这将对增强城市土地调控的有效性和城市规划的科学性具有重要意义。

(3)目前,我国还没有一套完整的关于不同产业土地集约利用评价体系,这也是导致城市产业用地效率不高的原因。虽然我国已出台了《开发区土地集约利用评价规程》《建设用地集约利用评价规程》,但这些评价只是对区域土地利用的整体性评价,对具体产业的指标性不强。因此,应根据我国"十二五"规划提出的产业发展战略,构建不同产业类型的土地集约利用评价体系,并结合区域经济发展目标和定位的差异,因地制宜地确定土地集约利用的评判标准。这也是当前我国应对经济发展资源约束强化的一项重要课题。

(4)随着我国经济发展方式的转变,经济结构的战略性调整必然对城市用地结构与产业结构提出新的要求。在新的形势下,城市土地利用与产业发展如何协调发展以满足经济发展方式转变的需求?城市用地结构与产业结构又将呈现哪些变化特征?这些问题都有待研究。

(5)如何运用 GIS 理论与技术优化城市用地结构与产业结构也是一项值得研究的课题。本书中对城市用地结构与产业结构关联的理论与数量分析结果对城市土地利用政策与产业政策制定会提供一定的决策参考。但在实践操作中,产业用地必须落实到具体的地块,仅是数量分析结果是难以满足土地管理需求的。GIS 技术作为现代土地管理和空间技术研究的手段,在处理地理信息及空间分析方面具有巨大的优势。利用 GIS 技术不仅能保持研究的系统性和动态性，而且能提高研究结果的适用性。因此，今后应加强 GIS 技术在城市产业用地空间布局中的应用研究。

参考文献

[1] Thunen J. H. von. 孤立国同农业和国民经济的关系[M]. 吴衡康，译. 北京：中国商务出版社，1997.

[2] Weber A. 工业区位论[M]. 李刚剑，等，译. 北京：商务印书馆，1997.

[3] Christaller W. 德国南部中心地原理[M]. 常正文，王兴中，等，译. 北京：商务印书馆，1998.

[4] 张舒. 西方城市地域结构理论的评介[J]. 辽宁大学学报：哲学社会科学版，2001，29(9)：84-88.

[5] 杨宇. 城市土地利用结构与产业结构关系研究——以成都市为例[D]. 成都：四川农业大学，2008.

[6] 袁丽丽. 产业变迁与城市用地结构优化研究[J]. 广东土地科学，2006，5(4)：9-14.

[7] 陈鹏. 西方城市空间结构研究新进展及其启示[J]. 规划师，2006，22(10)：81-83.

[8] Lynch，K. Good City Form[M]. Cambridge：Harvard University Press，1980.

[9] 吴启焰，朱喜钢. 城市空间结构的回顾与展望[J]. 地理学与国土研究，2001，17(2)：46-50.

[10] S. J. Veffura，et，al. Multipurpose land information system for rural resource planning[J]. Journal of Soil and Watr Conservation，1998(3).

[11] Sharifid M. A. Van Keulen H. A. decision support system for land use planning at farm enterprise level[J]. Agricultural - System，1994，45(3).

[12] Xuan - Zhu. Aspinall - R. J. Healey R. Cx. LUDDS：a knowledge - based spatial decision support sysytem for strategic land - use planning[J]. Computers—and - Electronics - i - Agriculture，1996，15(4).

[13] Amha M. Watt C. D. Crossley C. P. ERCON，an expert system for conservation based land hinglands[J]. Computers - and - Electronics - in - Agriculture，1994，10(4).

[14] A. Stark. Analysis of Planning Data Concerning Lnd Consolidation Using a Greographic Information System[J]. Soils AND fertilizers，1993.

[15] E. Chiuvieco. Intergration of Linear of Programming and GIS for Land Use Modelling[J]. International Journal of Geographical Information System，1994(3).

［16］R. F. Steiner , H. W. Vanlie. Land Conservation and Development - Examples of Land Use Planning Projects and Program［J］. Printed in the Netherlands. 1995(3).

［17］Huizing H. Bronsveld k. Interactive multiple - goal analysis for land use planning ［J］. ITC - Journal 1994(4)：366 - 373.

［18］边学芳,吴群,刘玮娜. 城市化与中国城市土地利用结构的相关分析［J］. 资源科学, 2005,27(3):73 - 78.

［19］孙元军,郑新奇,常伟倩. 基于 Weka 的城市建设用地结构特征挖掘研究［J］. 计算机工程与应用,2008,44(27):231 - 235.

［20］冯健,刘玉. 转型期中国城市内部空间重构:特征、模式与机制［J］. 地理科学进展, 207,26(4):93 - 106.

［21］蒋贵国,张静. 不同经济体制下城市土地利用结构的时空变化［J］. 成都理工学院学报,2000,27(S):86 - 88.

［22］张颖. 经济增长中土地利用结构研究［D］. 南京:南京农业大学,2005.

［23］陈彦光,刘继生. 城市土地利用结构和形态的定量描述:从信息熵到分维数［J］. 地理研究,2001,20(2):146 - 152.

［24］许学强,朱剑. 现代城市地理学［M］. 北京:中国建筑工业出版社,1988.

［25］冯健. 杭州城市形态和土地利用结构的时空演化［J］. 地理学报,2003,58(3): 343 -353.

［26］王新生,刘纪远,庄大方,等. 中国特大城市空间形态变化的时空特征［J］. 地理学报, 2005,60(3):392 - 400.

［27］姜鲁光,聂晓红,刘恩峰. 基于 GIS 的济南市城市土地利用空间结构分析［J］. 经济地理,2003,23(1):70 - 73.

［28］赵晶,徐建华,梅安新. 城市土地利用结构与形态的分形研究——以上海市中心城区为例［J］. 华东师范大学学报自然科学版,2005,1:78 - 84.

［29］匡文慧,张树文,张养贞,等. 长春百年城市土地利用空间结构演变特征研究［J］. 哈尔滨工业大学学报,2009,41(7):176 - 179.

［30］罗江华,梅昀,陈银蓉. 柳州市城市土地利用空间格局演化特征分析［J］. 中国人口资源与环境,2008,18(1):145 - 148.

［31］石崧. 城市空间结构演变的动力机制分析［J］. 城市规划汇刊,2004(1):50 - 52.

［32］耿慧志. 论我国城市中心区更新的动力机制［J］. 城市规划汇刊,1999(3):27 - 33.

［33］王新涛. 城市空间结构演变动力系统分析［J］. 北方经济.2009(6):33 - 35.

［34］王开泳,肖玲. 城市空间结构演变的动力机制分析［J］. 华南师范大学学报:自然科学版,2005,1:116 - 122.

［35］袁丽丽. 城市化进程中城市用地结构演变及其驱动机制分析［J］. 地理与地理信息科学,2005,21(3):51 - 55.

［36］陈志. 武汉市土地利用结构信息熵演变及动力分析［J］. 湖北大学学报:自然科学版, 2006,28(3):317 - 340.

［37］张新长,张文江. 城市土地利用时空结构演变的驱动力研究［J］. 中山大学学报:自然科学版,2005,44(1):117 - 120.

[38]曾忠平,卢新海.武汉城市用地结构演变模式研究[J].中国土地科学,2009,23
    (3):44-48.

[39]罗鼎,许月卿,邵晓梅,等.土地利用空间优化配置研究进展及展望[J].地理科学进
    展,2009,28(5):791-797.

[40]毛蒋兴,闫小培,李志刚,等.深圳城市规划对土地利用的调控效能[J].地理学报,
    2008,63(3):311-320.

[41]刘坚,黄贤金,赵彩艳,等.基于DEA模型的城市土地利用结构效应分析—以江苏省
    为例[J].江西农业大学学报,2005,27(3):330-224.

[42]刘少波.试论城市土地的利用结构及其空间优化[J].暨南学报(哲学社会科学版),
    1987(4):11-21.

[43]张洁.东京城市土地利用结构分析及其对中国大城市的启示[J].经济地理,2004,24
    (6):812-815.

[44]丁瑜.论我国城市土地利用结构存在的问题与优化对策[J].法制与社会,2009
    (3)280-281.

[45]徐士珺,郑循刚.我国城市土地利用结构优化研究[J].经济纵横,2006,8:31-32.

[46]张志斌,李雪梅.城市产业结构调整与空间结构优化的研究—以兰州市为例[J].干旱
    区资源与环境,2007,21(12):1-5.

[47]刘艳军,李诚固,徐一伟.城市产业结构升级与空间结构形态演变研究——以长春市
    为例[J].人文地理,2007(4):41-45.

[48]朱玉明.城市产业结构调整与空间结构演变关联研究——以济南市为例[J].人文地
    理,2001,16(1):84-87.

[49]王会彬,宋瑞,陈强.以公交为导向的城市土地利用优化模型研究[J].交通标准化,
    2009(9):23-26.

[50]孙钰,姚晓东.中国城市土地利用的空间优化探讨[J].城市,2001,2:17-20.

[51]任奎,周生路,张红富,等.基于精明增长理念的区域土地利用结构优化配置——以江
    苏宜兴市为例[J].资源科学,2008,30(6):912-918.

[52]倪琳,周勇,刘义,等.基于生态绿当量的土地利用结构优化研究——以湖北省潜江市
    为例[J].资源与产业,2008,10(4):50-53.

[53]陈燕.从产业结构优化来探析城市土地合理利用[J].南京社会科学,2005(9):35-39.

[54]孔祥斌,张凤荣,李玉兰,等.区域土地利用与产业结构变化互动关系研究[J].资源科
    学,2005,27(2):59-64.

[55]但承龙.海南土地利用结构与产业发展关系研究[J].资源科学,2010,32
    (4):718-723.

[56]张颖,王群,王万茂.中国产业结构与用地结构相互关系的实证研究[J].中国土地科
    学,2007,21(2):4-11.

[57]鲁春阳,杨庆媛,文枫,等.城市用地结构与产业结构关联的实证研究——以重庆市为
    例[J].城市发展研究,2010(1):102-107.

[58]陈利根,陈会广,曲福田,等.经济发展、产业结构调整与城镇建设用地规模控制——
    以马鞍山市为例[J].资源科学,2004,26(6):137-144.

[59]王磊.城市产业结构调整与城市空间结构演化——以武汉市为例[J].城市规划汇刊,2001,3:55-58.

[60]张海兵,鞠正山,张风荣.中国社会经济结构与土地利用结构变化的相关性分析[J].中国土地科学,2007,21(2):12-17.

[61]张秋娈,李景国.邯郸市域土地利用结构与经济结构关系分析[J].河北师范大学学报(自然科学版),2000,24(1):129-132.

[62]钱伟.区位理论三大学派的分析与评价[J].科技创业月刊,2006,2:179-180.

[63]王彩霞.试论土地利用规划的理论基础(一)——地租地价理论和区位理论[N].甘肃林业职业技术学院学报,2004(2):85-87.

[64]郑春.区位理论:回顾与前瞻[J].2006,15:34-36.

[65]姚苑平.国外工业发展与布局研究述评[J].世界地理研究,2009,18(3):68-75.

[66]冯邦彦,叶光毓.从区位理论演变看区域经济理论的逻辑体系构建[J].经济问题探索,2007(4):90-93.

[67]者吉莲.评述廖什的市场区位论及其子实践中的应用[J].金融经济,2006(4):134-135.

[68]李小建.经济地理学[M].北京:高等教育出版社,2005.

[69]贾式科,侯军伟.西方区位理论综述[J].合作经济与科技,2008,11:28-29.

[70]马克思恩格斯全集:第25卷[M].北京:人民出版社,1975,714.

[71]谢文慧,邓卫.城市经济学[M].北京:清华大学出版社,2002.

[72]马克思.资本论第3卷[M].北京:人民出版社,1975:763.

[73]马克思.资本论第3卷[M].北京:人民出版社,1975:760.

[74]付薇,李静丽.城市化背景下马克思地理理论的现实意义[J].经济与法,2010,11:324.

[75]饶会林,王雅莉.试论城市宏观级差地租制度的建立与实施[J].中国土地科学,1998,12(1):23-25.

[76]宋晓舒.城市地租理论在地段价值中的应用[J].商业时代,2009,15:113-114.

[77]于洋,张桂山.马克思地租理论与城市功能分区布局[J].现代商业,2009,21:81.

[78]陶志红.城市土地集约利用几个基本问题的探讨[J].中国土地科学,2000,14(5):1-5.

[79]杨树海.城市土地集约利用的内涵及其评价指标体系构建[J].经济问题探索,2007(1):27-30.

[80][美]理查得·T·伊利,爱德华·W.莫尔豪斯.土地经济学原理[M].腾维藻,译.北京:中国商务出版社,1982,66.

[81]马克思.资本论第3卷[M].北京:人民出版社,1975:760.

[82]雷利·巴洛维.土地资源经济学[M].北京:北京农业大学出版社,1989.

[83]马克伟.土地大辞典[M].长春:长春出版社,1991:838-839.

[84]毕宝德.土地经济学[M].北京:中国人民大学出版社,1991:139-141.

[85]赵鹏军,彭建.城市土地高效集约化利用及其评价指标体系[J].资源科学,2001,23(5):23-27.

[86]汪波,王伟华.城市土地集约利用的内涵及对策研究[J].重庆大学学报(社会科学版),2005,11(5):16-18.

[87]黄贤金.城市土地节约集约利用中的几个关系[J].国土资源,2006,6:54.

[88]佘时飞.经济增长理论文献综述[J].经济研究,2009,8:38-39.

[89]西蒙·库兹涅茨.各国的经济增长[M].北京:商务印书馆,1999.

[90]罗志如.当代西方经济学说[J].北京:北京大学出版社,1989.

[91]段利民,杜跃平.产业结构与经济增长关系 Granger 检验研究[J].生态技能攻击,2009(7):101-104.

[92]赵春艳.我国经济增长与产业结构演进关系的研究—基于面板数据模型的实证分析[J].数理统计与管理,2008,27(3):487-492.

[93]臧彦.产业集群与产业发展的内在作用机理分析[J].全国商情(理论研究),2010,2:15-16.

[94]张荣佳.产业集群的梯度效应与城市功能结构优化[J].经济研究导刊,2007,5:183-185.

[95]顾丽敏,顾为东.基于集群视角的产业结构调整与优化——以江苏为例[J].特区经济,2010(2):52-54.

[96]马秀贞.产业集群与区域产业结构优化升级关系解析和政策建议[J].现代经济探讨,2007(1):75-78.

[97]郑振源.土地利用系统论[C].中国土地科学二十年——庆祝中国土地学会成立二十周年论文集,2000,23-25.

[98]刘沛,段建南,王伟等.土地利用系统功能分类与评价体系研究[J].湖南农业大学学报(自然科学版),2010,36(1):113-118.

[99]朱明春.结构、机制、政策[M].北京:中国人民出版社,1989.

[100]白雪梅.中国区域经济发展的比较研究[M].北京:中国财政经济出版社,2000.

[101]郭鸿懋,江曼琦,陆军,等.城市空间经济学[M].北京:经济科学出版社,2002.

[102]厉伟.城市化进程与土地持续利用[D].南京:农业大学,2002.

[103]郭腾云.北京产业结构演变与发展阶段的灰色关联判断[J].地理科学进展,2010,29(2):193-198.

[104]西蒙·库兹涅茨.各国的经济增长(中文版)[M].北京:商务印书馆,1985.

[105]郭克莎.结构优化与经济发展[M].广州:广东经济出版社,2001.

[106]钱纳里.工业化和经济增长的比较研究(中文版)[M].上海:上海三联书店,1989.

[107]Syrquin M,Chennery H B. Three decades of industrialization[J]. The World Bank Economic Reviews,1989,3:152-153.

[108]方甲.产业结构问题研究[M].北京:中国人民大学出版社,1997:35.

[109]国松久弥.都市经济地理学[M].古今书院,1969.

[110]甘国华.国际产业发展历史与产业结构演变规律[J].江西科技示范学院学报,2004(6):16-18.

[111]沈磊.无限与平衡:快速城市化时期的城市规划[M].北京:中国建筑工业出版社,2004.

[112]宋金平,李丽平.北京市城乡过度地带产业结构演化研究[J].地理科学,2000,20(1):20-26.

[113]刘平辉,郝晋珉.北京市海淀区土地资源利用的产业格局特征[J].资源科学,2003,25(5):46-51.

[114]刘平辉,郝晋珉.土地利用分类系统的新模式——依据土地利用的产业结构而进行划分的探讨[J].中国土地科学,2003,17(1):16-26.

[115]刘平辉,郝晋珉.土地资源利用与产业发展演化的关系研究[N].江西师范大学学报(自然科学版),2006,30(1):95-98.

[116]徐萍.城市产业结构与土地利用结构优化研究——以南京市为例[J].南京:南京农业大学,2004.

[117]李培祥.城市产业结构转换与土地利用结构演变互动机制分析[J].安徽农业科学,2007,35(31):10069-10070.

[118]江曼琦.城市空间结构优化的经济分析[M].北京:人民出版社,2001.

[119]同济大学城市规划教研室编.中国城市建设史[M].中国建筑工业出版社,1982:16.

[120]4年内主城还将迁出18工业企业腾地2万多亩.http://www.xinhuanet.com/chinanews/2007-08/08/content_10795681.htm.

[121]重庆市启动主城区第四批企业环保搬迁.http://cq.cqnews.net/sz/zwyw/200806/t20080614_2100799.htm.

[122]重庆工业企业五年内将退出主城区,进入各工业园区.http://www.ce.cn/macro/gnbd/dq/xbkf/200603/07/t20060307_6287008.shtml.

[123]重庆18户污染企业明年内退出主城区.http://news.sina.com.cn/c/2007-06-19/103012050277s.shtml.

[124]曾钢,焦萧黎.信息熵与分型理论在城市土地利用结构合理性分析中应用[J].科协论坛,2007,4(下):7-8.

[125]刘景辉,李立军,王志敏.中国粮食安全指标的探讨[J].中国农业科技导报,2004,6(4):10-16.

[126]徐颂,黄伟雄.珠江三角洲城乡一体化区域差异的定量分析[J].热带地理,2002,22(4):294-298.

[127]刘洋,金凤君,甘红.区域水资源空间匹配分析[J].辽宁工程技术大学学报,2005,24(5):657-666.

[128]邓晶,刁承泰.基于空间洛伦茨曲线和基尼系数的土地利用结构分析——以重庆江津市为例[J].中国水运,2007,7:208-210.

[129]施卫国.一种简易的基尼系数的计算方法[J].江苏统计,1997(2):16-18.

[130]扈传荣,姜栋,唐旭,等.基于洛伦茨曲线的全国城市土地利用现状抽样分析[J].中国土地科学,2009,,23(12):44-50.

[131]崔红艳.白城市居民贫富差距分析与对策[J].沈阳师范大学学报(自然科学版),2006,24(2):154-157.

[132]王小鲁,夏小林.优化城市规模 推动经济增长[J].经济研究,1999(9):22-29.

[133]陶良虎.我国产业结构的演变及其特点[J].经济研究参考,1999(5):1-13.

[134]汤斌.产业结构演进的理论与实证分析——以安徽省为例[D].成都:西南财经大学,2005.

[135]中国经济发展和体制改革报告,发展和改革蓝皮书[M].社会科学文献出版社,2008.

[136]孙樱.试论中国城市产业结构的调查[J].云南地理环境研究,1995,7(2):73-78.

[137]金福子,崔松虎.产业结构偏离度对经济增长的影响——以河北省为例[J].生产力研究,2010,7:196-197.

[138]李丽萍,黄薇.武汉市产业结构的偏离度趋势[J].统计与决策,2006,4月(下):79-80.

[139]李晖,汤进华.中国现阶段产业结构的地域差异研究[J].热带地理,2003,2(4):350-353.

[140]于凤艳.中国城市经济增长过程中的产业结构变动研究[D].沈阳:辽宁大学,2008.

[141]邹高禄,罗怀良.澜沧江河道冲淤变化与来沙系数的格兰吉尔因果分析[J].地理科学,2004,24(6):698-703.

[142]高铁梅.计量经济学分析方法与建模——Eviews应用与实例[M].北京:清华大学出版社,2006.

[143]古扎拉蒂.计量经济学[M].北京:中国人民大学出版社,2004:705-722.

[144]Andreoni J. Levinson A. The simple analysis of environmental kuznets curve[J]. Journal of Public Economics,2001.

[145]刘耀彬,宋学锋.城市化与生态环境耦合模式及判别[J].地理科学,2005,25(4):408-414.

[146]刘耀彬,陈斐,李仁东.区域城市化与生态环境耦合发展模拟及调控策略——以江苏省为例[J].地理研究,2007,26(1):187-196.

[147]梁红梅,刘卫东,刘会平等.深圳市土地利用社会经济效益与生态环境效益的耦合关系研究[J].地理科学,2008,28(5):636-641.

[148]聂艳,雷文华,周勇等.区域城市化与生态环境耦合时空变异特征[J].中国土地科学,2008,22(11):56-62.

[149]丁金梅,文琦.陕北农牧交错区生态环境与经济协调发展评价[J].干旱区地理,2010,33(1):136-143.

[150]赵雪雁,周健,王录仑.黑河流域产业结构与生态环境耦合关系辨识[J].中国人口资源与环境,2005,15(4):69-73.

[151]中华人民共和国建设部.城市用地分类与规划建设用地标准(GBJ 137—1990)[S].北京:中国建筑工业出版社,1990:

[152]李源,贾士义,路紫.我国产业结构的演进、区域差异及特征解析[J].山东师范大学学报(,2然科学版),2007,22(4):93-96.

[153]MAO Renzhao,Fitzpatrick R. W. ,Liu Xiaojing, et,al. Chemical properties of selected soils from the North Plain. In:McVicar T. R. ,Li Rui,etal. (eds),Regional Water and Soil Assessment for Managing Sustainable Agriculture in China and Australia. ACIAR Monograph No. 84,2002,173-186.

[154]中华人民共和国建筑部.城市公共设施规划规范(GB 50442—2008)[S].北京:中国建筑工业出版社,2008.

[155]周一星.再论中国城市的职能分类[J].地理研究,1997,1(1):11-21.

[156]毛蒋兴,欧阳东,严志强,等.基于多元统计分析的城市职能结构特征与分类研究——以广西为例[J].规划师,2008,24(2):75-80.

[157]孙盘寿,杨廷秀.西南三省城镇的职能分类[J].地理研究,1984,3(3):17-18.

[158]张文奎,刘继生,王力.论中国城市的职能分类[J].人文地理,1990,5(3):1-7.

[159]周一星,R.布雷德肖.中国城市(包括辖县)的工业职能分类——理论、方法和结果[J].地理学报,1988,43(4):287-298.

[160]田文祝,周一星.中国城市体系的工业职能结构[J].地理研究,1991,10(1):12-13.

[161]卢纹岱.SPSS for Windows 统计分析[M].北京:电子工业出版社,2004.

[162]何丹,蔡建明,周璟.天津城市用地时空扩展研究[J].水土保持通报,2009,29(3):56-60.

[163]王伟武,金建伟,肖作鹏等.近18年来杭州城市用地扩展特征及其驱动机制[J].地理研究,2009,28(3):685-695.

[164]祝昊冉,冯健.经济欠发达地区城市空间拓展分析——以南充市为例[J].地理研究,2010,29(1):43-56.

[165]曾忠平,卢新海.武汉城市用地结构演变模式研究[J].中国土地科学,2009,23(3):44-48.

后　记

　　著作成果是在恩师杨庆媛教授指导下参与完成的国家科技部科技攻关计划"区域规划与城市土地节约利用关键技术研究"的课题四"城市建设用地节约关键技术研究利用"下子课题"城市功能结构与土地利用格局关联研究"（编号：2006BAJ14B04—02）的部分成果。本书凝结了恩师大量的心血，能在恩师指导下有幸完成此项课题，收获颇丰。感谢恩师在成长道路上给予母亲般的呵护与关爱。

　　本书还得到 2014 年度河南城建学院青年骨干教师资助计划、2015 年度河南省高等学校青年骨干教师资助计划以及平顶山市科技局项目"百城提质建设背景下城市用地空间绩效评价关键技术研究"的资助。也感谢河南城建学院领导、同事以及同学们的关爱与帮助！谢谢你们！

　　在本书写作的过程中，参考了相关学者的论文和著作，在此一并表示感谢！本书重在探讨土地利用结构与产业结构、经济发展之间的关系。我相信，专著的出版能够为相关研究的学者、管理者提供理论和实践方面的指导。

鲁春阳

2017 年 11 月